绿水青山的价值实现

沈满洪　谢慧明 等　著

中国财经出版传媒集团
中国财政经济出版社

图书在版编目（CIP）数据

绿水青山的价值实现/沈满洪等著. —北京：中国财政经济出版社，2019.4

ISBN 978－7－5095－8880－2

Ⅰ. ①绿…　Ⅱ. ①沈…　Ⅲ. ①绿色经济－经济发展－研究－中国
Ⅳ. ①F124.5

中国版本图书馆 CIP 数据核字（2019）第 042321 号

责任编辑：周桂元　　　　责任校对：李　丽
封面设计：秦聪聪　　　　责任印制：张　健

中国财政经济出版社出版

URL：http：//www.cfeph.cn

E－mail：cfeph @ cfeph.cn

社址：北京市海淀区阜成路甲 28 号　邮政编码：100142

营销中心电话：010－88191537

北京财经印刷厂印刷　各地新华书店经销

787×1092 毫米　16 开　16 印张　262 000 字

2019 年 6 月第 1 版　2019 年 6 月北京第 1 次印刷

定价：59.00 元

ISBN 978－7－5095－8880－2

（图书出现印装问题，本社负责调换）

本社质量投诉电话：010－88190744

打击盗版举报热线：010－88191661　QQ：2242791300

目　　录

第一篇　千岛湖功能变迁后淳安县高质量保护与发展对策研究

第二篇　完善千岛湖水生态补偿机制研究

第三篇　新安江流域跨界生态补偿机制研究

第一篇

千岛湖功能变迁后淳安县高质量保护与发展对策研究

由于新安江及千岛湖功能的变迁，淳安人民经历了一次又一次的“适应”。千岛湖成为杭州市和嘉兴市的真实水源后，不仅给淳安县而且给杭州市、浙江省等均提出了一个严峻的问题：淳安县“只保护，不发展”还是“既保护，又发展”？因此，急需研究和回答千岛湖功能变迁后淳安县如何保护与发展的问题。

综合分析千岛湖及淳安县各种功能之间的关系后可以发现，这需要具体问题具体分析。与饮用水源功能相抵触的发展类功能要禁止，与饮用水源功能相补充的发展类功能要强化，与饮用水源功能相融合或相独立的发展类功能要允许。因此，淳安县的选择只能是统筹兼顾高水平保护与高质量发展。

淳安县高水平保护与高质量发展的功能定位可以确立为：以习近平新时代中国特色社会主义思想为指导，深入推进以美丽中国为目标的生态文明建设，深入推进以美好生活为目标的深绿色发展进程，凝聚国际、国家、省、市、县多方力量，打造千岛湖特别生态功能区，彰显其“四区”特色：大力建设杭州市和嘉兴市饮用水源功能区、积极争做浙江省大花园建设先行区、优化提升国家级生态文明建设示范区、探索建设国际深绿色发展引领区。

淳安县既是库区、老区、边区、山区，又是“大水缸”“大花园”“示范区”“引领区”。淳安县高质量保护与发展的要求很高，但治理能力和资金实力相对不足，因此，特别需要设立千岛湖特别生态功能区。这是因为，千岛湖特别生态功能区存在着错综复杂的矛盾：部门与部门的矛盾，上游与下游的矛盾，部门与地方的矛盾，上级与下级的矛盾，历史与现实的矛盾。为此，建议设立“千岛湖特别生态功能区管委会”，该机构属于浙江省直属的实体性机构，需要定编、定岗、定职、定责。建议组建“浙江省千岛湖保护与发展委员会”，这一机构为非实体性的协调机构，可由浙江省人民政府牵头组建，由分管省长担任主任，委员会办公室可以设在“千岛湖特别生态功能区管委会”，由管委会主任兼任办公室主任。千岛湖特别生态功能区管委会是实体性的常设机构，浙江省千岛湖保护与发展委员会是协调性的非常设机构。通过浙江省千岛湖保护与发展委员会办公室主任兼任千岛湖特别生态功能区管委会主任的体制性安排，实现非常设机构与常设机构的有机联系。

千岛湖特别生态功能区，既需要完善生态保护补偿制度，又需要支持淳安县绿色发展。完善千岛湖水生态补偿制度，重点要解决以下四个问题：按照“谁受益，谁补偿”原则明确“谁来补”；按照“谁保护，谁受益”原则明确“谁受偿”；按照“实际补偿金额”应该接近“理论补偿金额”的原则确定“补多少”；按照统筹处理好省内补偿和省际补偿、货币补偿和飞地补偿的关系原则确定“怎么补”。支持淳安县绿色发展，需要有序推进多规融合——避免规划冲突，适度留存绿色发展空间——调整水源保护区域，完善差异化的政绩考核机制——按照特别生态功能区的要求设定考核指标。

第一章 新安江及千岛湖主要功能的历史演变与正负影响

新安江是钱塘江水系干流的上游段，素以水色秀美著称，在浙江境内流经淳安县、建德市。“江入新安清”的新安江从古至今给沿岸的经济社会发展带来了深刻影响：航运和灌溉给沿江两岸居民带来了富足的生活；发电和防洪功能在带来经济社会效益的同时，也在一定程度上限制了淳安县经济的发展；旅游业的发展和饮用水水源地的定位给淳安县带来巨大挑战的同时，也使淳安县走上绿色发展道路。新安江及千岛湖的功能定位深刻地影响着淳安县经济社会发展。

一、新安江及千岛湖功能变迁的历史回顾

第一阶段（20世纪50年代中期前）：灌溉和航运是主要功能。自古以来，淳安经济以农业为主。建县之始，东汉威武中郎将贺齐开挖壕渠，“引西山泉通注县渠，直东而流，不二里而会青溪”，引水灌溉城东之田，“居民谓之至便”。[①] 由此，淳安农业生产得到快速发展。当时淳安主要以排灌和水

① 李诗等：《光绪淳安县志》卷三，光绪十年甲申本，第113页。

车、撩车等提水工具引水灌溉。到公元 1394 年（明洪武二十七年），淳安已有堰坝 62 条，最大堰坝可灌溉千亩以上。民国时期，大小堰坝达到 3473 处，总灌溉面积达 10. 79 万亩。[①] 新中国成立后，淳安在政府资助下兴建一批引水工程，至 1958 年全县堰坝共有 3743 处，灌溉面积 15. 79 万亩。新安江提供的灌溉水源为沿岸地区农业发展提供了保障，是淳安农业经济发展的重要条件。

与此同时，淳安地处水路交通冲要，商业贸易繁盛。新安江上至安徽歙县、屯溪，下接浙江杭城，航运是古时淳安淳城、狮城、威坪镇、港口镇等地的主要交通形式。当地居民以新安江为主干航线，联系境内各条支线，带动全县物资周转。在陆路货运交通尚且不便时期，便利的水运条件使得新安江流域商业繁荣。当时的淳安是重要通商口岸，商贾云集，且以徽商居多，独揽粮油、棉布、南北杂货、盐号、酱坊等主要行业。直至抗战期间，淳安商户多达 1000 余家，商业兴盛一时。新安江航运功能推动了流域内商品经济的发展，占据交通之便的淳安在新中国初期为杭州地区富裕县之一，经济水平与萧山县持平。

第二阶段（20 世纪 50 年代中后期至 21 世纪初）：发电、防洪、渔业、旅游等是主要功能。新中国成立后，国民经济迅速恢复和发展，经济较发达的长三角地区急需发展区域性大电站和大电力系统。为解决长三角地区电力供需矛盾，保证国民经济快速发展，国务院将新安江水电站工程列入第一个五年计划，于 1955 年动工，1959 年建成。自 1960 年正式投产至 2017 年，新安江水电站已安全稳定运行 57 周年，是中国第一座自行设计、自制设备、自己施工建造的大型水利发电站。它在拥有发电功能的同时，也兼顾防洪、航运、渔业、旅游业等综合利用功能，是中国水利电力事业史上的一座丰碑。

新安江水电站建成后的主要功能是发电。新安江水电站设计年平均发电量 18. 6 亿千瓦时，至 1981 年累计发电 295. 75 亿千瓦时，创造总产值达 19. 22 亿元，促进了国民经济的发展，也给淳安带来一定的经济收益。[②] 同时，作为华东电网的主要电站，新安江水电站除了发挥发电功能外，在电力系统中还担负调峰、调频和事故备用任务，对保证跨省电网的安全稳定、灵活可靠起到了重要作用。

---

① 孙平：《淳安县志》，汉语大词典出版社 1990 年版，第 250—263 页。

② 项传发、吴景仁、潘学镐：《新安江水电站志》，浙江人民出版社 1993 年版，第 112—114 页。

新安江水电站的防洪功能也很突出。电站建成前，常因山洪暴发，江水陡涨，新安江两岸田淹房毁，居民深受其害。电站建成后，巨大水库发挥拦洪错峰作用，避免和减轻了下游建德、桐庐、富阳等城镇的洪涝灾害。1960—1981 年，新安江水电站已拦蓄 4000 立方米/秒以上洪水 48 次，10000 立方米/秒以上洪水 8 次，有效减轻了洪涝灾害直接经济损失。①

新安江水电站投产运行 20 多年后，水库库区形成了一个新的生态系统，万顷湖水碧波荡漾，千座岛屿星罗棋布，优美的湖光山色和生态环境使人们思考如何开发其旅游价值。1979 年 4 月，全国自然风景座谈会在杭州屏风山召开，与会部分专家学者提出了新安江水库的开发价值。1980 年，浙江省城建局会同同济大学专家学者在深入考察后提出“开发这样一个世界上最好、最美的旅游区，不是一般性的建设问题，而是划时代的”，② 自此淳安县委、县人民政府开始着手景区开发和建设工作。

1982 年，新安江风景区规划建设办公室成立，并着手开发东南湖区桂花岛；同年 11 月，经国务院审定，“富春江—新安江”成为全国四十四个国家级重点风景名胜区之一，旅游功能凸显；1984 年 12 月 15 日，浙江省地名委员会正式将新安江水库命名为“千岛湖”；1985 年 9 月 26 日，千岛湖管理局正式成立，负责千岛湖规划、建设和旅游接待工作；1986 年 11 月，千岛湖风景区被林业部批复为国家森林公园；1987 年 12 月，由林业部华东林业勘察设计院编制“千岛湖国家公园总体规划”；1991 年 12 月，千岛湖管理局提交《淳安县风景资源调查、评估和风景旅游发展研究报告》和《淳安县风景资源大系表》；1992 年，杭州西湖—千岛湖—安徽黄山被国家旅游局确定为黄金旅游线；1998 年，淳安县千岛湖风景区管理委员会成立，进一步加大对千岛湖的旅游开发、建设、管理和保护力度；2000 年，千岛湖风景区成为国家首批 4A 级旅游区，2001 年又被评为首批中国 5A 级旅游区。③ 在这期间，千岛湖风景区逐渐闻名于世，旅游事业得到极大发展，也带动了淳安经济以及相关产业发展。纵观千岛湖旅游开发之路，新安江水电站的发电功能相对减弱，千岛湖的旅游功能已替代发电功能成为其主导功能。

第三阶段（21 世纪初至今）：备用水源成为主要功能。虽然新安江水库

① 项传发、吴景仁、潘学镐：《新安江水电站志》，浙江人民出版社 1993 年版，第 260—263 页。

② 孙平：《淳安县志》，汉语大词典出版社 1990 年版，第 172 页。

③ 淳安县地方志编纂委员会：《淳安年鉴》，方志出版社，1998—2006 年。

在设计时并未考虑为下游供水的功能，但从它建成投入运行起就一直服从地方政府指令，调整发电、调度下泄水量等，以便为水库下游建德、桐庐、富阳及钱塘江河口两岸生产、生活、生态提供可靠且质量上乘的淡水。在浙江省经济最发达的杭州市濒临钱塘江口，具有重要的政治、经济和社会地位，而这座近千万人口的城市 80% 以上的饮用水水源来自钱塘江珊瑚沙取水口。随着经济的发展和人口的扩大，杭州市需水量逐年增加，同时生产、生活和生态的需水结构也发生着变化。2003 年浙江省成立了新安江引水工程①前期工作领导小组，负责前期调查并形成引水方案。该引水方案计划每年从千岛湖取水 13 亿立方米，分别向杭州和嘉兴供水，总投资为 128 亿元。在 2005 年水利部、浙江省联合批准的《钱塘江河口水资源配置规划》中，新安江水库在流域供水中将发挥更为重要的作用；2005 年出台的《浙江省水功能区、水环境功能区划分方案》将千岛湖划入饮用水源区上游的缓冲区，作为浙江省钱塘江流域的重要备用水源。由于杭州和嘉兴本身不属于缺水地区，嘉兴市到千岛湖引水又属于跨流域引水，因此引水方案遭到专家们的反对而一度被搁置。但是，千岛湖的备用水源功能已经得到确认。

2003—2013 年，钱塘江流域危及杭州市水源安全的事故高达 44 起。随着杭州市水源面临环境污染和咸潮的威胁，嘉兴市难以在短时期内解决地表水污染等问题，使得千岛湖配水工程于 2010 年底被再次提上议事日程。2011 年，《杭州市“十二五”水利发展规划》中指出，将新安江引水工程作为杭州市调水工程，以根本改善杭州市饮用水，预计总投资约 150 亿元。同年，《浙江省国民经济和社会发展第十二个五年规划纲要》《杭州市国民经济和社会发展第十二个五年规划纲要》《嘉兴市国民经济和社会发展第十二个五年规划纲要》均要求积极推进千岛湖引水工程的前期工作。2014 年，千岛湖配水工程正式动工开建。这标志着千岛湖作为备用水源的主体功能开始向正式饮用水源转变。2014 年，国务院批准并由国家发改委正式印发实施的《千岛湖及新安江上游流域水资源与生态环境保护综合规划》给予新安江水库作为长三角地区重要战略水源地的定位。可见，千岛湖优质的湖水愈加受到重视，备用水源功能即将转变成真实水源。

① 新安江或千岛湖“引水工程”“配水工程”和“引配水工程”三者为同一工程在不同时间段、不同部门和不同文件中的不同表述而已，其内涵一致。三者可最直观地理解为，杭州市和嘉兴市从千岛湖引水并配水。为了尽可能地统一表述，专著大部分采用了“配水工程”这一具有较广含义的术语。个别地方根据上下文语境保留了“引水工程”这一术语。

千岛湖配水工程实施后对包括黄山市和淳安县在内的水源区的环境保护的要求会更高，环境保护的范围会更广，环境保护的投入会更多。这对淳安而言，既是机遇又是挑战，精确把握“保护优先，绿色发展”功能定位和积极推动绿色发展体制机制改革是淳安的必由之路。

新安江及千岛湖功能变迁的时间节点和节点事件汇总如表 1－1 所示。回顾其主体功能定位，淳安县的发展与国家战略和省市战略密切相关，与上游安徽黄山市等地的生态保护状况密切相关，与淳安县城乡居民的“走出去”和“引进来”的经济行为密切相关。这就需要淳安在深化改革、扩大开放的大背景下谋求绿色发展，在国家和省市战略的既定框架下谋求绿色发展，在利用好有限的稀缺资源的前提下走出一条绿色发展之路。

表 1－1　　新安江及千岛湖功能变迁阶段划分

阶段	时间	主体功能	节点事件
第一阶段	20 世纪 50 年代中期前	灌溉、航运	徽商崛起；淳安县富比萧山
第二阶段	20 世纪 50 年代中后期至 21 世纪初	发电、防洪、渔业、旅游等	1955 年，新安江水电站动工；1984 年，“千岛湖”命名
第三阶段	21 世纪初至今	备用水源	2005 年，《浙江省水功能区、水环境功能区划分方案》出台；2014 年千岛湖配水工程开工建设

二、新安江及千岛湖功能变迁对淳安县的正面影响

1. 水资源环境优势明显，淳安水质标准逐渐成为标杆

第一，千岛湖旅游功能的阶段性开发保护了“一湖秀水”。在旅游业兴起之前，千岛湖的水质要求不高，环保标准较低。随着淳安工业的发展，良好的生态和洁净的自然环境受到威胁。1985 年，淳安工矿企业、造纸厂、器材厂等工业企业排放大量废水，而废水处理率仅为 0.37%，大量未经处理的废水排入千岛湖，局部水域遭到破坏，水体变色，个别湖湾水中出现油类和死鱼现象。为使千岛湖生态环境不受破坏，保证旅游业快速发展，淳安县人民政府采取了一系列治理举措，千岛湖水资源、水环境逐渐得到改善和

恢复。

第二，备用水源地的战略定位进一步巩固了千岛湖的水资源和水环境优势。到2005年，千岛湖总体水质符合Ⅰ—Ⅱ类标准，水质良好且基本稳定。在成为备用水源地后，环保要求更严，环保力度更大，环保范围更广，千岛湖水质三个国控监测断面保持Ⅰ类，乡镇交接断面保持Ⅱ类以上，84条河流水质达到Ⅰ类水的比例逐年稳步增长，淳安县水资源环境优势更加突出。

第三，淳安县上下严格的自我加压促使水质标准成为全国标杆。早在2005年，淳安县城市污水处理厂污水排放标准便开始执行GB18918—2002中的一级标准，地表水水质执行GB3838—2002中的Ⅱ类标准。在保持要求极高的环保指标达标的同时，其他指标不断追求更高水质目标。2016年《千岛湖环境质量管理规范（试行）》以全票通过，这标志着最严格的地方标准——“千岛湖标准”的诞生。这是全国首个县级环境质量管理标准，为全国湖泊保护提供了借鉴。

2. 生态经济价值递增，生态补偿促进生态价值转化

一方面，千岛湖配水工程的实施将带来更为可观的生态补偿资金。根据有关学者2014年的研究成果，以2010年价格水平为基准，杭州市和嘉兴市应向淳安县提供7.96亿—11.11亿元的生态补偿资金，且该金额需与国内生产总值（GDP）或消费价格指数（CPI）增幅基本保持同步。[①] 自2019年起，千岛湖将先后成为杭州市和嘉兴市的正式饮用水水源地，于情于理需水方都应该对淳安进行更高标准的补偿。

另一方面，千岛湖成为战略性水源地后基于生态补偿资金核算的千岛湖生态经济价值也在增加。千岛湖优质的水生态环境对于下游地区居民的生存与发展具有重要意义。千岛湖成为战略性水源地后，当地应该可以获得更多的补偿资金。与此同时，水源地面临的环境政策将更加严格，淳安县承受的机会成本将更大。2017年，上级政府生态补偿的财政转移支付约为7亿元，相当于淳安地方财政收入的40%。生态补偿资金适度弥补了淳安县为保护环境所遭受的经济损失，也为千岛湖生态经济价值的持续递增提供了保障。

---

① 沈满洪、魏楚、谢慧明等：《完善生态补偿机制研究》，中国环境出版社2015年版，第252—253页。

3. 绿色产业体系形成，绿色发展是倒逼也是自我选择

第一，千岛湖优质的生态环境推动绿色农业快速发展。到 2017 年，淳安形成以茶、果、菜、竹、药、油、菌、蚕、鱼、蜜等为重点的农业主导产业，总产值达到 35.96 亿元。同时，围绕“有机千岛湖”建设，淳安累计认证无公害农产品 171 个、有机农产品 69 个。“千岛湖”农产品区域公共品牌受到市场欢迎，鸠坑茶成为国家农产品地理标志等级产品，千岛湖龙井茶、枇杷、无核柿、水蜜桃入选全国名特优新农产品目录。此外，县农业经营主体不断强大，2017 年农业龙头企业共有 85 家，其中国家级 2 家、省级 5 家、市级 39 家。绿色农业已成为淳安县产业体系的重要一极。

第二，千岛湖丰富、优质的水资源优势推动以水产业为中心的绿色工业转型。严格的环保标准要求淳安县不断淘汰污染型工业企业。在 20 世纪 90 年代，淳安县先后关停淘汰钢铁、化工、化肥、农药、焦化等高能耗高污染企业 40 余家；2010 年之后，又关停纸业、矿业、缫丝、砖瓦等规模以上企业 30 余家，关停整治 200 多家低小散企业，电镀行业更是整体退出淳安。在淘汰高污染产业的同时，淳安县也在寻求产业绿色转型升级，着力构筑“无污染、小空间、高科技、资源型”新型生态工业体系。淳安县依据水资源的禀赋优势，大力发展水产业，农夫山泉等水产品企业发展势头强劲。

第三，千岛湖独特的旅游资源促进绿色服务业发展。自 1982 年开始，淳安县大力建设千岛湖景区，将千岛湖的生态资源环境优势转变为经济优势，旅游业开始兴起。旅游业的快速发展给当地带来大量的就业和经济收入。1988—2005 年，千岛湖旅游总收入由 0.07 亿元增长到 15 亿元，经济效益明显。同时，旅游业的发展带动了千岛湖餐饮业、住宿业的发展，为淳安居民创造了就业机会。大量农家乐、自营餐馆和民宿相继出现，居民实现自我就业。

4. 环境保护手段丰富，生态文明制度体系不断完善

一方面，高环保要求有利于实现环保手段的多样化。在千岛湖国家级风景旅游区建立之前，淳安县的环境保护手段较为单一，环保制度也不完善，以监督污染企业加强废水治理为主。在旅游业兴起后，千岛湖环保力度加大，环保手段增加，主要体现在环保举措和环保宣传方式的多样化。就环保举措而言，主要是摸底淳安工业污染状况，实施全县污染物排放申报登记；成立千岛湖景区环境监理站和县环境科学学会，加强环境监管和科研；建立

乡镇垃圾处理设施，加强乡镇环境管理；禁售、禁用一次性发泡塑料餐具，制造机械化水上垃圾打捞船，加强千岛湖湖面清洁工作等。就环保宣传而言，主要是举办各类环保培训、环保知识竞赛和普及环保知识等。成为备用水源地后，环保举措和环保宣传创新更有广度和深度，包括实施“城中湖”“生态保护工程”“饮用水源保护工程”“保水渔业工程”“生态建设和保护工程”等，实施城乡生活垃圾无害化处理，开展“清洁乡村”工程，进行沿湖宾馆“零排放”改造，以及每年在《浙江日报》《杭州日报》等省市主流媒体上进行宣传报道，等等。

另一方面，生态文明建设要求配套体系化的环保手段。一是为实施国家和省市生态文明制度，淳安县严格执行“环境保护目标责任制、建设项目环境保护审批、污染治理社会‘三同时’”等环保制度，推行排污许可证制度，保证国家和省市生态文明制度建设顺利进行。二是淳安县根据千岛湖生态环境保护的实际需要，每年出台内容涵盖生产生活各方面的政策文件，如实行燃煤经销使用申报制度，建立企业环保管理台账制度、环保准入淘汰制度、污染排放总量控制制度、环境监测预警制度、环境经济激励制度、环境执法监管制度等。

三、新安江及千岛湖功能变迁对淳安县的负面影响

1. 生产生活空间受限，发展用地严重不足

一方面，水功能政策规划限制开发的区域范围过大，压缩生产生活用地空间。2005 年省人民政府印发的《浙江省水功能区、水环境功能区划分方案》将淳安县 4286 平方公里、约 96.8% 的国土面积划入饮用水水源保护区范围，禁止进行开发。经过努力争取，在 2015 年修编后该比例下调 1.2 个百分点。这意味着淳安县仅 4.4% 的国土面积可用于生产和生活，可供开发的用地极为稀缺，经济活动和居民生活受到极大限制。同时，根据《富春江—新安江风景名胜区总体规划》，千岛湖风景区核心区块划分和水源地保护区划分间既有重合，又有差异，而两者都有严格的保护要求，不同功能区范围的重叠进一步缩小了可用的发展用地，建设项目落地空间极度缺乏，经济发展道路愈加狭小。

另一方面，“一刀切”的能耗强度标准使得能源瓶颈成为淳安县发展面临的又一难题。为保护生态环境，淳安县不惜牺牲部分生产生活空间以达到千岛湖特殊保护要求的节能降耗目标，2017 年单位 GDP 能耗仅为 0.28 吨标煤/万元，远低于周边县市的能耗强度。然而，“十三五”规划的节能降耗“双控”目标要求淳安在已然极低的能源消费和能耗强度基础上与其他地区一样同比例下降 3% 和 5%。这一不合理且不科学的政策已经束缚了淳安县的手脚。

2. 环保支出占比增加，持续保护压力巨大

第一，环保支出总量增长，财政支出占比增加，县级政府财政困难。2006—2016 年，淳安县仅污染源治理投入便从 2099 万元增长至 54186 万元，在生态环境保护方面的投入高达 70 多亿元。从 2014 年开始的“五水共治”中的“治污水”又决定在三年内投入 38 亿元左右。快速增长的环保支出挤压其他领域的财政支出，千岛湖生态环境保护支出每年在财政支出中的占比都在 37% 以上。由于淳安县财政收入总量较小，高占比的环保支出挤压了其他财政支出，影响其他政府职能的履行，面对未来保护饮用水水源地而持续增长的环保投入需求，地方财政支持日渐难以为继。

第二，环保支出来源的不足导致千岛湖水源地环保压力加大。千岛湖环保经费虽受到各级政府补助，但是逐渐减少的上级财政支持和增长缓慢的地方财政收入使得环保支出压力巨大。一方面，对淳安县的专项补偿资金越来越少，这与千岛湖实际所需环保投入的增加形成矛盾；另一方面，保护标准的提高以及保护力度的加大对淳安县的经济发展形成更多限制，企业的“关停并转”和限制性进入导致县政府增收乏力，持续增加淳安县环保工作压力。

第三，保护工作的深入开展会增加生产生活成本进而形成环境保护阻力。采砂、渔业养殖捕捞、养殖场等各方面的整治将造成当地居民建房用砂、肉类食品等的供应减少，价格上升，居民生活成本增加；同时高标准的环保要求增加企业环保投入，增加生产成本，减少经营利润，也阻碍居民收入的增加。

3. 投资成本不断上升，产业发展瓶颈突出

第一，淳安县特殊严格的环境保护要求增加了当地企业的建设成本、生产成本和运营成本，使企业经营愈发困难，盈利逐渐下降。由于淳安县 96.8% 的国土面积按照水功能区、水环境功能区划分为饮用水源一、二级保护区，而 2017 年修订的《中华人民共和国水污染防治法》又提高了二级饮用水水源保护区的排污标准，将“不能向水体排放污染物”改为“不能排放污染物”。这势必增加污水处理设施资金投入，同时其运行成本也较高，减缓了当地产业发展。

第二，饮用水水源地生态环境保护提高了淳安县投资项目的进入门槛。为保护千岛湖生态环境，淳安县坚持“决不以牺牲环境为代价换取经济一时发展、决不放低环保门槛作为招商引资优惠条件、决不接受产业转移中环境污染企业”的“三个决不”刚性原则，先后婉拒了超300多亿元的产业投资项目，放弃了不计其数的在其他地区是绿色项目而在淳安县是禁止发展的项目。正是如此严格的环境标准导致淳安县的产业选择范围相对较窄。较高的环境门槛阻挡了大量的产业进入，同时环境保护的高标准也一定程度上阻碍了产业发展的速度和规模。

4. 当地居民就业困难，脱贫致富进度放缓

第一，新安江水库的建立导致淳安县经济大倒退。在水库建立之时，以往兴建的交通基础设施被废弃或破坏，两座县城和60多个乡镇被淹没，大量人口被移民，很多企业被外迁，直接导致淳安从曾经的富裕县倒退为贫困县，直到1978年淳安县人均收入才恢复到1958年的水平。水库建立之前，淳安县工农业产值远高于周边县市，年平均增长速度达到8.44%，建德、桐庐、临安、开化的工农业产值不到淳安县的70%；水库建立后，淳安县工农业产值急剧下滑，在之后几十年的时间里都落后于周边地区。① 到2017年，淳安县城镇居民人均可支配收入为40269元，仅为杭州市人均收入的71%、浙江省人均收入的78%；农民人均可支配收入17721元，是杭州市的58%、浙江省的71%，是杭州市唯一的加快发展县。

第二，旅游功能的开发，尤其是备用水源地的定位、高标准的环保需求减少了地区就业。千岛湖景区在全国名声鹊起后，由于生态保护的需要，传统产业萎缩，农林牧渔等相关产业发展受限，水面网箱养殖上岸、木材加工企业关闭，直接导致大量群众失业；第二产业发展滞后，20世纪90年代起淳安县便关停化工、造纸、水泥等40多家高污染企业，能提供大量就业岗位的工业企业相继退出，淳安县就业岗位持续减少。成为战略水源地后，淳安县的环保力度加大、环保标准进一步提高，产业进入难度加大，一些绿色

① 姜立汉、徐和森：《新安江水库淳安库区经济社会发展研究》，《水利经济》2008年第2期。

产业也难以落户淳安，同时环保投入成本的提高也减少了相关产业落户淳安的兴趣和信心，淳安县就业形势更加严峻。

5. 环境政策风险较大，政府治理面临考验

第一，上下级规划或制度不匹配留下了隐患和风险。根据 2010 年国务院印发的《全国主体功能区规划》和浙江省人民政府出台的《浙江省主体功能区规划》，淳安全县被划入重点生态功能区，淳安县禁止开发面积约为 1300 平方公里。但是，2005 年省人民政府发布的《浙江省水功能区、水环境功能区划分方案（2005）》将淳安县 4286 平方公里的面积划入饮用水源保护区并禁止开发，远高于 1300 平方公里，两种功能区规划方案之间存在矛盾。这种上下级规划或制度的不匹配增大了政府管理的难度，在规划冲突、制度矛盾、政策交叉等情景下，地方政府往往无所适从，不可不作为又难以准确合理作为，加大了决策失误的风险。

第二，对未来生态保护趋势缺乏预期的一般产业规划导致政策精准度不足。千岛湖作为备用水源只是新世纪以后的事情，由此导致此前的产业决策与现行的环保要求相冲突。农业、工业、旅游业等产业规划无法适应配水工程运行、千岛湖保护压力加大这一状况的特殊性。这种政策规划的前瞻性不足模糊了淳安县各区块的功能定位，使得保护工作难以精准开展；松紧尺度难以把握也提高了政府治理难度。

第三，严格的环境政策可能带来一定的社会风险。一方面，环境政策在一定程度上会减缓淳安县经济发展和脱贫致富的速度，且拉大与周边地区的收入差距。这与淳安百姓增收致富、改善生活的美好愿望形成矛盾，期望与现实的落差可能会带来不稳定因素。另一方面，生态补偿机制的滞后和不完善也将带来社会问题。虽然淳安居民环保意识在不断增强，但同时对生态红利的期望也愈大，在付出保护环境的巨大努力后，也期待着“秀水富民”目标的真正实现。虽然淳安居民从旅游业、水业、有机农业等产业获得收益，但相对于付出的机会成本其收益是微不足道的。上下游地区之间生存权和发展权的不公平也将带来社会不稳定隐患，形成社会风险。

新安江及千岛湖主要功能的变迁，对淳安县而言既有有利的一面，又有不利的一面。就近期而言，可能不利因素更多一些；从长期来看，可能有利因素更多一些。如何尽可能“扬长避短”和“扬长补短”既是淳安县人民政府也是上级人民政府需要思考的重大问题。

第二章
千岛湖功能变迁后淳安县高质量保护与发展的机遇与挑战

千岛湖功能变迁后，环境保护要求更高，如何实现高质量保护和高质量发展，对淳安县来说既是难得机遇又是重大挑战。科学全面分析淳安县所面对的机遇和挑战是淳安县精准施策的前提。本章在归纳千岛湖功能变迁后淳安县环境保护要求的基础上，分析了其所面临的机遇和挑战，并通过设置不同的情形模拟和比较了 2018—2022 年淳安县实现高水平全面小康社会的差距。

一、千岛湖功能变迁后对淳安县的保护要求

1. 千岛湖功能变迁后对千岛湖水环境的保护要求

在千岛湖成为杭州、嘉兴等地的饮用水源地后，对淳安县环境保护的范围和标准有较为明确要求的上级政府文件主要有三个：一是 2012 年国务院下发的《全国重要江河湖泊水功能区划 2011—2030》（水资源〔2012〕131 号）；二是 2013 年浙江省发改委颁布的《千岛湖及新安江上游流域水资源与生态环境保护综合规划》（发改地区〔2015〕2679 号）；三是 2015 年浙江省环保厅

发布的《浙江省水功能区、水环境功能区划分方案（2015）》（浙环〔2015〕17号）。

（1）国务院水功能区划对千岛湖环境的要求。根据《全国重要江河湖泊水功能区划2011—2030》的要求，新安江水库583平方公里（不包含周边相关支流水系）划分为三个水功能区：一是新安江水库淳安饮用水源区，面积524.5平方公里，水质目标Ⅱ类，淳安县城等人口密集区周边水域可放宽至Ⅲ类，功能是为城镇提供综合用水。二是新安江水库淳安渔业用水区，面积2.5平方公里，水质目标Ⅲ类，功能是用于水生生物自然繁育以及水产养殖。三是新安江水库淳安景观娱乐用水区，面积56.0平方公里，水质目标Ⅲ类，功能是用于景观、疗养、度假和娱乐需求。按照这一水功能区划，千岛湖水域面积的89.96%属于饮用水源保护区，水质要求在规划期限内2011—2030年间要保持在Ⅱ类水体。具体见表2-1。

表2-1　国务院水功能区划对千岛湖的要求

序号	二级水功能区名称	范围		面积（平方公里）	目标水质
		起始断面	终止断面		
1	新安江水库淳安饮用水源区	除景观娱乐用水区和渔业用水区以外的全部千岛湖水域		524.5	Ⅱ类
2	新安江水库淳安渔业用水区	里杉柏	化肥厂库湾	2.5	Ⅲ类
3	新安江水库淳安景观娱乐用水区	千岛湖西园库湾，龙山岛、界首岛、猴岛、姥山岛等岛屿周边水域		56.0	Ⅲ类

资料来源：根据《全国重要江河湖泊水功能区划2011—2030》整理所得。

（2）浙江省综合规划对千岛湖环境的要求。相比国务院水功能区规划对千岛湖水质的要求，浙江省的《千岛湖及新安江上游流域水资源与生态环境保护综合规划》（发改地区〔2015〕2679号）在基本原则不变的情况下，要求更为具体。而且，从长期目标来看，综合规划对千岛湖水质的要求要更高，具体如表2-2所示。

表2-2　2013年浙江省区域规划对千岛湖环境的要求

目标类别	近期目标（2015年）	远期目标（2020年）
湖体水质（除总氮）	湖泊Ⅱ类	湖泊Ⅰ-Ⅱ类
湖体总氮（毫克/升）	≤0.88	进一步降低
湖体营养化程度	≤33	进一步改善

续表

目标类别		近期目标（2015年）	远期目标（2020年）
省界街口镇国控断面水质（毫克/升）	高锰酸盐指数	≤1.99	进一步改善
	氨氮	≤0.084	
	总磷	≤0.03	
	总氮	≤1.26	
主要入湖河流		河流Ⅰ-Ⅱ类	进一步改善
水功能区水质达标率（%）		80	85

资料来源：根据《千岛湖及新安江上游流域水资源与生态环境保护综合规划》整理。

由表2-2可知，浙江省2013年综合规划中，到2015年千岛湖环境保护目标是除总氮外，其他水质考核指标都要达到Ⅱ类水体。另外，综合规划中对总氮的要求为小于0.88mg/L。根据我国地表水环境质量标准的规定（见表2-3），总氮小于0.88mg/L是处于Ⅱ类水体和Ⅲ类水体之间。这一规定相比其他指标实际上是有所放宽的。之所以如此，是因为千岛湖水体中总氮的含量比较高，短时间内难以达到过高要求。对照表2-3的标准，《综合规划》中对省界街口镇国控断面水质的要求比较高。比如，到2015年要求高猛酸盐指数≤1.99，氨氮≤0.084，这已经是Ⅰ类水体的标准。《综合规划》中对远期目标（2020年）的要求并没有详细规定，但要求湖体水质达到Ⅰ-Ⅱ类，也就是说到2020年湖泊的水体要接近Ⅰ类。相比国务院水功能区划，这一要求的标准已经提高。

表2-3　　地表水环境质量标准基本项目标准限值单位

项目＼分类	Ⅰ类	Ⅱ类	Ⅲ类	Ⅳ类	Ⅴ类
高猛酸盐指数≤	2	4	6	10	15
化学需氧量（COD）≤	15	15	20	30	40
五日生化需氧量（BOD_5）≤	3	3	4	6	10
氨氮（NH_3-N）≤	0.15	0.5	1.0	1.5	2.0
总磷（湖、库）≤	0.02（0.01）	0.1（0.025）	0.2（0.05）	0.3（0.1）	0.4（0.2）
总氮（湖、库，以N计）≤	0.2	0.5	1.0	1.5	2.0

注：单位为mg/L；总磷一行括号里的数值为湖、库的标准。

资料来源：根据《地表水环境质量标准》整理。

(3)《浙江省水功能区、水环境功能区划分方案（2015）》对千岛湖环境的要求。《浙江省水功能区、水环境功能区划分方案（2015）》对千岛湖环境标准进行了规定。这一区划的基准年为 2014 年，水平年为 2030 年。该方案对千岛湖的要求基本和《全国重要江河湖泊水功能区划 2011—2030》一致，对于饮用水源区要求达到Ⅱ类水体，渔业区和观赏区的水体要求达到Ⅲ类水体。但对不同区域的面积进行了调整，与 2012 年的国务院文件相比，饮用水源区从 524.5 平方公里增加到了 550.24 平方公里，渔业用水区从 2.5 平方公里减少到了 1.6 平方公里，景观用水区从 56 平方公里减少到了 21.16 平方公里。

尽管从水质标准上来看，《浙江省水功能区、水环境功能区划分方案（2015）》比前两个文件并没有增加太多内容，但增加了饮用水源区的范围，明显提高了对环境保护的要求，这对于淳安的发展空间有重大影响。

2. 千岛湖功能变迁后对淳安县陆域环境的保护要求

千岛湖功能变迁后，上级政府对淳安县陆域环境保护的范围进行了明确规定。根据《浙江省水功能区、水环境功能区划分方案（2005）》，淳安县 100% 的陆域面积都将划为饮用水源保护区范围。2015 年修编后的划分方案将陆域面积下调至 97.95%。也就是说在千岛湖功能变迁后，淳安县 97.95% 的陆域环境都要达到国家饮用水源地保护区的标准。对饮用水源区陆域环境进行要求的最新文件主要有两个：一是 2017 年修订的《中华人民共和国水污染防治法》，二是 2018 年颁布的《关于答复全国集中式饮用水水源地环境保护专项行动有关问题的函》。根据上述两个文件内容进行整理，国家对饮用水源保护区陆域环境的要求如表 2-4 所示。

表 2-4　　国家对饮用水源保护区陆域环境的要求

类型	饮用水水源一级保护区	饮用水水源二级保护区
排污口	禁止	禁止
工业企业	拆除或关闭	拆除或关闭
建设项目	禁止与供水设施和保护水源无关的建设项目	禁止排放污染物的建设项目
已建成的违规项目	拆除或关闭	拆除或关闭
居民活动	禁止从事网箱养殖、游泳、垂钓或其他污染饮用水体的活动	从事网箱养殖等活动的，应当按照规定采取措施，防止污染饮用水水体

续表

类型	饮用水水源一级保护区	饮用水水源二级保护区
码头	拆除或关闭	污水、垃圾至保护区外处理排放
旅游餐饮	农家乐、宾馆酒店、餐饮娱乐拆除或关闭	农家乐、宾馆酒店、餐饮娱乐拆除或关闭
农业	农业种植应严格控制农药、化肥等非点源污染，并逐步退出	科学种植和非点源污染防治

资料来源：根据《中华人民共和国水污染防治法》和《关于答复全国集中式饮用水水源地环境保护专项行动有关问题的函》相关内容整理所得。

根据表2-4，国家对饮用水源一级、二级保护区的环境标准均十分严格，对排污口、工业企业、旅游餐饮等方面两者并无区别。照此标准，淳安县的发展空间极为有限。而且，从表中可以发现，国家对饮用水水源二级保护区污染标准不够具体。

二、千岛湖功能变迁后淳安县高质量保护与发展的机遇

1. 绿色产业是全球经济发展的大势所趋

伴随着经济发展与资源环境矛盾的加剧，绿色产业已经成为全球经济发展的大趋势。历史的经验表明："先污染，后治理；边污染，边治理"的发展道路不可持续。全球众多国家已经深刻认识到发展绿色产业的重要性。比如，美国推出了"绿色经济复兴计划"，大力发展清洁能源产业；欧盟在2013年出资1050亿欧元发展低碳产业；日本制定了"绿色发展方案"，大力发展大型蓄电池、新型环保汽车以及海洋风力发电等绿色产业；韩国提出了"低碳绿色增长战略"；巴西重点发展生物能源和新能源汽车产业。[①] 党的十八大报告也明确提出要"推进绿色发展、循环发展和低碳发展"。

从产业附加值的视角来看，高消耗、高污染和高排放的行业往往依赖于资源和劳动力等要素投入，技术水平不高，产业附加值低，基本处于微笑曲

① 叶飞霞：《把握绿色发展新趋势》，《经济日报》2013年7月26日。瞿卫国：《绿色产业将成为经济新增长点》，2017年11月23日，https://baijiahao.baidu.com/s?id=1584846638483013357&wfr=spider&for=pc。

线的中间部分。而且，环境污染是高成本的。据测算，2000—2010 年，中国环境污染的成本占国内生产总值的 10% 左右。[①] 发展绿色产业不仅可以保护环境，而且具有高利润率。伴随着人均收入水平的提高，人民对美好生活的需要使绿色产业的市场空间逐渐扩大。《中国绿色产业景气指数报告 2017》显示，我国绿色产业整体处于规模扩张的阶段，绿色产业的利润增长要优于市场平均水平。未来，资源的稀缺和技术的进步更使得绿色产业大有作为，大有前途。

千岛湖功能变迁后，一流的生态优势十分有利于发展绿色产业。截至 2018 年年底，全县森林覆盖率已达到 70% 以上，千岛湖湖周及岛屿森林覆盖率达 95%，千岛湖的水资源更是被称为“天下第一秀水”。伴随着杭淳开高速公路和杭黄高铁的开通，淳安的交通劣势也将转变成交通优势，这更有利于扩大淳安绿色产业的市场。

2. 绿色消费是满足日益增长的美好生活需要的重要方面

党的十九大报告指出，我国社会的主要矛盾已经转化为人民日益增长的美好生活需要和不平衡不充分的发展之间的矛盾。随着经济社会的快速发展，居民对产品的消费需要不再停留在“从无到有”，而是在向“从有到优”转变。人民群众对清新的空气、清澈的水源、清洁的环境等优质生态产品的需要越来越迫切，绿色消费理念日益深入人心。

根据国家发改委发布的《2017 年中国居民绿色消费发展情况》，2017 年绿色产品的消费规模在持续增长。据保守估计，2017 年，有机绿色产品的消费额为 1400 亿元左右；阿里零售平台绿色消费者人数在 2012—2015 年增长了 14 倍。居民对空气质量和饮用水水质等的要求越来越高，空气净化器、家用净水设备等健康环保产品成为消费热点。2017 年，空气净化器产量、国内销售量分别为 1357 万台、444 万台，同比增长 26.1% 和 2.3%；家用净水设备产量、国内销售量分别为 1629 万台、1477 万台，同比增长 11.4% 和 12.6%。[②]

淳安县一流的生态环境正好可以满足人民日益增长的美好生活需要，空

① 美国智库：《中国过去 10 年治理污染成本近年 GDP 的 10%》，2015 年 1 月 19 日，http：//finance. sina. com. cn/china/20150119/154221332103. shtml。

② 国家发改委资源节约和环境保护司：《2017 年中国居民绿色消费发展情况》，http：//www. ndrc. gov. cn/fzgggz/hjbh/hjzhdt/201804/t20180404_881784. html。

气、水源、生态农产品等可以利用的市场空间非常广阔。而且，淳安县的生态优势也非常有利于提高淳安本地居民的幸福感，这同样是一项非常重要的民生工程。

3. 淳安县是践行“两山”重要思想的先行区

“绿水青山就是金山银山”是习近平主政浙江时提出的重大科学论断。“两山”重要思想揭示了生态保护和经济发展之间的相互辨证关系，是习近平生态文明思想的核心观点，也是“五位一体”总体布局和建设“美丽中国”的理论支撑。淳安县是践行“两山”重要思想的先行区。

习近平在浙江工作期间，曾多次到淳安调研。期间他反复告诫当地党政领导和群众：“只重视经济发展，不重视生态建设的领导不是好领导；既要经济指标的 GDP，又要绿色的 GDP；保护好千岛湖，也是淳安最重要的政绩；淳安要切实转变经济增长方式，抓好生态建设，保护好千岛湖水源。”[①] 淳安县下姜村的发展变化就得益于习近平的亲自指导。下姜村是习近平在浙江工作时的基层联系点，他曾 4 次到下姜村调研。在习近平亲自指导下，下姜村通过建立沼气池、垃圾处理站、农业产业园等举措，实现了环境卫生的根本好转，通过大力发展生态农业，开启了“绿富美”的发展模式。[②]

千岛湖功能变迁后，淳安县的环境保护更为严格，一流的生态环境更有利于实现淳安践行“两山”重要思想标杆县的目标。这不仅和淳安的发展大计密切相关，对浙江省的建设大局也有着重大贡献。

4. 淳安县的绿色经济发展具有一定的先发优势

千岛湖功能变迁后，淳安县相继淘汰了很多高污染企业，在绿色经济发展的道路上已经取得一定的先发优势。淳安县在生态旅游、生态水业和生态农业的发展上都已经取得了比较大的成绩。

一流的生态优势为淳安旅游业的发展提供了良好的基础，有利于大旅游和全域旅游的发展。2017 年，淳安县的旅游总收入占地区生产总值的比例达到 61.69%。淳安县已初步走上以康美环境为引领，康美生活为目的，旅游

---

① 周天晓、沈建波、邓国芳等：《习近平总书记在浙江的探索与实践．绿色篇》，2017 年 10 月 8 日，http://www.taizhou.com.cn/news/2017-10/08/content_3711365_3.htm。

② 李攀、俞熙娜、何双伶：《千里传锦书 一片爱民心》，2017 年 11 月 10 日，http://pol.zjol.com.cn/201711/t20171110_5602323.shtml。

业为核心，相关产业相互配合的协调发展道路。整个千岛湖旅游度假区的规划面积达到了30.8平方公里，形成了四大不同特色的旅游区块。在注重项目建设的基础上，积极打造全域旅游，在培育“吃、住、行、游、购、娱”等传统消费模式下，全力推进“商、养、学、闲、情、奇”等新型旅游模式，拉伸旅游产业链，创新旅游产品。千岛湖度假区也先后荣获“浙江省级服务业集聚区”“国家服务业综合改革试点区域拓展区”“最具文化创新旅游度假区”等多项殊荣。

优质的水源也促进了淳安县生态水业的发展。农夫山泉、千岛湖啤酒等水饮料产业在全国范围内都拥有很高的知名度。优质的水资源也为淳安吸引了一批优质的高端水产业制造项目。比如，以修正药业、华麟生物、清正生物为代表的医药制造项目，以谷神锂电池、中植新能源汽车为代表的新能源项目，都在加快建设中。

优质的环境同样有利于发展生态农业。淳安县的农业资源相对比较丰富，截至2017年底，全县有茶田18.7万亩，蚕桑5.96万亩，水果14.54万亩，山核桃32.38万亩，毛竹31.1万亩，蔬菜13.36万亩和中药材9.02万亩。随着人们对食品安全的重视，环保绿色的生态食品越来越受到市场的青睐。依托资源和环境优势，淳安围绕“有机千岛湖”的理念，大力发展有机农业、品牌农业和特色农业。淳安最为有名的千岛湖鱼头就得益于优质的水源。千岛湖的茶叶也是浙江省知名品牌。

“绿水青山就是金山银山”，中国的未来必然走上高质量绿色化发展道路。2016年，习近平强调要积极推行供给侧结构性改革，优化产业结构，淘汰高能源、高污染、高排放的产业。淳安的绿色经济发展较全国来看已经拥有一定的先发优势。

三、千岛湖功能变迁后对淳安县高质量保护与发展的挑战

1. 环境保护范围大、标准高，而有关政策边界不清晰

千岛湖功能变迁后，淳安县环境保护的范围大、标准高，但有关政策边界却不清晰。

首先，环境保护的范围大。根据《浙江省水功能区、水环境功能区划分方案（2005）》，淳安县饮用水源一级、二级保护区水域和陆域面积合计为4285.9平方公里，占淳安县总面积的96.8%，全县100%的陆域面积都属于水源保护区范围。虽然经过努力争取后，2015年修编后的划分方案将保护区的总面积下降至95.6%，其中，陆域面积下调至97.95%，但整体上保护区的范围明显偏大。经济发展的空间受到了明显的限制。

其次，环境保护的标准更高。千岛湖功能变迁后，除了对湖区水质要求更严，对陆域环境也有新的要求。2017年修订的《中华人民共和国水污染防治法》除了对一级水源区有要求外，对二级饮用水源保护区建设项目也进行了规定。该法还特别规定："禁止在饮用水水源二级保护区内新建、改建、扩建排放污染物的建设项目；已建成的排放污染物的建设项目，由县级以上人民政府责令拆除或者关闭。"① 2018年在《关于答复全国集中式饮用水水源地环境保护专项行动有关问题的函》更是明确规定要对水源保护区内的排污口、企业和餐馆进行整改和拆除。严格的环境保护标准使得淳安县环保投入的压力增大。根据淳安县政府的初步测算，在千岛湖向杭州引水后，包括城镇和农村污水处理厂的运营、湖面垃圾打捞、湖面水质预警监测等在内，平均每年的环保投入将达到9.2亿元。

最后，上级政府及有关部门关于淳安环境保护的要求不一致而且标准比较模糊。不同规划对淳安县水源保护区面积的要求不一致。根据浙江省人民政府印发的《浙江省主体功能区规划》，淳安县禁止开发的总面积约为1300平方公里，其中陆域面积为730平方公里。按此规划，淳安县水源保护区的面积只占到总面积的29.36%，远远低于2015年修编后的《浙江省水功能区、水环境功能区划分方案（2015）》所要求的比例。从法规上下位看，一切功能区规划都应该以主体功能区规划为基本，但在实际执行中水功能水环境区规划更具刚性。但是，不同的规划存在不一致。而且，对于污染的标准比较模糊，无法依据明确的标准来判断项目是否可以上马。

2. 经济发展基础弱、限制严、走下坡，而且政策标准不明确

淳安县本身经济发展的基础就较弱，处于浙江省的26个加快发展县之

---

① 《中华人民共和国水污染防治法》2017年修订版，http：//lwswj.sdwr.gov.cn/flfg/flfg_13169/201804/t20180404_1249191.html。

列。2017 年，与杭州市周边地区相比，无论是 GDP 总量还是人均 GDP 都处于后列。财政收入、人均可支配收入等其他经济指标在杭州各个县（区）中也处于末位。环境保护标准提高后，淳安县经济发展受到的限制更多，经济走下坡的趋势更加明显。

由于严格的环境保护，21 世纪初，淳安县就先后关停淘汰了钢铁、化工、化肥、农药、焦化等高能耗、高污染企业 40 余家。2010 年以来，关停纸业、矿业、缫丝、砖瓦等规模以上企业 30 多家，而这些企业都是淳安县的经济支柱。在特殊严格的环境保护标准下，淳安的项目引进也十分困难。2018 年，淳安县总投资超过 55.5 亿元的建设项目都因环保标准而不得不列入年度预备项目。为保护湖区水质，正在建设的项目也面临大幅度的整改关停，不少靠近湖区的农家乐项目都已停工。而且，因为没有明确的环保标准，像农夫山泉扩建、雪松文旅、大连岭军旅冰雪休闲区、文渊狮城等优势项目，都因为潜在的环境风险而不得不停止。这些因素导致淳安县 2018 年的经济指标与 2017 年相比大幅回落，即使是在 26 个加快发展县中也失去了竞争力，由原先两个小组中的第一名滑落到倒数第一名。

3. 城乡居民收入增速放缓且差距扩大

经济发展受限最直接的后果就是城乡居民收入增速放缓。由于特殊严格的环境规制，可供淳安发展的产业是十分有限的，城乡居民收入来源大大减少。淳安的产业集中在食品饮料业、纺织服装业、机械机制业、旅游业和农业四大块。千岛湖成为正式水源地后，淳安的纺织服装业将进一步萎缩，食品饮料业独有的水源优势也会丧失。传统的农林牧渔等相关产业也会受到冲击。千岛湖本身是一个得天独厚的渔业基地，沿湖有上万人以养殖和捕捞为生，但为了保护千岛湖生态环境，网箱养殖被强制上岸，渔民只能另谋就业门路。林业也是如此，大量的木材加工企业被关停，尽管保护了生态环境，但居民失去了工作岗位，增收难度加大。另外，尽管优质的环境有利于旅游业发展，但千岛湖成为水源地后，众多农家乐等旅游项目也将面临诸多限制。

从统计数据上看，在 2005—2017 年，淳安县城乡居民人均收入的增速虽然个别年份有所反弹，但整体呈下降趋势。在 2015—2017 年，淳安县城镇居民的人均可支配收入增速基本稳定在 9% 左右，而农村居民的人均可支配收入增速稳定在 10% 左右。从总量上看，2017 年淳安县城镇居民的人均可支配收入是杭州市人均水平的 71%，是浙江省的 78%；农村人均可支配收入仅是杭州市的58%，是浙江省的71%，与周边地区相比差距正在不断扩大。

4. 科技创新和人才保障处于区位劣势

千岛湖功能变迁后，传统产业的发展受到了极大限制。要想突破现有瓶颈，发展高科技产业可能是一个选择，但因自身的资源禀赋问题，淳安县的科技创新能力和人才资源并不具有竞争优势。

2017年，淳安县的R&D经费投入仅为1.7亿元，只占到了杭州市总投入的0.7%，在杭州各县市区中排倒数第二名（仅高于下城区），R&D经费投入强度[①]为0.96，仅为全市平均水平（1.88）的一半左右，在全市14个县（区）中排倒数第三名，仅高于上城区和大江东。[②] 2017年，杭州市规模以上工业企业中高新技术产业产值占比为50.1%，增速为13.6%。淳安县的规模以上工业企业中高新技术产业产值占比为20%左右，增速为6%。在科技水平上，并不具有自主创新的优势。

淳安县的人才资源也处于杭州的末位。按照《淳安县人才发展规划纲要(2011—2015年)》，截至2015年，淳安县人才总量占杭州市的2.5%左右，主要劳动年龄人口受过高等教育的比例为16%，远低于杭州市的30%；高技能人才占技能劳动者数量的比例为10%，低于杭州市的25.93%。[③] 而且，在院士、企业家等领军人才方面，淳安更无法与周边地区相提并论。而且，淳安县仅有浙江旅游职业学院千岛湖校区，人才培养能力明显不足。

淳安经济发展的受限更使得其无法占领科技和人才的制高点。较低的工资水平往往留不住人才，科技水平也很难提高。长此以往，淳安就会陷入经济衰退、人才流失和科技发展缓慢之间的恶性循环。

四、千岛湖功能变迁后淳安县实现全面小康社会的差距分析

千岛湖功能变迁后，千岛湖的生态保护对于淳安来说既有机遇，也有挑

---

① R&D经费投入强度=R&D经费投入与主营业务收入之比。

② 数据来源：2017年全市规模以上工业企业R&D经费投入增长12.5%，2018年7月18日，http://www.hangzhou.gov.cn/art/2018/7/18/art_805866_19516066.html。

③ 数据来源：杭州市政府2016年发布的《杭州市人才发展“十三五”规划》，http://www.hangzhou.gov.cn/art/2016/12/12/art_1241171_3946.html。

战。总的来说，呈现出“成绩与问题同在，问题更加突出；压力与动力并存，压力更为明显”的特殊时期。而浙江省委明确提出了到2020年高水平全面建成小康社会和高水平推进社会主义现代化建设的奋斗目标。淳安县严重受限的严峻形势如何跟上浙江全省步伐，是各级政府都要思考的问题。那么，如果没有上级政府特殊支持，淳安未来几年的发展情况如何？和高水平全面建成小康社会的差距有多少呢？

1. 淳安县与浙江省规划目标的差距

要想测量差距，首先需要明确浙江省最新的规划目标。截至2018年，浙江省最新的发展要求是在2017年浙江省第十四次党代会提出的。① 党代会报告中提出的预期目标涉及了经济、法治、文化、环境、人民生活等众多方面。因为千岛湖功能变迁所造成的影响主要是在经济方面，因此主要测度到2022年淳安与省级规划目标在几类经济指标上所可能存在的差距。

根据报告内容，经济发展要达到三个目标：到2022年浙江省的人均生产总值要达到12万元；城镇居民人均可支配收入超过7万元；农村居民人均可支配收入超过3.5万元，具体见表2－5。

表2－5　　浙江省到2022年经济发展的预期目标

指标	人均生产总值	城镇居民人均可支配收入	农村居民人均可支配收入
预期目标（万元）	12	7	3.5
预期年均增速（%）	6.07	7.31	8.05

在分析和预测差距之前，首先对淳安的现状进行描述。图2－1至图2－3为淳安县2000—2017年人均GDP、城镇居民人均可支配收入和农村居民人均可支配收入的情况。

从图2－1至图2－3可以发现以下两个事实：第一，淳安县要想完成规划的预期目标难度非常大。2017年淳安的人均GDP为55494万元，距离12万元的目标还有着将近一倍的差距。城镇居民人均可支配收入为40269万元，距目标的7万元也有着3万元的差距。农村居民人均可支配收入同样如

① 《浙江省国民经济和社会发展第十三个五年规划纲要》的发展目标时间点为2020年，党代会发展目标确定的时间点为2022年，我们依党代会目标进行差距测算。

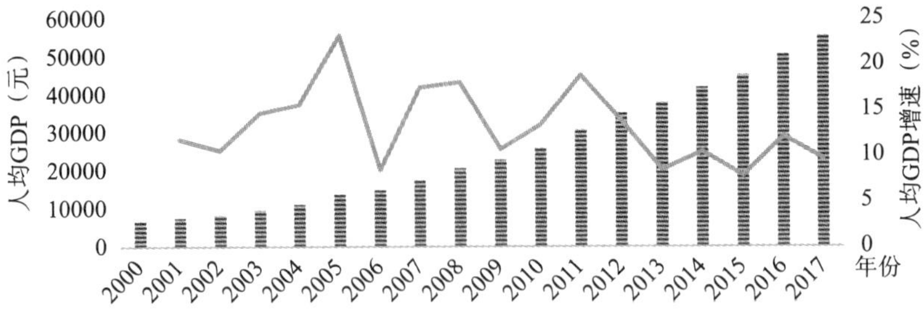

图 2－1　2000—2017 年淳安县人均 GDP 及其增速

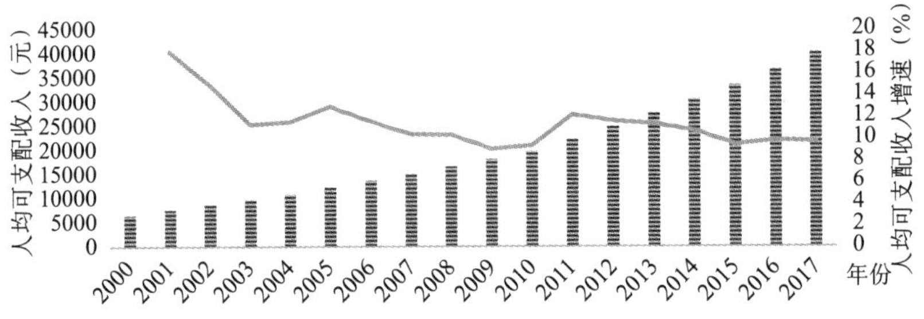

图 2－2　2000—2017 年淳安县人均城镇居民可支配收入及其增速

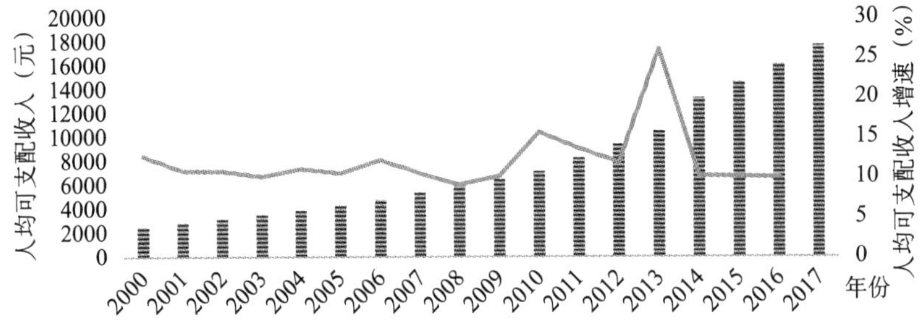

图 2－3　2000—2017 年淳安县人均农村居民可支配收入及其增速

此，也有着将近一倍的差距。第二，尽管各项指标的数值是在稳步上升的，但增速却在下降。尤其是 2005 年成为备用水源地后，人均 GDP 增速下降趋势非常明显。

鉴于千岛湖功能变迁后，淳安经济发展可能会面临不同的可能性，本部分设置“乐观”“中性”“消极”三种情形来讨论淳安各项指标到 2022 年与发展目标的差距。“乐观”情形对应着淳安三类指标增速较快。“中性”情形对应着淳安维持 2017 年的增速。“消极”情形对应着淳安经济增速较慢。考虑到淳安经济的实际情况，采用以下的赋值原则：首先计算各项指标在最近五年（2013—2017 年）间的增长率。选择在这五年内增速最高的年份作为乐观情况下的赋值，增速最低的年份作为“消极”年份的赋值，以2017年的增速作为“中性”情况下的赋值。表2－6给出了各项指标在不同情形下增速的赋值情况。其实，“消极”情景下设的增速也是不低的。

根据表2－6给出的不同情形下各指标增速进行模拟，可以得到淳安县三类指标到2022年的情况，具体结果见表2－7。根据测算结果，在没有上级政府的干预下，无论哪种情形，淳安与具体的规划标准都有着较大的差距。人均GDP的差距最大，在39587.1—21762.9元；城镇居民人均可支配收入的差距在6895.92—1222.46元，在“乐观”情形下，差距还可以接受；农村居民人均可支配收入的差距在7608.74—1474.14元，在“乐观”情形下可以接受。总体来看，淳安比较难以达到的是人均GDP要求。

表2－6　各项指标在不同情形下增速的赋值情况　单位：%

项目	“乐观”	“中性”	“消极”
人均GDP	12.1	9.6	7.7
城镇居民人均可支配收入	11.3	9.7	9.4
农村居民人均可支配收入	13.6	10.0	9.1

表2－7　三类指标到2022年与具体标准的差距　单位：元

指标	情形	2022年的具体值	与标准的差距
人均GDP	“乐观”	98237.1	21762.9
	“中性”	87760.73	32239.3
	“消极”	80412.95	39587.1
城镇居民人均可支配收入	“乐观”	68777.54	1222.46
	“中性”	63974.07	6025.93
	“消极”	63104.08	6895.92
农村居民人均可支配收入	“乐观”	33525.86	1474.14
	“中性”	28539.85	6460.15
	“消极”	27391.26	7608.74

2. 淳安县与周边县市区的差距

按照“中性”情形，假设杭州市其他12个县的三大指标都按照2017年的增速，依次模拟2022年的数据，比较淳安与其他县之间的差距。各县增速的赋值与计算结果如表2－8所示。从表2－8中可以看到，如果经济体按照 2017 年的增速来运行，那么基本上除淳安外杭州其他县（区）到 2022 年都可以完成规定的增长任务。除建德和江干区的人均 GDP 略低于 12 万元，其他地区都远远超过，另外滨江区的人均 GDP 将接近 60 万元，远超目标值。城镇居民人均可支配收入除了西湖区相差比较大外，其他地区都接近或超过了 7 万元这一标准。所有地区的农村居民人均可支配收入都超过了 3.5 万元。根据估算，杭州市 2022 年人均 GDP 为 17 万元左右，城镇居民人均可支配收入为 8 万元左右，农村居民人均可支配收入为 4.6 万元左右，总体上可以达到预设的目标。

表 2-8 杭州除淳安县外其他县（市、区）三大指标增速赋值及计算结果

地区	人均 GDP		城镇居民人均可支配收入		农村居民人均可支配收入	
	增速（%）	2022 年数值（元）	增速（%）	2022 年数值（元）	增速（%）	2022 年数值（元）
萧山	7.2	232627.9	8.3	89891.54	8.6	52248.59
余杭	7.1	235886.3	8.5	86818.13	8.7	52140.55
桐庐	7.5	139152.4	8.3	68568.82	8.5	40167.18
建德	8.3	113970.5	8.5	67756.27	9.6	37951.4
富阳	6.3	156248.9	8.6	77659.88	9	45677.13
临安	8.1	158514.2	8.7	73998.06	9.1	43590.14
西湖	9.3	153420.7	8.4	57911.87	—	—
拱墅	11.3	154187.1	7.7	83716.48	—	—
江干	8	119313.8	7.8	81925.11	10.9	61372.34
上城	8.1	419874.9	7.8	81925.11	8.9	46555.41
下城	7.6	243002.9	7	80082.9	—	—
滨江	13	597778.1	7.1	81018.65	—	—
杭州	5.4	175093.8	7.8	81925.11	8.9	46555.41

注：—表示地区没有农村区域或无数据。

表 2-9 给出了淳安 2022 年三大指标与杭州其他县（市、区）之间的差距。从表 2-9 可以发现，“乐观”“中性”和“消极”三种情形下，淳安与周边地区的差距都比较大。以杭州市平均水平而言，到 2022 年，淳安的人均 GDP 与杭州市要相差 76856.7—94680.8 元；城镇居民人均可支配收入要相差 13147—18821 元；农村居民人均可支配收入要相差 13029—19164 元。整体来说，淳安县与杭州周边地区的差距十分明显。

表 2-9　淳安县 2022 年三大指标与杭州其他县（市、区）的差距　单位：元

地区	乐观	中性	消极	乐观	中性	消极	乐观	中性	消极
	人均 GDP 差距			城镇居民人均可支配收入差距			农村居民人均可支配收入差距		
萧山	134391	144867	152215	21114	25917	26787	18722	23708	24857
余杭	137649	148126	155473	18040.6	22844	23714	18614	23600	24749
桐庐	40915.3	51391.6	58739.4	208.725	4594	5464	6641	11627	12775
建德	15733.4	26209.7	33557.5	1021.266	3782	4652	4425	9411	10560
富阳	58011.8	68488.2	75836	8882.34	13685	14555	12151	17137	18285
临安	60277.1	70753.4	78101.2	5220.52	10024	10894	10064	15050	16198
西湖	55183.6	65660	73007.8	10865.67	6062.2	5192	—	—	—
拱墅	55950	66426.4	73774.2	14938.9	19742	20612	—	—	—
江干	21076.7	31553.1	38900.9	13147.6	17951	18821	27846	32832	33981
上城	321638	332114	339462	13147.6	17951	18821	13029	18015	19164
下城	144766	155242	162590	11305.4	16108.8	16978	—	—	—
滨江	499541	510017	517365	12241.1	17044	17914	—	—	—
杭州	76856.7	87333	94680.8	13147.6	17951	18821	13029	18015	19164

总之，从现状来看，淳安县在杭州市各县市区中，人均收入指标均处于垫底的状况；从预测来看，不论是在“乐观”“中性”还是“消极”的情景假设下，淳安县与周边地区及浙江省、杭州市的人均收入差距均存在拉大的趋势。在沿湖综合整治的背景下，淳安县的实际增速可能会低于“消极”情形下的状况。因此，无论是浙江省还是杭州市都要对淳安县的高质量保护、高质量发展给以特别关注并进行特别扶持。

第三章 千岛湖功能变迁后淳安县高质量保护与发展的功能定位

千岛湖成为真实水源后，淳安县是否“只保护，不发展”？某些领导的回答是“是”。但是，综合分析千岛湖及淳安县各种功能之间的关系后可以发现，需要具体问题具体分析，与饮用水源功能相冲突的发展类功能要禁止，与饮用水源功能相补充的发展类功能要强化，与饮用水源功能相融合或相独立的发展类功能要允许。因此，淳安县高质量保护与发展的总体要求是“保护优先，绿色发展”。近期内，重在高质量保护；中远期，重在高质量发展——在高质量保护前提下实现深绿色发展。

一、千岛湖功能变迁后淳安县具有的功能及分类

千岛湖功能变迁后后淳安县的主要功能定位有饮用水源功能、生态功能、森林功能、防洪功能、旅游功能、交通功能、发电功能、工业功能、农业功能等。千岛湖饮用水源功能是指千岛湖为淳安县、下游地区及其他地区提供饮用水水源的功能；生态功能是指基于流域生态安全和区域环境容量而衍生出的生态环境保护功能；森林功能是指维护淳安县林业资源的生态平衡、水源涵养、生物多样性保护等的功能；防洪功能是基于新安江水库建成

具有的滞洪和蓄洪功能；旅游功能是指基于千岛湖优美的生态环境、自然与人文景观、地方文化等资源吸引游客游览的功能；交通功能是指千岛湖及淳安县域范围内基于社会发展和路网建设而使人流和物流更加便捷的功能；发电功能是指新安江发电站建成后将水的势能转化为电能的功能；工业功能是指淳安县工业用地为发展工业经济而呈现出来的功能；农业功能是指淳安县利用土地资源发展农业生产的功能。

上述功能可以分为保护类功能和发展类功能。保护类功能包括水源功能、生态功能、森林功能、防洪功能等；发展类功能包括旅游功能、交通功能、发电功能、工业功能、农业功能等，发展类功能又可进一步细分为绿色发展类功能与非绿色发展类功能。

1. 保护类功能

（1）饮用水源功能。饮用水源功能，既对水量有要求，又对水质要求。由于长期的生态环境保护，使千岛湖主体湖区保持Ⅰ类水体，达到“直饮水”标准。正因此，饮用水功能充分彰显。水利部、国家发展和改革委员会、环境保护部于 2012 年联合印发《全国重要江河湖泊水功能区划(2011—2030 年)》（水资源〔2012〕131 号），新安江水库 583 平方公里划分为三个水功能区，其中新安江水库淳安饮用水源区 524.5 平方公里，占新安江水库总面积的 89.97%。2013 年，国家发展改革委印发的《千岛湖及新安江上游流域水资源与生态环境保护综合规划》（发改地区〔2013〕2679 号）明确新安江水库的定位是长三角地区重要战略水源地，为我国经济发展重要引擎之一的长三角地区提供强有力支撑。2014 年，杭州市启动千岛湖配水工程，计划 2019 年将为杭州 880 万居民提供 9.78 亿立方米饮用水，并将进一步引水到嘉兴市以解决嘉兴的水质危机。随着 2019 年千岛湖配水工程通水投入使用，千岛湖饮用水水源功能就从战略水源转向真实水源。

（2）生态功能。水是生态之基。万物生长离不开水。千岛湖水资源既保障了淳安县的生态用水、生产用水和生活用水需要，又保障了下游及其他地区重要的生态用水、生产用水和生活用水需要。其中生态用水需要部分便是其生态功能。2005 年水利部、浙江省联合批准的《钱塘江河口水资源配置规划》和 2015 年浙江省人民政府批准的《钱塘江流域综合规划》，均要求新安江水库在流域供水中发挥更为重要的作用。此外，实际新安江下游河道需要下泄一定的生态流量，钱塘江维持河口生态平衡和抗咸要求，现状水平年枯水期需要新安江水库下泄近10亿立方米水量。2016年，国务院印发《关于同意新增部分县（市、区、旗）纳入国家重点生态功能区的批复》（国函〔2016〕161号），淳安县成为浙江省新增的十一个国家重点生态功能区之一，标志着淳安县正式成为国家级重点生态功能区，并明确重点生态功能区的类型为“水源涵养”，要发挥水资源养护的生态功能，这部分功能的发挥具备较大正外部性。

（3）森林功能。淳安县森林面积较大，全县森林覆盖率达65.00%，其中千岛湖内森林覆盖率达82.50%。1986年，原国家林业部批准成立浙江千岛湖国家森林公园，期间多次对《千岛湖国家森林公园总体规划》进行修编。森林系统是一个复杂的系统，森林功能多种多样，概括起来主要包括生态、经济和社会三个方面的功能。森林的生态功能主要体现在保障国土生态安全，改善生态环境，维持人与生物圈的生态平衡，维护生物多样性等方面。森林的经济功能是能够提供产生经济效益的林产品和林副产品，包括原木、锯材、纸浆材、人造板材、果品，植物的叶、颈、皮、脂、胶等，以及森林动物、微生物等各种产品。森林的社会功能是指森林带来优化社会发展环境、改善人居环境、满足人们精神享受、成就生态文明等产生的社会效益。随着国家森林公园定位的加固及规划不断完善，淳安县森林功能中的生态、社会、经济方面功能不断加强。

（4）防洪功能。水库是防洪广泛采用的工程措施之一，1959年9月，新安江水库大坝比计划提前15个月封堵最后一个导流底孔，水库开始蓄水。新安江水库对钱塘江等下游水域具有重要的防洪调节作用，国务院对新安江水电站建站伊始的定位是“以水利发电为主，兼顾防洪等其他功能”，主要包括滞洪和蓄洪作用。20世纪90年代中后期①，新安江水库曾多次在汛期时运用水库滞洪功能极大地降低了桐庐、建德等下游地区的洪涝灾害损失。在枯水期，新安江水库也很好地确保了用水安全，起到较好的调蓄水量的作用。随着城市不断发展和城镇化向纵深推进，新安江水库的防洪功能一如既往地对下游地区起到保护作用。

2. 发展类功能

与保护类功能相对应的是发展类功能。发展类功能又分为绿色发展类功

---

① 陈永明、彭洪：《试论新安江水库功能调整的必要性》，《浙江水利科技》2008年第5期。

能和非绿色发展类功能。

（1）旅游功能。旅游功能是指旅游目的地满足游客观光、度假、娱乐、消费等不同需要的功能。国家森林公园、新安江水电站、千岛湖的自然景观等都是淳安县旅游功能的具体承担载体。总体来看，淳安县的旅游功能主要有四类：一是以千岛湖镇城区为核心的旅游度假区功能；二是以国家森林公园区块为核心的休闲功能；三是以新安江水电站为核心的工业旅游功能；四是以千岛湖湖面为核心的景观及文化功能。旅游功能作为发展类功能的重要组成部分，有“绿色旅游”和“非绿色旅游”之分。旅游功能是以良好的生态环境为依托的，在环境容量和旅游规模阈值①范围内的旅游发展或有益于生态环境改善的旅游发展是绿色旅游；超过环境容量和旅游规模阈值范围的旅游发展或有损于生态环境的旅游发展，是非绿色旅游。随着生态环境保护成果的不断显现，淳安县旅游功能逐步强化，可能面临旅游过度接待的问题。②

（2）交通功能。淳安县的交通功能主要包括铁路交通、公路交通和水上交通。铁路方面，杭黄高铁、衢黄高铁自东南向西北斜跨淳安，并连接安徽黄山，是浙皖两省重要的铁路交通要道。公路方面，千黄高速、京台高速与杭黄高速的高速连接线组成了淳安县高速路网，环千岛湖快速干线公路、文昌集镇至330国道的连接线、千岛湖大桥连接线、姜家镇龙川湾至毛家楼底至淳杨线连接线构成了“一环三连”的县域内部公路网络。淳安县湖区面积573平方公里，占县域总面积的12.94%。此外，千岛湖平均水深为30.44米，允许部分船只、快艇通行，确保了居民通勤和游客旅游。随着旅游业的发展，交通功能的重要性逐步提升。

（3）发电功能。1957年，国家批复新安江水电站工程，明确水电站以发电为主。该工程于1957年动工建设，1965年完工，该水电站供电范围为上海、杭州、南京等地区。2017年，新安江水电站装机规模和年发电量仅占华东电网的0.6%和0.3%，主要起着电网频率控制、紧急事故备用、潮流调节、黑启动电源及调频、调峰、调相的作用。因此，新安江水电站的建成使之具备发电功能，但随着天荒坪、桐柏抽水蓄能电站，水口、滩坑水电站

---

① 《浙江省淳安千岛湖旅游度假区总体规划修编（2015—2030）》中环境容量为3.75万人次/天。

② 根据淳安县2018年政府工作报告，全年共接待国内外游客1540.6万人次，日均4.22万人次（按365天计算）。

等一系列工程建成运行，新安江水电站的发电功能逐步弱化。

（4）工业功能。工业功能对淳安县国民经济发展、提高居民收入和带动社会就业起到了重要作用。2017 年，淳安县工业增加值为 62.02 亿元，占地区生产总值的比例为 24.27%，城镇登记失业率控制在 2.62 % 以内。淳安县的工业发展包含绿色工业发展和非绿色工业发展。绿色工业包括高端制造、信息经济、新兴产业、纯净水产业等，非绿色工业包括以采矿业、印染业、丝绸业等为代表的高投入、重污染的工业。随着水源地、生态功能区、森林公园等多项要求的叠加下，淳安县非绿色工业逐步减少并基本消失，绿色工业占比正逐步增加。

（5）农业功能。2017 年淳安县农业增加值占地区生产总值的 14.20%，为县域经济发展作出了重要贡献。千岛湖龙井茶、枇杷、无核柿、水蜜桃入选全国名特优新农产品目录，建成 12 个现代农业园区和 5 个省级农业科技示范基地。农业生产总值从 2015 年的 45.60 亿元到 2016 年的 48.77 亿元，再到 2017 年 51.30 亿元，农业发展呈现稳中向好的趋势。淳安县优质的生态环境为发展绿色农业奠定了良好基础。围绕“有机千岛湖、千岛湖茶、养生千岛湖（浙江省中药材基地）、百源经济”等融合发展模式，使淳安县形成绿色品牌。因此，淳安县具有发展绿色农业的生态优势和现实基础。

二、千岛湖功能变迁后淳安县的功能关系组合及创新

1. 淳安县不同功能间的关系

各种功能错综复杂，功能间存在单向限制、相互冲突、相对独立、相互补充、相互融合等关系，相互关系往往是处于动态变化的过程，因功能发挥程度的不同而不同。不同功能的关系矩阵见表 3 - 1。

（1）相对独立的功能。防洪功能与水源功能和发电功能外的其他功能相对独立。从水资源的角度来看，淳安县防洪功能的本质是动态调节新安江水库的水量来确保水库及下游桐庐、建德等地居民生命财产安全和自然生态安全，水量是淳安县防洪功能的关键性变量。除水源功能、发电功能外，其他功能对水量变化的敏感性较小，防洪功能的发挥对其他功能影响较小。

交通功能与保护类功能、发电功能相对独立。淳安县交通功能主要有两

表 3－1　　淳安县不同功能间的相互关系

功能	水源功能	生态功能	森林功能	防洪功能	旅游功能	交通功能	绿色工业	非绿色工业	发电功能	绿色农业	非绿色农业
水源功能	—	促进	促进	独立、冲突	促进	独立	促进	限制	限制	促进	限制
生态功能	促进	—	促进	独立	促进	独立	促进	限制	限制	促进	限制
森林功能	促进	促进	—	独立	促进	独立	独立	独立	独立	促进	限制
防洪功能	限制	独立	独立	—	独立	独立	独立	独立	冲突	独立	独立
旅游功能	促进、限制	促进、限制	促进、限制	独立	—	促进	促进	限制	限制	促进	限制
交通功能	独立	独立	独立	独立	促进	—	促进	促进	独立	促进	促进
绿色工业	促进	促进	促进	独立	补充	促进	—	限制	独立	促进	独立
非绿色工业	限制	限制	独立、限制	独立	限制	促进	冲突	—	独立	独立	独立
发电功能	限制	限制	独立	冲突、融合	融合、冲突	独立	独立	独立	—	独立	独立
绿色农业	促进	促进	促进	独立	补充	促进	融合	冲突	独立	—	限制
非绿色农业	冲突	冲突	限制	独立	独立	促进	独立	独立	独立	冲突	—

方面的作用：一是连通淳安县内外，缩短淳安县内与杭州市、黄山市、上海市等先发地区的空间距离；二是优化县域内的交通网络，提高出行效率。因淳安县保护类功能的发挥并不直接依赖于交通便捷性，所以淳安县交通功能与保护类功能总体相对独立。同样，新安江水电站在建设时期对交通便捷性有较高要求，便于建设材料运输，确保工程进度。水电站建成后，发电功能的发挥主要以水量为关键变量，不依赖于交通便捷与否。从这个角度上看，发电功能与交通功能相对独立。

（2）相互促进的功能。水源功能、生态功能可以促进旅游功能。根据《千岛湖旅游度假区总体规划》，淳安县旅游功能的定位是成为国际知名的生态休闲度假胜地、绿色度假产业集聚主平台，形成以山水湖泊生态游览、乡村田园休闲养生、运动康体文化体验为主导功能的长三角生态休闲度假首选地、世界湖泊型旅游度假知名地。水源功能的本质是要为需水地提供满足严格水质标准、足额水量要求的用水。生态功能的目的是促进生态保护，当然水资源保护也在范围内，因而生态功能的发挥有助于促进饮用水源功能的发挥。对于游客而言，“秀水青山”等优美生态环境的享受是其旅游的重要动机之一。饮用水源功能和生态功能的发挥可以满足这些美好的亲身感受，进而吸引更多的游客。

交通功能与旅游功能相互促进。旅游功能的影响因素首先是旅游地本身的旅游资源丰富与否，其次就是前往旅游目的地的便捷程度，交通越便捷的旅游目的地吸引的游客就越多。淳安县以千岛湖为核心，已形成 2 小时到达杭州、3 小时到达黄山的高速路网。伴随杭黄高铁的开通，淳安县与周边地区的空间距离进一步缩小。空间距离的缩小势必会增加游客对千岛湖旅游的激情，进而促进旅游功能的发挥。反过来，旅游功能的增强会带来收入和税收，又可以反哺交通功能，两者形成相互促进的关系。

交通功能与工业功能相互促进。工业功能不同于旅游功能需要将游客吸引到旅游地来，但需要将不同的原材料运输到生产地，工业功能的发挥很大程度上依赖于交通功能的发挥。正如“要想富先修路”的说法，大量的工业生产原材料、设备等都需要运输，工作人员也需通勤，没有便捷的交通，将会给工业发展带来致命的打击。基于这样的原因，交通功能的发挥会促进工业功能的发挥，反过来，工业发展的利税所得又会反哺交通功能，只不过这种反哺在工业发展初期比较明显，工业发展中后期相对减弱。

（3）相互冲突的功能。水源地功能和部分工业功能相冲突。千岛湖引水工程明确了千岛湖从战略水源地到实际水源地的转变。按照《饮用水水源保护区污染防治管理规定》的要求，饮用水地表水源各级保护区及准保护区内均“禁止一切破坏水环境生态平衡的活动以及破坏水源林、护岸林、与水源保护相关植被的活动”“禁止向水域倾倒工业废渣、城市垃圾、粪便及其他废弃物”，二级保护区禁止建设化工、电镀、皮革、造纸、制浆、冶炼、放射性、印染、染料、炼焦、炼油及其他有严重污染的企业；准保护区内要保护水源林。可见，水源地保护区、准保护区、二级保护区内均对高污染、高排放、高能耗的非绿色工业发展提出了禁止性要求。实际上，空间上的约束也使绿色工业发展受到严格限制。另外，水质涵养要求与对库区的发展限制将更加严苛，使得淳安县所有的产业发展受限范围加大，具有发展优势的水业基地建设受阻。

旅游功能和工业功能相互冲突。淳安县功能分区中既有旅游功能区，也有工业发展区（经济开发区）。从旅游区块看，淳安县千岛湖是5A级旅游景区，在评价时要求景区的空气质量达到国标一类标准，噪声指标达到国标一类标准，地表水质量达国标规定。因此，在旅游景区内（湖上区块等）不允许发展工业，工业功能与旅游功能相互冲突。但在旅游景区外（比如淳安经济开发区内），工业功能和旅游功能可以同时并存。

森林功能与工业功能部分冲突。国家级森林公园是我国自然保护区的一种重要类型。《关于进一步加强国家级森林公园管理的通知》（林场发〔2018〕4号）中提出，国家级森林公园属国家禁止开发区域。在国家级森林公园内，严格禁止工业功能，因此，森林功能与工业功能相互冲突。在国家级森林公园外，森林功能和工业功能可以同时并存。

水源功能与发电功能相冲突。据杭州市人民政府相关研究表明，千岛湖配水工程完工后，千岛湖基本可以维持湖水现状水位，配水对水流流态的改变也仅在取水口附近400米小范围内，不会影响千岛湖水质。对新安江、富春江水电站研究结果表明，千岛湖配水后，保证出力减少39.7兆瓦，年发电量减少1.94亿千瓦时。其中，新安江水电站预计保证出力减少38兆瓦，年发电量减少1.63亿千瓦时。因此，在水量充足的汛期，水源功能和发电功能相互独立，但一旦遇到较为严重的枯水期，将会优先保障水源功能从而限制发电功能，甚至不发电。

旅游功能受限于生态功能区和水源地。在我国5A级旅游景区创建规则中明确要求，5A级旅游区年接待海内外旅游者达到60万人次以上，其中海外旅游者5万人次以上。2015年淳安县共接待游客1121.89万人次，2016年接待游客1266.53万人次，2017年接待游客1540.62万人次，年均增长率超过10%。水源地的环保标准相对于一般地区更加严苛，由于游客的生活、交通运输、居住、餐饮等会产生大量的废弃物，旅游景区的人数不可能无限扩大。因此，水源地会限制旅游景区接待人数，实行总量控制制度。此外，作为水源涵养型生态功能区，《淳安县国家重点生态功能区产业准入负面清单》中明确清单发布之日起三个月内制定颁布严于国家、省市标准的地方污染物排放要求。旅游开发宜合理控制强度和范围，旅游景区应依据生态资源承载力确定游客规模。

（4）相对融合的功能。生态功能与森林功能相互融合。国家林业局对国家森林公园的定义是禁止进行工业化城镇化开发的重点生态功能区，此外，《关于加强国家重点生态功能区环境保护和管理的意见》（环发〔2013〕16号）、《淳安县千岛湖镇小城市培育试点三年（2017—2019年）行动计划》等文件中明确了生态功能区重要功能是承担水源涵养、水土保持、防风固沙和生物多样性维护等，保持并提高生态产品供给能力。从这个层面上讲，国家森林公园和生态功能区的定位是相融合的。

生态功能与水源地功能相互融合。《淳安县国家重点生态功能区产业准入负面清单》，对6个门类30个大类52个中类99个小类的有关产业发展作了限制性规定。生态功能区相对于水源地而言，其国家安全战略意义更加重大。饮用水源地更加侧重于周边居民及引水地的用水安全，其对水质、水量的标准和要求更加严格。只有作为国家安全战略的生态功能区保护好了，饮用水源地的功能才会得以发挥。反之，饮用水源地保护好了，国家层面的生态安全战略也会得到保障。

森林功能融入饮用水源功能。1990年，浙江千岛湖国家森林公园正式获批水源涵养型国家森林公园，国家森林公园是指森林景观特别优美，人文景物比较集中，观赏、科学、文化价值高，地理位置特殊，具有一定的区域代表性，旅游服务设施齐全，有较高的知名度，可供人们游览、休息或进行科学、文化、教育活动的场所。水源涵养型意味着千岛湖国家森林公园就要为保护水资源作出贡献。这个意义上讲，森林功能中的水源涵养功能是为水源功能提供保障。

旅游功能融入森林功能。与欧美国家不同，我国国家森林公园没有过多强调自然状况的天然性和原始性，主要侧重于景观资源的保存与保护、资源环境的考察与研究、旅游观光业的可持续发展。也就是说，作为国家森林公园，千岛湖国家森林公园本身就具有旅游功能，也是旅游目的地。

发电功能部分融入旅游功能。2010年，国家旅游局正式批准淳安县千岛湖风景区晋升为国家5A级旅游景区。根据《旅游景区质量等级的划分与评定》（2005年版）对5A级景区的旅游交通、游览、旅游安全等12项指标提出了明确要求，其中卫生、资源与环境保护两项指标对污水排放、地表水环境质量等水资源质量提出较高要求，但发电站对水质却没有严格的要求。因此，在水位稳定情况下，水电站的发电功能相对于旅游景区的功能独立。一旦水电站过度发电，会导致水位下降，进而影响到旅游功能。另一方面，随着旅游业不断发展壮大，全域旅游、工业旅游的盛行，新安江水电站已成为千岛湖旅游景区的重要景点之一，水电站的功能已融入旅游景区功能中。

（5）相互补充的功能。绿色工业、绿色农业可以补充旅游功能。淳安县的旅游功能主要集中在湖上区块的景区旅游、森林公园旅游以及新安江水电站游览三种类型。参照国内外发展经验，随着绿色工业、绿色农业的兴起，旅游功能的发挥也必然会逐步吸收绿色工业和绿色农业的有关要素，形成绿色工业旅游和绿色农业旅游等新兴旅游形式。

2. 淳安县高质量保护与发展的功能组合及创新

在省市县三级政府管理、多种规划重叠的情况下，淳安县诸多功能多是简单叠加，如《浙江省淳安千岛湖旅游度假区总体规划修编（2015—2030)》中提出“饮用水源二级保护区陆域内的规划建设用地与现有保护规划有冲突”，但在规划修编时却仍未解决，保护类功能和发展类功能的辩证关系仍未统一。基于千岛湖及淳安县可能的功能错综复杂，为此，需要进行科学的功能选择：避免相互冲突的功能组合，允许相对独立的功能存在，设计相互融合的功能互补及创新。

（1）以饮用水源功能为主导，融合生态功能、森林功能为一体的保护型功能组合。千岛湖引水工程的开工建设标志着千岛湖从战略水源地到实际水源地的本质转变，决定了饮用水源地功能今后要作为淳安县的主要功能，尤其是在水源地及其周边区块。根据不同功能间的相互关系，以水源地为主导，需要辅助强化生态功能、森林功能等保护类功能，否则水源地功能将会受到影响，进而影响到引水工程的用水安全和用水质量。诚如习近平在重要批示中所说：“千岛湖是我国极为难得的优质水资源，加强千岛湖水资源保护意义重大，在这个问题上要避免重蹈先污染后治理的覆辙。……浙江、安徽两省要着眼大局，从源头控制污染，走互利共赢之路。”[①] 作为饮用水源地，必须坚持保护优先。当然，绿色发展也是需要的，但围绕水资源开展的各类开发也需适量、适度。在供水保质保量的前提下，以水文化为核心，大力发展水文化、水艺术、水工业等关联产业，打造千岛湖水文化产业、水工业产业生态圈。

（2）以旅游功能为主导，融合绿色工业、绿色农业、发电功能、交通功能为一体的发展型功能组合。以饮用水源地为主的保护型功能组合是解决水资源保护的问题，但淳安县同时也是一个拥有约46万户籍人口的加快发展县，发展问题是一个需要省市县三级政府慎重对待的问题。在保护好水资源的同时迫切需要回答好发展什么、怎么发展的问题，这既是社会发展的公平性问题，也是对淳安人民多年来牺牲发展机会的回报。从资源禀赋的角度上看，作为生态功能区和水源地，淳安县拥有比较优势的资源就是以水资源为核心的生态环境资源。依托绿色青山的优势资源禀赋，旅游功能无疑是承接发展任务的重要选择之一。以旅游功能为主导的旅游型功能组合，需将发电功能（具有旅游价值的部分）、绿色农业、绿色工业等元素融入旅游功能中。其中淳安绿色工业发展必须满足两个条件：一是必须是促进对水源地、生态环境保护等有益的工业；二是必须是亩产均值较高的高新技术产业。受到外部环境（绿色工业蓬勃发展）、内部工业原材料供应缺乏（部分资源虽然有，但不可以开采使用）、财政支持力度有限、环境保护标准较高等因素的限制，淳安县绿色工业发展必然是一个漫长的过程。此外，也需要交通功能进行补充，形成以旅游资源为核心，绿色工业、绿色农业、发电功能等为补充的旅游产业生态圈，力推旅游产业的工业化、旅游产业的高端化，进一步提升旅游产业对淳安经济的贡献率。

（3）融合水源地保护、经济发展、人民幸福的综合型创新功能组合。区域的发展往往是错综复杂的，追求单一的生态保护或单一的经济发展都是片面的。经济发展史上对于发展和保护二者关系如何处理的争论也从未停止过，直到生态文明观和绿色发展观被普遍接受，才逐步确立保护优先的重要理念。对淳安县而言，水源功能、旅游功能、工业功能存在辩证统一的关

① 中共黄山市委理论学习中心组：《争当践行“两山”理论的样板区——习近平生态文明思想的新安江实践》，《安徽日报》2018年7月25日。

系。一方面，饮用水源功能、旅游功能都要求加强对优质生态资源的保护，对以水资源为核心的生态资源保护的要求不能放松；另一方面，旅游功能和工业功能发展又或多或少会对生态资源承载力造成影响，从而降低水源地、生态功能、森林功能等的发挥。这就要求省市县三级政府要科学选择平衡点，也就是在满足水源地、生态功能、森林功能等保护类功能的前提下去发展工业功能和旅游功能，但工业功能和旅游功能又要保持在合适的度上。此外，还要注重保护、发展与居民幸福生活的协同性问题。因此，以水源地为核心，生态功能、森林功能为前提，适度开发旅游功能、工业功能、农业功能，强化交通功能的综合性创新型功能组合就成为最贴近实际的功能组合，也是建设梦里水乡千岛湖、奋发有力促发展保民生的功能组合。

然而，淳安县在发展的过程中面临着生态环境保护与经济发展之间的矛盾越发突出，主要表现在：人们日益增长的美好生活需要与地区间人均可支配收入不平衡、当地经济发展不充分之间的矛盾，GDP 不考核与固定资产投资排名之间的矛盾，地区间环境保护标准之间不一致的矛盾，新出台的环境保护标准和先前批准的项目审批结果之间的矛盾，等等。内外部矛盾的演化赋予了淳安县制度创新特别是生态文明制度创新的动能。在发展过程中，为解决水资源保护而产生的外部性问题而创新的生态补偿制度，为综合平衡淳安等特殊性区域而创新的差别化政绩考核制度创新等都是制度创新的典型案例，正是这些制度创新为淳安县社会发展提供了制度保障，让淳安县在矛盾中螺旋式发展。

3. 淳安县高质量保护与发展的功能与趋势基本判断

保护型功能组合、发展型功能组合、综合型创新功能组合是层层递进的关系，也是淳安县高质量保护与发展三个必经阶段。

（1）第一阶段（2018—2020 年）：高质量保护优先。根据杭州千岛湖配水工程进度安排，一个基本判断是在杭州市引水工程稳定供水初期，淳安县都将处于保护型功能组合阶段，这一阶段保护大于一切。“确保水质不退化，确保景观不破坏”。基于这个基本判断，2018 年 11 月，中共浙江省委书记车俊在淳安调研检查千岛湖临湖综合整治工作期间，他特别强调，共抓大保护，让千岛湖这颗明珠更加璀璨。因此，我们必须落实好这一重要指示。可见，第一阶段要选择以饮用水源功能为主导，融合生态功能、森林功能为一体的保护型功能组合。

（2）第二阶段（2020—2035 年）：保护优先，绿色发展。党的十九大报告提出，2020 年到 2035 年要基本实现社会主义现代化，现代社会治理体系基本形成。对淳安而言就是要实现生态保护与经济发展的相互协调，必须在保护的前提下发展。这个阶段要选择以旅游功能为主导，融合绿色工业、绿色农业、发电功能、交通功能为一体的发展型功能组合。

（3）第三阶段（2035—2050 年）：坚持生态保护不动摇，实现保护、发展与民生等全方位协同创新发展。党的十九大报告提出，2035—2050 年要实现从基本实现社会主义现代化向富强民主文明和谐美丽的社会主义现代化强国转变。这一阶段淳安县不能单一地去看保护，也不能单一地去看发展，而是要用趋于完善的制度体系、管理体系等创新体系实现保护、发展、人民幸福等全面的获得感，以崭新的姿态向全世界展现淳安。这一阶段要选择融合水源地保护、经济发展、人民幸福的综合型创新功能组合。

三、千岛湖功能变迁后淳安县高质量保护与发展的功能定位和实现路径

1. 淳安县高质量保护与发展的功能定位

根据上述分析，千岛湖功能变迁后淳安县高质量保护与发展的总体功能定位是：以习近平新时代中国特色社会主义思想为指导，深入推进以美丽中国为目标的生态文明建设，深入推进以美好生活为目标的深绿色发展进程，凝聚国际、国家、省、市、县多方力量，构建淳安县高质量保护和高质量发展的“4 +1”模式，“4”就是大力建设杭州市和嘉兴市水源功能区、积极争做浙江省大花园建设先行区、优化提升国家级生态文明建设示范区、探索建设国际深绿色发展引领区，“1”就是将淳安县打造成为“保护优先、绿色发展、生态富民、科学跨越、国际知名”的千岛湖特别生态功能区。

2. 淳安县高质量保护与发展的实现路径

（1）市县联动建设饮用水源功能区，做好“守护人”，坚持保护优先原则，确保千岛湖优质水源。以水源地为主导，生态功能、森林功能为辅的保护型功能组合决定了淳安县的功能定位会围绕“水源地”而展开。保护杭州

市“大水缸”，当好秀水保护人是淳安县最为核心的功能定位。千岛湖“大水缸”对杭州市和嘉兴市用水安全意义重大，主要体现在三个方面：一是强化杭州市和嘉兴市的水源安全保障；二是提升全省城市集中饮用水水质达标率；三是为钱塘江流域水污染治理争取时间。从这个层面上讲，千岛湖配水工程可减少城市对钱塘江水源敏感性，可为钱塘江流域治理争取时间。① 杭州市和嘉兴市有义务也有责任把“大水缸”保护好、建设好。此外，杭州市政府还需统筹考虑淳安县在保护的前提下如何发展的问题。对淳安县而言，保护好千岛湖“大水缸”是淳安县委县政府义不容辞的责任和义务，是顾全战略大局、明确政治站位的重要体现。与之相对应的是淳安县应该获得生态收益和政策支持。生态环境方面，随着“大水缸”保护的不断深入，生态环境不断变好，淳安县人民将是最直接的受益者。淳安县为保护“大水缸”而放弃的发展机会，杭州市政府也需从顶层设计的角度考虑给予政策支持，从而平衡好淳安县内部保护和经济社会发展的问题。

杭州市、嘉兴市和淳安县作为“大水缸”建设的直接利益主体，需要厘清建设过程中的义务和责任。一方面，淳安县要坚守保护好“大水缸”的底线和要求，要正确看待保护与发展的问题，树立保护是长期持久的，发展是循序渐进的大局意识；另一方面，杭州市、嘉兴市要为淳安县保护“大水缸”提供多方保障，从顶层设计的角度上考虑淳安县的保护与发展的问题。以千岛湖配水工程建设为具体抓手，成立双方代表与独立第三方（或浙江省级相关部门）组建的“千岛湖特别生态功能区”领导小组，积极协调推动杭州市、嘉兴市与淳安县在资源配置和利益共享上达成一致意见，尝试推进水权的市场化交易，最终建立杭州市、嘉兴市与淳安县相互促进的市县联动机制，共同推进“大水缸”建设，共抓生态保护“大落实”。

（2）省市县联动建设“大花园先行区”，争做“好园丁”，坚持绿色发展理念，实现经济高质量发展。大花园是自然生态与人文环境的结合体、现代都市与田园乡村的融合体、历史文化与现代文明的交汇体，是浙江省统筹保护与开发、推进绿色发展的新载体。以旅游功能为主导，发电功能、绿色农业、绿色工业为辅的旅游型功能组合恰好可以成为大花园建设的具体抓手。2018 年 3 月份以来，中共浙江省委、省人民政府多次召开会议讨论全省大花园建设的重大问题，并将大花园建设列入省政府年度十大建设行动。淳

---

① 刘孔英：《杭州城市水源地选择研究》，《中国水能及电气化》2013 年第 4 期，第 20—23 页。

安县地处浙皖交界，全县森林覆盖率达65%，是杭州市饮用水水源地，秀水青山尤其是淳安的底色。淳安县理应成为浙江省“大花园”建设的实践先行区，建设成为与绿水青山相济的“大花园”，争做“好园丁”。这一功能定位既具有淳安特色，又顺应时代趋势。一方面，生态环境是淳安最大的优势。淳安县具有参与全省“大花园”建设的深厚基础。其中，千岛湖内森林覆盖率达 82.5%，高于“大花园”核心区丽水市（81.7%）和衢州市（71.5%）。另一方面，淳安县建设“大花园”是内部动力与外部压力交汇的体现。淳安县每年拿出2/3 以上的地方财政资金用于生态保护建设，省内首创，在所有乡镇都设立了“生态办”，对淳安县生态建设和城市底色的保护力度可谓巨大。

浙江省人民政府作为“大花园”建设的顶层设计者，也是全省“大花园”建设的主导者。“绿水青山就是金山银山”的执政理念与“大花园”建设发生现实意义上的“叠加”，保护好一湖秀水，把淳安建成浙江“大花园”的先行区是淳安县县委的时代追求。① 要实现这个时代追求需要省市县三级加强合作，强化联动机制建设。淳安县要在做好水源地保护的同时，积极建设“诗画淳安”，为高质量建设“诗画浙江”贡献力量。省人民政府要在丽水市、衢州市与淳安县等“大花园”建设的主战场上谋篇布局，做好平衡，积极支持淳安县成为“大花园”建设先行区。省、市、县三级政府要合力共谋，实现淳安经济高质量发展。

（3）国家、省、市、县联动建设国家生态示范区，争做“排头兵”，纵深推进生态文明建设，实现民生保障大跨越。以国家级生态示范区建设为依托，推进生态文明制度建设。2014 年，浙江省发展改革委指导淳安县等开展了国家级生态示范区建设工作，取得了一定成效。但这些成绩都是阶段性的，需要认识到淳安所面临的复杂形势，“生态示范区”建设还有很长的路要走。淳安县要进一步深化要素配置、固定资产投资考核等关键环节的生态文明制度进行改革。加快考核制度改革，对淳安县的考核可以向更加包容性方向转变，对财政收入、居民收入、固定资产投资等经济指标的考核转为对绿色发展指数、居民幸福指数、包容性增长指数等的考核。出台倾斜政策，争取布局适合淳安县发展的“高、精、尖”产业和项目，推进淳安县的自我“造血”功能。淳安要积极争取国家支持，在省委、省人民政府指导下，将

---

① 徐建平、淳安：《争当浙江“大花园”先行区》，《杭州日报》2017 年8 月24 日（1）。

淳安县建设成为“国家级生态示范区”。省委、省人民政府也要从开放性创新角度出发，多做工作，促进国家有关部委支持淳安县开展“国家级生态示范区”建设，形成国家、省、市、县共同推进生态文明建设格局，努力提高居民幸福感。

（4）国际联动建设“深绿色发展引领区”，争当“贡献者”，坚持创新发展，实现淳安绿色发展走向世界。绿色发展是国际大趋势，绿色发展的发展历程包含三个重要阶段：侧重于技术创新的生态环境保护、侧重于管理创新的生态经济建设和侧重于制度创新的融合发展，三个阶段可以分别概括为浅绿色发展阶段、绿色发展深化阶段、深绿色发展阶段。① 2008 年，联合国提出的“全球绿色新政”和“绿色经济”的论断，将国际社会带进浅绿色发展阶段，强调通过技术创新来实现经济发展由黑色向绿色、高碳向低碳、线性向循环转变。习近平“两山”重要思想必将我国带入绿色发展的深化阶段并逐渐向深绿色发展阶段进军。在此进程中，淳安县可以走在前列。

淳安县已经走过浅绿色发展阶段并进入了绿色发展的深化阶段，面临的问题是如何实现从绿色发展的深化阶段到深绿色发展阶段的转变，是最有可能成为紧跟国际绿色发展趋势的重要样本，继而成为国际“深绿色发展示范区”。从发展的阶段看淳安，浅绿色发展阶段是实现淳安县区域内部的绿色发展，绿色发展深化阶段则实现淳安县的绿色发展与全省乃至全国绿色发展的融合，深绿色发展阶段的目标则是要实现淳安县的绿色发展融入全球绿色发展进程中，淳安县绿色发展的三个阶段是层层递进的关系。“饮用水源功能区、大花园先行区、国家级生态示范区”是淳安县融入全球“深绿色化”发展进程的重要手段。加快实现淳安县绿色发展的深化阶段向深绿色发展的转变，以“深绿色发展示范区”建设为载体，积极参与推进全球绿色发展的自然资源产权交易制度体系的设计与完善，如依托淳安县丰富的碳汇等资源，在全球碳交易市场开展碳权交易，为全球深绿色发展贡献“淳安样本、杭州力量、浙江智慧和中国思想”。

---

① 郝栋：《绿色发展的思想脉络——从“浅绿色”到“深绿色”》，《洛阳师范学院学报》2013 年第 1 期，第 6—10 页。

第四章 千岛湖功能变迁后淳安县高质量保护与发展的体制机制创新

千岛湖功能变迁对淳安县发展而言既有有利因素又有不利因素，既是难得机遇更是艰巨挑战。在极其严苛的环境保护要求之下，县领导班子带领淳安46万人民在高水平全面建成小康社会和高水平推进社会主义现代化的征程中不掉队是一门技术更是一门艺术。如何推进体制机制创新并在政策层面给出基于淳安县资源禀赋的高质量保护与发展路径，包括政府体制创新、市场体制创新和准市场体制创新，充分依靠“有为政府”和发挥“有效市场”推进一系列体制机制的创新融合，是重大的现实课题。本章试图就此进行初步探索。

一、淳安县高质量保护与发展的管理体制创新

1. 有序推进“多规合一”

（1）千岛湖功能变迁过程中各类规划时有矛盾或冲突，突出表现为以下四个方面：第一，上、下级规划的不一致问题。2012年国务院下发的《全国重要江河湖泊水功能区划2011—2030》对新安江水库淳安县饮用水源区的

水质要求为Ⅱ类水体，但2013年浙江省颁布的《千岛湖及新安江上游流域水资源与生态环境保护综合规划》对千岛湖水质的要求为Ⅰ-Ⅱ类。“下位法”的要求比“上位法”更高。第二，不同部门规划的不一致问题。例如2013年浙江省人民政府印发的《浙江省主体功能区规划》中淳安县被划分为禁止开发区的面积约为1300平方公里。在2015年浙江省环保厅印发的《浙江省水功能区、水环境功能区划分方案（2015）》中，禁止开发的区域为4200平方公里，远大于主体功能区划定方案。第三，上中下游规划的不一致问题。例如，淳安县与上游的黄山市在环境规划上存在差异，主要体现在水质目标的不同。2018年1—7月，淳安县小金山断面水质总磷指标未达国家“水十条”考核要求，被环保部、省市通报。未达到考核要求的主要原因是上游来水的污染物超标，安徽的总磷、总氮、CODMn等污染物的输入占千岛湖水体中对应污染物含量的70%。第四，前中后期规划的不一致问题。2005年发布的《浙江省水功能区、水环境功能区划分方案（2005）》将淳安96.8%的国土面积归属于一、二级饮用水源保护区，当时实行的1996年版《中华人民共和国水污染防治法》，未对饮用水二级保护区范围进行限制。随着2017年对该法的修订，淳安县96.8%的国土面积成为禁止开发区。2018年《关于答复全国集中式饮用水水源地环境保护专项行动有关问题的函》又让淳安县97.95%的陆域范围内“农家乐”全部面临拆除。

（2）如何协调上中下级规划、上中下游规划、不同部门规划和前中后期规划是淳安县绿色发展急需破解的体制机制难题，“多规合一”是合时、合适的体制机制创新路径。2014年12月5日，由国家发改委、国土资源部、环保部和住建部联合下发的《关于开展市县“多规合一”试点工作的通知》中要求“开展市县空间规划改革试点，推动经济社会发展规划、城乡规划、土地利用规划、生态环境保护规划‘多规合一’”，提出在全国28个市县开展“多规合一”试点。浙江省开化县和德清县是第一批试点县市，积累的“多规合一”经验主要包括：第一，确立核心规划。“多规合一”的实践需要确定其中的某项规划或者某些规划的核心地位，作为其他各项规划的“宪法”性基本规划。例如，德清县“多规合一”的核心是城市总体规划和土地利用总体规划，开化县的核心规划为主体功能区规划。第二，创新审批机制。规划的内部项目审批依据不一致会导致规划难以执行和项目审批程序繁杂，行政效率低下。德清县建立了由规划协同平台、审批服务平台、部门服务平台组成的“1+1+N”“多规合一”信息平台。第三，明确“三区格局”。优化全域空间结构，划定全域城镇空间、农业空间和生态空间，提高空间利用效率和空间管控能力。例如，开化县通过划定生态红线、永久基本农田保护红线以及城镇扩展边界划定了城镇、农业、生态三类空间。

（3）借鉴其他地区经验，淳安县“多规合一”可以从以下几个方面进行探索：第一，明确国土规划的核心地位。以国土规划为核心，相应的经济发展规划、城乡规划和环境规划的编制应当以国土空间为基本准则，修改《浙江省水功能区、水环境功能区划分方案（2005）》中约束淳安经济发展、税收和就业的条款。第二，明确发展和禁止发展的边界。梳理各项规划中发展的“底线”。明令禁止在发展边界之外的生产和生活活动，而在发展边界之内的活动不应过度保护。明确发展边界有助于减少投资成本和降低政策的不确定性。政府和企业可以根据已有的要求，寻找合适的企业，减少项目落地的时间成本和化解政策风险。第三，及时调整各项规划。上级政府应该根据政策环境和县市发展瓶颈及时调整相应功能区划，确保在不触碰生态红线的前提下缓解淳安县的发展压力。例如，浙江省应及时修正《浙江省水功能区、水环境功能区划分方案（2005）》，给淳安二级水源地保护更多的发展空间。需要注意的是，淳安县有序推进“多规合一”工作相较于其他试点地区具有下列特色：一是突破了在单一县域范围内的“多规合一”，因为淳安县的“多规合一”无法在淳安县域范围内解决；二是淳安县“多规合一”过程是动态调整的过程，千岛湖功能定位的变迁自然要求“多规合一”过程具有动态调整属性；三是使得流域内跨行政区域的“多规合一”成为可能，黄山市参与新安江跨界流域生态补偿机制创新试点和杭黄都市圈建设是有益契机。

2. 设立千岛湖特别生态功能区

我国尚无特别生态功能区的通用定义，相似的概念是“生态特区”，已经有部分文献报道。例如，张纪南将“生态特区”定义为：顺应时代发展方向，发挥自身优势，采取特殊的手段，对生态环境进行保护、开发和经营管理，保持并强化生态优势，建设生态环境优美、生态产业发达、生态效益显著的特区。[①] 张百平等提出将国家战略上极为重要、生态极度脆弱而又极度贫困的地区明确划定为国家“生态特区”，为其制定特殊的优惠政策和提供

---

① 张纪南：《生态“特区”与海南旅游发展》，《海南大学学报（人文社会科学版）》2004 年第 2 期。

持续的生态补偿基金，使其能够改变发展经济和保护生态的两难困境。[①] 宁清同认为，建设“生态特区”不是为了使特区政府得到更多的国家补偿，也非只是对特定地区实施特别的生态保护，其主要目的是通过尝试建立和适用新的生态法律机制，保障在生产、生活的各个领域和环节贯彻生态优先、可持续利用、尊重生态规律等生态文明理念与原则，从而探索能够以最少资源消耗和污染物排放获得最大效益的社会发展模式和路径。[②] 综上所述，特别生态功能区就是指为了兼顾生态保护和地区发展要求，贯彻生态文明理念，发挥生态资源优势，探索生态发展路径而实施特殊体制机制的重大生态战略地区。特别生态功能区至少包含以下三层含义：一是推动绿色发展，正确处理好经济发展和生态保护之间的关系，以改善环境质量为前提，以转变经济增长方式为重点，探索可持续发展的道路；二是把握先发优势，充分行使特别生态功能区改革创新过程中的先试先行权，进行创新性尝试；三是发挥示范效应，通过特别生态功能区的示范效应，为后发地区提供先发经验，降低生态环境保护与开发的探索成本。

千岛湖特别生态功能区的设立具有重要的战略意义。首先，千岛湖特别生态功能区的设立是区域生态安全的重要保障。千岛湖的地理区域以及优质生态环境决定了它是区域的生态安全保障，降低了下游地区的生态风险。千岛湖位于钱塘江上游新安江主流上，是杭州市面积最大的水体，同时也是长三角地区的战略水源地，并即将成为杭州市、嘉兴市的真实水源地。特别生态功能区的设立能够巩固淳安县提供优质生态产品的区位功能，能够增强区域风险抵抗能力。其次，千岛湖特别生态功能区的设立是地区统筹发展的重要方式。淳安县隶属于浙江杭州市，东与建德、桐庐相邻，北与临安接壤，是杭州乃至浙江省面积最大的县。建立千岛湖特别生态功能区有利于整合区域内资源，推动区域内产业优势互补，促进周围地区对淳安的经济带动作用和淳安对周围的生态辐射作用，实现统筹杭州地区协调发展。最后，千岛湖特别生态功能区的设立还是实现淳安居民增收的具体手段。淳安居民为保护千岛湖这一方水土付出了巨大的代价，理应实现其合理的利益诉求。千岛湖特别生态功能区的设立给淳安县生态产品价值的实现提供了真实路径，是淳安居民实现高水平小康生活的重要选择。

---

① 张百平、陆大道、马小丁等：《国家生态特区构想及其科学基础》，《地理科学进展》2006年第2期。

② 宁清同：《生态特区构建生态法治之“特”的正当性探析》，《行政与法》2017年第10期。

与此同时，淳安县已具备设立特别生态功能区的基础。首先，千岛湖生态环境良好，拥有448平方公里的森林面积，岛上森林覆盖率达81%，拥有国家保护植物18种，国家保护动物46种，优质的自然资源给千岛湖特别生态功能区的设立打下了扎实的禀赋基础。其次，千岛湖生态保护最早可以追溯到20世纪，20世纪90年代，淳安县关停的化工、造纸、水泥等企业就有80余家。随着2005年千岛湖成为战略水源地，持之以恒的生态保护实践为特别生态功能区建设积累了实践基础。最后，千岛湖风景区被评为首批中国5A级旅游区，以千岛湖区为核心的淳安县被列为首批国家级生态保护与建设示范区，荣膺“全球绿色城市”，淳安县也被冠以国家生态县、国家重点生态功能区，生态旅游的发展为特别生态功能区建设打造了良好的品牌基础。另外，千岛湖建德市境内的水域也是优质水源。千岛湖上游的黄山市也在积极打造“两山”重要思想先行区。这些都表明千岛湖特别生态功能区的设立是具备良好基础的。

总之，千岛湖特别生态功能区之“特”集中体现在四个方面：第一，功能定位之“特”。以水源功能、生态功能为核心功能的淳安县应该定位为杭州的“大水缸”、浙江的“大花园”。同时，作为“特别生态功能区”的淳安，其定位更应该是中国的“生态示范区”，世界的“深绿色发展引领区”。第二，发展道路之“特”。淳安县应坚持走一条以高质量保护为前提的可持续发展道路。坚持“既要绿水青山，又要金山银山”，在现阶段无法协调的时候，“宁要绿水青山，不要金山银山”，最终实现“绿水青山”向“金山银山”的转变。第三，财政保障之“特”。一方面加强对千岛湖生态资源的有偿使用和生态补偿的引导与调控，同时加大对淳安县的一般性转移支付。另一方面，对于资金的用途，不严格限定转移资金的具体用途，给予淳安县充分的自主权，进一步提高资金的使用效率。第四，考核机制之“特”。实施绿色考核机制，把环境质量视为与经济增长、社会发展同等重要的考核指标，激励淳安县政府与居民主动投身到环境保护之中，消除经济指标考核所带来的发展压力。同时，考核结果应与上级政府财政补助、用地用能等要素配置以及干部使用直接挂钩。

3. 逐步推进撤县设区

撤县设区是中国行政区划调整的重要内容。具体来说，撤县设区是指撤销隶属于地级市或直辖市的县（或县级市）级行政区的行政建制，将其改变为该地级市或直辖市的市辖区。撤县设区后，被调整的县作为城市的行政分治区伴随其人口、土地规模等要素一并纳入城市行政区划范围中。尽管县在行政级别上与市辖区等同，但在实际的政府工作运行中，存在功能和权利上的差异。第一，县和区的功能定位不同。县拥有广大的农村地区和农业人口，是与农村经济社会形态相适应的行政区划建制，而市辖区的主要特点是作为城市主体的核心组成部分和区域发展的中心，是与城市经济社会相适应的行政区划建制；第二，县和区的财政权利不同。2009 年，财政部发布了《关于推进省直接管理县财政改革的意见》，“省直管县”财政体制改革成为我国行政体制改革的重要环节。“省直管县”后，县级财政无须向市缴纳，拥有更高的财政自主权，区级财政主要接受市里的统筹安排，财政自主权较小。

淳安撤县设区具有下列意义：第一，有利于财政体制的一体化。从行政区划归属上来说，淳安县隶属于杭州市，但从财政权管辖来看，淳安县的财政属于浙江省人民政府主管。尽管财政“省直管县”赋予了淳安县较高的财政自主权，但却造成淳安县与杭州市财政的分离。撤县设区有利于实现杭州与淳安生态补偿、转移支付等资金的对接，实现杭州与淳安的财政一体化，有利于千岛湖的保护工作顺利稳定开展。第二，有利于城市功能的分工与统筹。撤县设区后，淳安作为杭州的市辖区纳入统一的规划与管理，产业布局更加合理。一方面实现淳安和杭州基础设施、市政公用设施的统一建设和共同享用，实现城市资源的优化配置；另一方面，产业布局的重新调整可使淳安的生态屏障与“大水缸”功能日益凸显，成为“美丽中国”不可或缺的样本，而杭州主城区可以更加彰显“大金库”的功能，成为全国高质量发展的样本。第三，有利于促进淳安人口流动。千岛湖水资源保护面临着巨大的人口压力，实施移民政策会带来极大的“社会风险”。实施撤县设区，有助于推进人口的合理流动。它在给杭州带来更多劳动力的同时也给淳安带去更多的就业机会。

淳安县撤县设区已具备三大优势：一是区位条件优势。淳安位于杭州西部，北接临安区，是杭州西进发展的战略要地。随着临安成为杭州市辖区，并且不断加快与杭州主城区的无缝对接，淳安县与杭州主城的相对距离也在不断缩短。二是交通条件优势。杭黄高铁的开通，使淳安县到杭州的时间缩短到 1 小时以内，形成明显的同城效应，这给发展总部经济带来极佳的机会。三是产业条件优势。淳安县以水产业、旅游业和农业为主，与杭州主城的产业可以形成互补，同时又共同满足“美丽浙江绿色发展”的主基调。

淳安县撤县设区需要把握以下两点：一是坚持杭州“西进”战略不动摇。坚持交通西进，破除杭州与淳安之间的交通瓶颈。以此为基础推进淳安县高层次人才的引进，助力淳安发展高附加值旅游业，以及为淳安引进高端新兴业态。二是坚持淳安县“东接”政策不动摇。淳安县必须积极响应杭州的“西进”战略，并做好相应的承接工作。同时，淳安县还可以向杭州市输送生态产品和劳动力，与杭州互通有无，缩短两地的相对距离。

二、淳安县高质量保护与发展的准市场体制机制创新

1. 完善生态补偿机制

淳安县生态补偿制度实施已有13年，千岛湖水生态补偿实践具有三类典型模式：第一，上下游政府间协商交易的流域生态补偿模式。杭州市和嘉兴市作为千岛湖生态水的受益区，享受淳安县生态保护带来的生态福利，理当通过“飞地经济”等手段对淳安县进行补偿。第二，政府间财政转移支付的流域生态补偿模式。中央财政资金和浙江省财政资金通过一般财政转移支付和专项财政转移支付的形式拨付给淳安，支持淳安推进生态环境保护。第三，基于出境水质的政府间强制性扣缴流域生态补偿模式。新安江流域启动了全国首个跨省流域水生态补偿试点，该机制设立了补偿专项基金，根据交界断面的水质标准来确定省份之间的补偿。

然而，千岛湖生态补偿制度在实施过程中也存在一些问题：第一，补偿主体尚未多元化、市场化。根据“谁受益，谁付费”的补偿原则，淳安县生态补偿的主体应该是下游杭州等地区的政府、企业和居民。但实际的补偿主体仍然是政府，补偿方式也主要局限于纵向资金补偿。第二，受偿主体尚未体现“谁保护，谁受益”。根据“谁保护，谁受益”的原则，淳安县生态补偿的受偿主体应该是流域上游区域为水源地保护作出贡献的政府、企业和居民。但生态补偿资金还局限于政府，少部分流向当地企业，流向淳安人民手中的资金少之又少。第三，补偿金额尚未体现“保护好，补偿多”。淳安县的生态补偿标准固化，补偿力度的确定不能完全体现当期淳安县为保护水源作出的努力和付出的牺牲，缺乏政策上的激励效应，影响了淳安县保护水源

的积极性。第四，生态补偿尚未形成稳定的机制。千岛湖水生态补偿大多以政府的短期工程项目形式投资，缺少一个长期可操作性的、系统的、科学的生态补偿机制。缺乏区域合作，补偿主体和受偿主体在财政分配、考核指标等方面的沟通不足也限制了淳安县生态补偿长效机制的形成。

因此，需要进一步完善千岛湖水生态补偿机制：第一，建立多元化、市场化的补偿机制。制定以地方补偿为主、中央财政给予支持的“纵横交错”式生态保护补偿机制，积极探索水权交易、“飞地经济”等新形式的生态保护补偿方式。第二，建立多元受偿机制。补偿对象不仅仅是淳安县政府，还要把因为生态保护而损失发展机会与经济收入的企业和居民尤其是农民纳入生态补偿的对象之中。第三，坚持优质高价原则。进一步完善新安江流域水质监测系统，选取科学合理的交界断面的监测数据作为生态保护补偿的依据。在淳安满足优质水质标准时，足额支付生态补偿资金。第四，建立长期合作机制。新安江发源于黄山市，千岛湖引水工程使得杭州市、嘉兴市居民享受到优质饮用水的福利少不了黄山市的努力。加强区域合作，推进杭黄都市圈建设是实现皖浙两省互利共赢的重要战略举措。

2. 探索生态补偿飞地模式

“飞地经济”是指在区域经济发展的过程中形成的与原来区域在空间上相分离、内容上相互联系的地区。具体而言就是在推进工业化和招商引资过程中，打破行政区划限制，把甲地招入的资金和项目放到行政上隶属乙地的工业园区，通过建立科学的利益分配机制，从而实现互利共赢的经济发展模式。① “飞地经济”的本质是在飞地区域财政权力与管理权力的重新划分，即飞入地与飞出地共同享有飞地区域的管理权和财政权，“飞地经济”的核心即是建立共同管理机制和利益共享机制。早期的“飞地经济”模式，主要以扶贫为目的，即经济相对发达的城市整批输出项目，而另一些偏远的不发达的城市提供土地交由前者管理，利税则两者共享。2017 年 6 月 2 日，国家发展改革委、国土资源部、环境保护部等八部门联合印发《关于支持“飞地经济”发展的指导意见》，其中明确提出支持通过“飞地经济”模式，探索完善异地开发生态保护补偿机制。随后，“生态补偿飞地模式”的概念逐渐

---

① 刘小平：《青海省发展“飞地经济”模式研究》，《青海师范大学学报（哲学社会科学版）》2006 年第 6 期。

进入人们的视野。“生态补偿飞地模式”指的是具有生态关联的发达受益区为欠发达的生态保护区提供一块飞地，欠发达的生态保护区可以在这块飞地上实施国家和上级政府以及生态受益区所给予的一系列优惠政策和财政扶持，与生态受益区通过招商引资共同建立和发展工业产业，园区产生的工业增加值、税收等按比例由双方政府共享。生态保护区不再发展工业项目，可以集中精力发展特色农业、旅游业等。这样既可带动生态保护区的经济发展，又保护了生态环境。①

1995年，浙江省金磐扶贫经济开发区的建立是中国最早的“生态补偿飞地模式”。磐安县通过与金华市联手，在金华市工业园区设立金磐扶贫开发区，实现了环境保护与经济社会的协调发展。随后，各地区进行了多样的“生态补偿飞地模式”，如四川省成都阿坝工业园和陕西省安康市岚皋飞地园等。“生态补偿飞地模式”的尝试有如下经验：第一，异地发展工业，破解生态保护地产业发展难题。“生态补偿飞地模式”一方面使生态保护地突破自身的政策以及环境容量约束，另一方面吸收来自生态收益地的资金、技术和人才等，实现了工业的集约化和规模化。第二，合理分配利益，化解生态保护地保护困境。通过协商达成相对合理的生态资源分配体系和利益分配机制，可以缓解生态保护地和生态收益地的利益冲突，实现生态保护以及经济发展的长效机制。第三，优势资源互补，实现区域经济协调发展。生态补偿的飞地模式将工业企业迁移至生态收益地，不但实现园区工业生产的规模经济，而且有利于生态保护地集中财力与物力，发展特色农业、生态旅游等，最终实现区域经济协调发展。

2018年8月，淳安县已经和大江东产业集聚区进行接洽，协商发展“飞地经济”。② 2017年，作为杭州城市副中心之一的大江东实现GDP297亿元、规模以上工业增加值223亿元、固定资产投资218亿元、财政总收入87.18亿元。杭州大江东产业集聚区的经济优势为淳安县发展“生态补偿飞地模式”提供了坚实的物质基础。但是，淳安县在大江东产业集聚区发展“生态补偿飞地模式”还有很大的完善空间，还要做好以下几点：第一，划定更大的飞地空间。淳安县的“飞地补偿”是习近平在浙江工作时确定的一个生态

---

① 杨春平、陈诗波、谢海燕：《“飞地经济”：横向生态补偿机制的新探索——关于成都阿坝两地共建成阿工业园区的调研报告》，《宏观经济研究》2015年第5期。

② 茅徐锃：《大江东与淳安县探寻区域联动发展新路径》，《今日大江东报》2018年8月28日，http：//jrdjd. xsceo. cn/html/2018－08/28/content_1_2. htm。

补偿机制。杭州市要从讲政治的高度切实落实好飞地空间。同时，基于千岛湖引水工程的受益区涉及杭州市和嘉兴市等，因此，嘉兴市也应考虑设立淳安的飞地。第二，建立共同管理机制。异地开发的特点使得淳安的大江东飞地不可避免地出现较大的行政管理摩擦，需要建立共同管理机制。建议由淳安县政府委派行政人员到大江东管理委员会负责管理淳安—大江东飞地区域的建设、运营和管理。第三，明确利益分配机制。明确淳安与杭州双方对于大江东产业集聚区投资比例，以及双方对于园区内 GDP、经营收益以及税收等的分配比例与期限。鉴于淳安县对保护千岛湖优质水源所作出的贡献，在利益分配时应给予淳安县更高的比例。第四，需要上级政府的政策支持。由于淳安县和大江东产业集聚区的资源禀赋和区位条件的不同，淳安县的优势产业难以和大江东产业集聚区适宜发展的产业相匹配。这就需要上级政府在招商引资，还包括融资渠道、收益分配上给予一定政策优惠。第五，不仅仅要实现“经济飞地”“生态飞地”，还要实现“人口飞地”。淳安县有 46 万人口，外出务工人员超过 12 万人，常年外出的超过 10 万人。“人口飞地”就是要求大江东产业集聚区给予淳安居民就业政策，包括收入政策、住房补贴等，让更多淳安居民就近选择大江东产业集聚区作为工作地，既解决淳安劳动力的就业困境，又引导淳安人口向城市迁移。

3. 加大产业扶持力度

产业扶持政策主要指国家或地方政府在制定区域发展计划或者规划纲要时，针对特定地区的实际状况，重点关注某些行业或者支持某些部门，以推动其优先快速发展，从而带动其他产业共同发展，促进整个地区经济稳定发展的政策和措施。产业扶持政策中被确定为需要扶持的产业必须具备三大基本特征：第一，能够迅速有效地吸收创新成果，并获得与新技术相关联的新的生产；第二，具有巨大的市场潜力，可望获得持续的高速增长；第三，同其他产业的关联系数较大，能够带动相关产业的发展。① 相较于经济发达地区，经济落后地区存在后发优势。产业扶持政策正是落后地区引进、学习和吸收发达地区生产方式的一种重要手段。产业扶持一方面旨在引进先进的生产技术与优势产业，发挥技术后发优势；另一方面旨在借鉴先进地区的发展

---

① 徐立：《产业扶持政策下中国区域经济发展的误区及对策分析》，《南华大学学报（社会科学版）》2007 年第 2 期。

经验，通过强制性和诱制性制度变迁，减少试错成本，发挥制度性后发优势，最终实现经济的快速发展。

党的十八大以来，“四个全面”战略布局中的全面建成小康社会和深化生态文明体制改革的思路对新时期产业扶持政策提出了新的要求。产业扶持政策实践所积累的经验有：第一，生态优先，发展绿色产业。改革开放四十年来的发展经验告诉人们不能走“先污染，后治理”的老路，应该扶植生态产业发展。河南信阳市浉河区坚持生态立区理念，通过使用生态种植技术、整合农业资源、打造生态园发展模式等手段，以茶叶、蔬菜、观光农业等特色产业为依托，高标准建设生态农业示范园区，探索出一条农业可持续发展道路。第二，关注民生，推进全面小康。实现被扶持地人民增收是产业扶持的根本目的，因此在产业开发的过程中应首先保障当地人民的主体利益，兼顾各方开发者的利益。例如，山东省在产业扶持的过程中，积极开发“公司+农户”“公司+合作社+农户”“公司+基地+农户”等多种经营主体带动模式，保证农户的利益。第三，因地制宜，落实精准帮扶。以河南洛阳市为例，其冷水资源丰富，具有得天独厚发展冷水鱼养殖的自然条件。2013年市人民政府出台了《关于加快水产业发展的意见》，并每年下拨财政专项资金200万元用于支持水产业的发展。洛阳市水产业在国家、省、市等各方惠渔政策的支持下呈现蓬勃发展的良好态势，在技术推广、结构调整、冷水鱼养殖、休闲渔业、品牌建设等方面取得可喜成绩。①

千岛湖成为水源地后产业扶植的优先方向是：第一，稳固发展水饮料产业。加快推进农夫山泉迁扩建，千岛湖啤酒小镇等重点项目，全力招引具有中高端天然饮用水研发和创新能力的水饮料龙头企业。第二，积极发展精品旅游业。深度开发现有旅游资源，积极培育“吃、住、行、游、购、娱”等传统业态，全力推进“商、养、学、闲、情、奇”等新兴业态，打造经典名宿、精品绿道等品牌热点，构建全时全域旅游发展格局。第三，创新发展高新技术产业。围绕新能源汽车、信息技术等重点产业领域展开招商，加强与高校、科研机构的战略合作，建设产学研创新平台。

对淳安县的产业扶持需要做到几个侧重：一是侧重项目扶持，招引一批已经成熟的技术密集型企业到淳安，强化淳安自身的主导型产业，建立淳安的支柱型产业，发展淳安的高新技术产业；二是侧重人才扶持，转移一批适

---

① 吴灵钦：《以绿色发展为抓手 促水产业提质增效》，《河南水产》2018年第4期。

合淳安发展的企业，助力淳安县的劳动力转移，尤其是高端劳动力的转移，实现淳安县生产力水平的提升；三是侧重基础设施扶持，提高淳安县公共交通、电力、网络等基础设施配套能力，加强淳安县教育、医疗、文化等公共服务，提升淳安县自身的造血能力。

三、淳安县高质量保护与发展的市场机制创新

1. 开展水权交易实践

水权交易即是通过市场机制诱使水资源利用效率低的单位或个人考虑用水的机会成本而节约用水并把部分水权转让给水资源利用效率更高的一方，从而实现提高总体水资源利用效率的目标。水权交易制度包含三个要素，即水权界定、水价和水权交易管理。此处可交易的水权为依法取得的地面水和地下水的使用权或收益权，而不是水资源的所有权。在水权被明确界定并且得到作为商品属性的法律承认时，应当建立合理水价的市场化形成机制。在清晰界定水权和形成合理的水价形成机制的基础上，要使水权交易得以正常进行还必须加强水资源市场的管理。

我国自 2000 年以来陆续通过了一系列法律、法规和规范性文件推进水权交易制度的建设。2002 年通过的《中华人民共和国水法》中明确规定了国家对水资源依法实行取水许可制度和有偿使用制度。2006 年，在国务院颁布的《取水许可和水资源费征收管理条例》中首次对水权交易进行了行政法规上的认可，明确了取水权转让的条件和程序。2011 年，中央 1 号文件《关于加快水利改革发展的决定》中提出“建立和完善国家水权制度，充分运用市场机制优化配置水资源”，为水权改革指明了方向。党的十八大报告中明确提出要积极开展水权交易试点。2015 年，中共中央政治局召开会议审议通过的《生态文明体制改革总体方案》中提出要推行水权交易制度。突出要明确水权交易的范围和类型、交易主体和期限、交易价格形成机制、交易平台运作规则等。2016 年，水利部印发了《水权交易管理暂行办法》，填补了我国水权交易的制度空白，规范了水权交易类型，对可交易水权的范围、交易主体和期限等作出了具体的规定。随着水权交易制度不断完善，水权交易的实践也不断深入。我国水权交易制度实施的典型案例如表 4－1 所示。

从这些案例中可以得到如下启示：第一，灵活选择交易类型。水权交易可以分为跨区域水权交易、跨流域水权交易、行业间水权交易和用水户水权交易，不同地区应结合自身不同用水部门的用水效率，综合决策选取适宜的水权交易类型。第二，积极开展制度建设。在出台《中华人民共和国水法》《水权交易管理暂行办法》等法律法规后，地方政府也积极出台了一系列制度办法。例如，2014 年甘肃省出台了《甘肃省疏勒河流域水权试点方案》，2016 年河北省出台了《河北省农业水权交易办法》等。这些制度办法的出台，为水权试点工作提供了重要制度保障。第三，主动依托水利工程。主动依托水利工程完成水资源运输可以打破跨流域水权交易中存在的壁垒。例如，河南省平顶山与新密、南阳与新郑、南阳与登封之间的水权交易就是依托了南水北调工程，实现了 3.24 亿立方米的水权交易。

表 4－1　　典型水权交易案例

年份	水权交易案例	水权交易内容	交易类型
2000	浙江东阳义乌水权交易	义乌市一次性出资 2 亿元购买东阳横锦水库每年 5000 万立方米的使用权	跨区域水权交易
2002	内蒙古鄂尔多斯水权转让	农业与工业行业间的水权交易，通过实施引黄灌区节水工程建设，实现农业向工业转让水权 1.3 亿立方米	行业间水权交易
2014	河南平顶山与新密、南阳与新郑、南阳与登封水权交易	依托南水北调工程，交易水量 3.24 亿立方米	跨流域水权交易
2014	内蒙古鄂尔多斯市和巴彦淖尔市水权交易	巴彦淖尔市将农业灌区节约的水资源有偿转让给鄂尔多斯市的工业企业 1.2 亿立方米	跨区域水权交易 行业间水权交易
2014	宁夏中宁县水权交易	节余农业水权向工业企业的有偿转让，交易水量 33.45 万立方米	行业间水权交易
2016	甘肃武威市凉州区水权交易	农户间水权交易，2016 年交易水量 603.9 万立方米	用水户水权交易

对比典型水权交易案例，推进千岛湖水权交易需要注意以下三点：第一，坚持杭州市和嘉兴市（需水方）和淳安县（供水方）两级政府的主导地位。淳安县水权交易过程系通过千岛湖配水工程将水引入杭州并最终供杭州市和嘉兴市的千万居民使用。尽管水资源的消耗端是杭州和嘉兴居民，但

该水权交易实践的本质为二级水权交易，即淳安县人民政府与杭州与嘉兴两市政府之间的水权交易。如果说杭州市与淳安县政府存在行政隶属关系，作为平等主体的水权交易相对困难，那么淳安县与嘉兴市政府之间完全可以推进基于协商谈判的水权交易。第二，匹配规划水资源供给量与实际水资源需求量。一方面，根据千岛湖水位的历史信息，综合考虑千岛湖的环境容量，确定淳安可以出售的最高水量，即规划水量（相对明确）。另一方面，根据杭州市、嘉兴市的人口规模估算需水地区的购水需求，并需要在通水后对杭州市、嘉兴市真实的水资源需求量另行核较，避免浪费。第三，平衡千岛湖配水过程中的政府定价与市场定价机制。淳安—杭州及嘉兴的水权交易其交易对象为优质水源，定价时不仅要考虑配水工程成本、涵养水源成本，还需要考虑淳安为保护水源地放弃发展所付出的机会成本。运用机会成本法、排污价格法、支付意愿法等方法科学确定水价。同时，应将物价变动等因素考虑到补偿资金之中，建立水价自然增长的动态调整机制。

2. 深化排污权制度改革

排污权交易是指政府根据地区环境容量制定出区域的排污量上限，并将此排污上限分成若干规定的排污量，即若干排污权。政府可以选择如公开竞价拍卖、定价出售或无偿分配等方式分配这些排污权，并通过建立排污权交易市场使这种环境产品能合法买卖。排污权交易制度不仅可以实现减排目标，同时还可以促进技术进步和成本节约。2014 年，国务院出台了《关于排污权有偿使用和交易试点工作的指导意见》，首次从国家层面明确推进排污权交易制度的实践。2015 年，中共中央政治局审议通过的《生态文明体制改革总体方案》提出要推行排污权交易制度。同年，国务院印发了《水污染防治行动计划》的通知，其中提出了以环保部牵头负责全面推行排污许可制度，要求在 2015 年底完成对排污权有偿使用试点地区发放污染源排污许可证。

就省市试点而言，2007 年开始，财政部、环保部和国家发改委批复江苏、浙江、天津、湖北、湖南、内蒙古、山西、重庆、陕西、河北和河南 11 个地区开展排污权交易试点工作。十多年的排污权交易实践积累了一些宝贵经验：第一，建立了排污权制度体系。排污权有偿使用和交易制度的推行和实施需要一个较为完善的政策体系作为保障。试点以来，湖南省相继出台了《湖南省主要污染物排污权有偿使用和交易管理办法》《湖南省排污权交易实施细则》《湖南省排污权有偿使用和交易资金管理办法》和《湖南省主要污染物初始排污权核定和分配技术方案》等政策文件，涉及总体实施办法、总量核算和分配技术方案、资金收支管理办法和交易规程规则等。第二，建立了市场定价机制。政府在排污权交易市场中的引导作用不可或缺，同时也要发挥市场在排污权定价中的作用。例如，山西省建立了政府拍卖出让初始排污权的一级市场和企业间相互交易的二级市场，多层次市场交易体系有利于发挥市场竞争机制的作用，提高企业的参与度和积极性。第三，完善了排污监测技术。监测技术是实施排污总量控制制度、明确排污主体相关权责、推进排污权有偿使用与交易的重要基础。例如，浙江省在实施排污权有偿使用和交易制度的过程中十分重视环境监测技术的运用，包括重点企业安装在线监测设施、核发排污许可证与全面推行污染源“三量”台账建设、投入使用环境质量自动监测系统等。

推进淳安县排污权交易需要从流域排污权交易和企业排污权交易两个市场考虑。一方面，流域排污权交易制度本质上是流域上下游之间的政府间排污权交易。根据环境容量（或减排总量），确定污染排放上限。考虑不同地区的人口规模、经济状况、地理条件等因素，同时基于流域上下游所有地区平等的生存权与发展权，科学分配流域初始排污权。然后基于排污权交易机制使拥有剩余排污权的地区可以通过出售排污权实现环境资源的价值转化。从实际情况来看，在流域上下游之间的排污权交易中，淳安县的定位应该是排污权的卖方。另一方面，企业间的排污权交易本质是建立三级排污权交易市场。首先，根据淳安县的环境容量与政策约束，确定淳安所能接受的排污量上限。根据不同企业的历史排污情况，合理分配初始排污权。通过企业间的排污权交易，压缩企业排污量，腾出一部分排污空间，促进企业规模在一定程度上的扩张。从实际情况来看，污水处理厂之间或邻近的农村污水处理厂之间或可基于三级排污权交易思想实现水环境治理成本的节约。

基于流域上下游生存权和发展权的平等性，淳安可以享受到与下游相同的人均排污权，但实际上淳安县人均排污量远远小于杭州市的人均排污量。杭州市人均排污量与淳安县人均排污量之差就是淳安县可以出让的“排污权”。

3. 探索碳权碳汇交易制度

碳排放权交易是一种为促进全球温室气体减排、减少全球二氧化碳排放所采用的市场型制度安排。与行政指令、经济补贴等减排手段相比，碳排放权交易机制是低成本、可持续的碳减排政策工具。碳排放权交易可以分为两种形式——配额交易和项目交易。配额市场的交易对象是企业所剩余的碳排放权，而项目交易市场的交易对象是通过实施项目削减温室气体而获得的减排凭证。碳汇是指通过植树造林、森林管理、植被恢复等措施利用植物光合作用吸收大气中的二氧化碳，并将其固定在植被和土壤中，从而减少温室气体在大气中的浓度。碳汇是二氧化碳减排项目的重要部分。2014 年 12 月，国务院发布《碳排放权交易管理暂行办法》。2015 年，中共中央政治局审议通过了《生态文明体制改革总体方案》，其中提出要推行碳排放权交易制度，深化碳排放权交易试点，逐步建立全国碳排放权交易市场。

具体而言，2011 年 10 月，国家发展改革委印发《关于开展碳排放权交易试点工作的通知》，批准北京、上海、天津、重庆、湖北、广东和深圳等七省市开展碳交易试点工作。截至 2018 年 9 月，七个省市碳市场配额累计总成交量约 16051 万吨，总成交额约 34.7 亿元。我国碳排放权交易试点省市经过几年的运行，积累了一些经验：第一，建立了统一公开的碳交易平台以降低运营成本。我国开展碳排放权交易的试点省市仅有 7 个，如果各自为政、单独运行，必然运营成本较高。建立统一公开的全国碳交易市场有利于打破市场分散、区域局限封闭的劣势，促进形成规模市场。第二，推动配额核定与分配兼顾了公平与效率。以上海为例，碳排放权配额核定与分配过程同时使用了历史排放法和基准线法。兼具了历史排放法简单且成本低的优点和基准线法减排效率高的优点，提高了交易效率。第三，引入机构投资者可以提升碳交易市场的整体活跃程度。在引入机构投资者以后，机构投资者受盈利驱动寻求开发碳配额相关衍生产品，从而可以活跃碳排放权交易的成交量或成交价。

碳排放权交易一般都是在一个国家或者全球范围内进行，不需要考虑排放时间、排放地点和区域之间的平衡问题。因此，二氧化碳的排放不会对淳安的环境产生直接影响，淳安县拥有相对较大的二氧化碳的排放和存储空间。推进千岛湖碳排放权交易机制需要做到以下两点：第一，使用历史排放法和基准线法争取更高的初始碳排放配额。淳安县的减排工作在全省乃至全国都处于较高水平。较早启动的减排工作使得淳安县留下极少的减排空间，若单独使用历史排放法分配初始碳排放配额实质上是惩罚了前期减排工作做得好的淳安县，出现了“鞭打快牛”的现象。第二，积极发展林业碳汇。拥有 65% 森林覆盖率的淳安，拥有丰富的林业资源，适宜发展林业碳汇。发展林业碳汇可以抵消一部分产业的碳排放，间接提升排碳空间。

4. 推进用能权交易

用能权交易机制与水权交易机制、排污权交易机制和碳排放交易机制都是以科斯产权理论为基础的市场化节能减排手段。党的十八大报告使用了“节能量交易”的概念，党的十八届五中全会修改为“用能权交易”，两者在实质上是一样的。用能权交易是指各类耗能主体根据自身实际能源消耗情况通过一定途径买入或者卖出节能量指标的市场行为。用能权交易可以分为两类：第一类是基于用能权的交易。由政府制定用能权总量目标，并将其分解到各类用能单位或下一级地方政府，各单位根据其持有用能权指标数量和实际能源消费量决定购买或者出售用能权指标。第二类是基于项目的交易。项目业主实施节能项目经核实后产生的节能量可以参与市场交易。2014 年 5 月，国务院办公厅印发《2014—2015 年节能减排低碳发展行动方案》。该方案强调，“加快制定节能量交易工作实施方案，依托现有交易平台启动项目节能量交易。”2015 年，中共中央政治局审议通过了《生态文明体制改革总体方案》，其中提出要结合重点用能单位节能行动和新建项目能评审查，开展项目节能量交易，并建议基于能源消费总量管理进行用能权交易。

节能量交易的概念提出以后，全国各地对节能量交易进行了多种形式的探索。2015 年 5 月，浙江省经信委印发《关于推进我省用能权有偿使用和交易试点工作的指导意见》，杭州萧山区在内的 24 个县（市、区）开展了用能权交易试点。主要做法有：第一，合理确定企业初始用能权。核定企业用能权是用能权有偿使用和交易工作开展的基础。初始用能权由各市、县（市、区）节能主管部门核定，各地节能主管部门可委托第三方节能量审核等机构进行确权。第二，实行用能权有偿取得。用能单位在缴纳使用费后获得用能权，或通过交易获得用能权。用能单位在规定期限内对用能权拥有使用、转让和抵押等权利。第三，健全用能指标回购机制。各试点地区要加强企业用能指标回购管理，企业发生破产、淘汰关闭等变更行为，其指标配额应由各级政府指定的交易机构进行回购。2015 年 3 月，江苏省人民政府办公厅印发了《江苏省项目节能量交易管理办法（试行）》，开展了项目节能交易的试行。主要做法包括两步：第一，用能单位实施节能改造项目、淘汰生产装置的节能量，经过第三方节能量审核机构对其节能量进行现场审核后，可颁发节能量证书。第二，已核发证书的节能量，可用于本单位固定资产投资项目新增能耗替代（或置换），或转让给省内其他用能单位用于固定资产投资项目新增能耗替代（或置换）。

为保护千岛湖生态环境，淳安县1995年就着手淘汰化工、造纸、电镀等高污染、高耗能企业，能耗强度水平走在全省前列。2017年单位GDP能耗为0.28吨标煤/万元，是杭州市0.36吨标煤/万元的77.8%，是浙江省0.42吨标煤/万元的66.7%，拥有可观的用能权节余量出售。具体而言，淳安县推进用能权交易机制需要做好以下三点：第一，调整用能权确权原则。淳安县“十三五”节能降耗“双控”目标是让淳安县在节能水平处于全省前列的基础上单位GDP耗能下降5%，能源消费总量每年增长不超过3%。这种“鞭打快牛”式的考核办法已有失公允。应当考虑淳安县的能耗水平和减排水平，淳安县本应拥有更多的用能权。第二，允许淳安参与杭州市内乃至全省范围内的节能量交易。上级政府节能降耗“双控”考核办法，已经严重束缚了淳安县经济的发展。第三，实施县域内节能量交易。通过县域内企业间的节能量交易实现能源从耗能高的企业流向耗能低的企业。

四、淳安县高质量保护与发展的体制机制比较与选择

1. 市场机制内部的创新组合

建立以水权交易为核心、多种环境产权交易共同发展的环境产权交易机制。千岛湖作为长三角地区的战略水源地，并即将成为杭州市和嘉兴市的真实水源地，其功能定位决定了建立统一的环境产权交易机制需要以水权交易为核心。同时，保护水源地的职责使得淳安县的生产在节能减排方面位于全省领先水平。这决定了建立统一的环境产权交易机制的还必须涵盖排污权交易、碳排放权交易和用能权交易。建立统一的环境产权交易机制需要从以下方面入手：第一，建立区域交易平台。以杭州地区或者新安江流域为范围，建立统一的交易平台。确保同一环境产权在区域内实施同样的交易规则，建立区域与区域之间、区域内不同企业之间的交易机制。实行统一的信息发布原则，所有环境产权交易项目都必须通过统一的信息发布渠道，按照统一的格式和规范进行信息发布，确保环境产权交易信息能够广泛发布和充分披

露。建立统一的监管机构。在杭州市层面设立“杭州市环境产权交易管理委员会”，对全市的环境产权交易市场进行统一监管。第二，探索环境产权金融。从全球环境产权交易来看，不仅包含环境产权的现货交易还包含了期货交易、期权交易等创新形式。我国环境产权交易还处于起步阶段，对环境产权交易中的金融产品交易还没有尝试。淳安县作为浙江省乃至全国的生态文明制度深化改革创新区，有能力和义务进行环境产权金融的试点工作。一方面，积极开展“碳金融”期货交易，与期货交易所合作，建立“碳金融”期货交易中心，开发出环境产权交易的期货产品。另一方面，积极开展金融配套服务。依托排污银行为交易各方提供环境产权质押、贷款融资等配套服务。建立统一的环境产权交易机制，可以降低环境产权交易成本，提高环境产权交易的效率，有利于淳安县生态产品价值的实现。目前，环境产权交易所带来的收益仍然处于不高的水平，只能解决淳安县的部分发展问题，无法满足淳安县高质量保护与发展的全部要求。

2. 市场与准市场机制的创新组合

建立以政府资金补偿与其他补偿方式并重的多元生态补偿机制。市场体制创新与准市场体制创新不是对立的关系，而是相互交叉、相互补充、相互融合的关系。从广义上理解，包括环境产权交易的市场体制机制创新和包含传统生态补偿、生态补偿飞地模式和产业扶持政策的准市场体制机制创新都属于广义生态补偿的范畴。因此，市场与准市场机制的体制机制创新组合即是建立多元生态补偿机制。不同的生态补偿制度之间不是相互矛盾和重复的关系，应该防止多元生态补偿制度实践中的顾此失彼问题。不同的生态补偿制度是依据“谁保护、谁受益；谁受益、谁补偿”的基本原则，对淳安县所付出的成本的不同方面进行补偿。例如，产业扶持政策补偿的是淳安县企业因为生态保护而丧失的发展机会。政府的资金补偿弥补的是淳安县因为保护千岛湖水源地的水源质量而付出的机会成本。“生态补偿飞地模式”，除了弥补企业的发展机会，还在一定程度上弥补了淳安县居民因为环境约束所丧失的就业机会。因此，建立多元生态补偿，不仅要注重补偿方式的多样，还要保证每一种补偿方式都补偿到位，最终涵盖淳安县因为生态保护所付出的所有成本。建立以政府资金补偿与其他补偿方式并重的多元生态补偿机制，可以基本满足淳安县高质量保护与发展的要求。但对于政策实施提出了比较高的要求，既要落实好资金补偿、又要落实好项目补偿。

3. 其他若干重要体制机制创新组合及其选择

市场体制机制创新和准市场体制机制创新还需要政府体制机制创新的支持，营造良好的政策环境。实现政府体制机制创新不能一蹴而就，政府体制创新存在实施难度的梯级关系：第一，优先实现环境区划调整。由于《浙江省水功能区、水环境功能区划分方案（2015）》存在一定程度的不合理性，环境功能区划调整对于整个社会的影响较小，因此实现难度不大。调整水功能区划，可增大淳安县的可发展空间，减轻淳安的环境束缚。因此，为今后的产业扶持提供进一步可选择的空间，有利于淳安培育新的支柱型、主导型、创新型产业。第二，积极推进千岛湖特别生态功能区建立。淳安县是浙江省重点生态功能区示范区，千岛湖相继获得了首批全国重点风景名胜区、国家5A级旅游景区，有较为优质的资源和实践基础。建立千岛湖特别生态功能区，打造淳安县生态品牌，为高端旅游业发展以及高质量水权交易打下资源基础，同时也可以争取到更高的环境类转移支付与生态补偿资金。第三，努力争取撤县设区。撤县设区会产生复杂的社会影响，而且淳安县与杭州市区依旧面临着较大的交通壁垒。但同时，撤县设区可以推动淳安地区和杭州市区互通有无、优势互补，打破淳安与杭州市区的行政壁垒。在撤县设区的基础上，“生态飞地”政策有利于进一步加深两地的区域合作，同时实现淳安人口向杭州的合理流动，缓解淳安县的空间压力。政府体制机制创新可以为市场体制创新和准市场体制创新创造良好的发展环境。在政府体制机制创新的背景下，实施水权交易、“生态补偿飞地模式”、产业扶持等多元生态补偿制度，可以减少制度的运行摩擦与实施成本，让淳安县高质量保护与发展的市场体制机制创新与准市场体制机制创新发挥事半功倍的效果。

第五章 千岛湖功能变迁后淳安县高质量保护与发展的对策建议

环境保护与经济发展是对立统一的辩证关系。经济发展不能以牺牲环境为代价，同时，环境保护也不能否定经济发展，更不能否定绿色发展尤其是深绿色发展。千岛湖主要功能转变为“大水缸”后，淳安县必须按照水源保护区的要求实施更加严格的生态环境保护。而近乎严苛的水环境保护要求使得淳安发展屡屡受限，县域发展空间狭小，产业准入门槛高。如何在“共抓大保护，不搞大开发”这一原则的基础上，实现千岛湖环境保护与淳安县经济发展从相互冲突到相互协调的转变，让淳安县在实现“两个高水平”中不掉队，不仅需要淳安县领导班子的深入思考，而且需要杭州市和浙江省等各级领导的高度关注。课题组在广泛调研的基础上提出了对策建议。

一、移民政策有实施的必要性，但无实施的可行性

1. 淳安县有必要实施大规模移民

一是千岛湖水功能变迁要求移民。2017 年修订的《中华人民共和国水污染防治法》对饮用水水源二级保护区内建设项目提出了新的要求，该法特

别规定："禁止在饮用水水源二级保护区内新建、改建、扩建排放污染物的建设项目；已建成的排放污染物的建设项目，由县级以上人民政府责令拆除或者关闭。"① 2015 年 6 月 29 日《浙江省人民政府关于〈浙江省水功能区、水环境功能区划分方案（2015）〉的批复》所批准的《浙江省水功能区、水环境功能区划分方案（2015）》明确千岛湖为饮用水源，淳安县 95.6% 的陆域范围均在饮用水水源二级保护区范围内，淳安县城乡建设项目大多在此范围内。二是新安江水库洪水水位设计要求移民。新安江水库校核洪水水位 114 米，相应总库容 216 亿立方米；设计正常蓄水位 108 米，相应库容 178 亿立方米；死水位 86 米，相应库容 75 亿立方米。一方面，新安江水库设计移民水位线下还有约 9100 人。新安江水库原设计移民标准为十年一遇，坝前洪水水位为 108.4 米。新安江水库建库以来，历经多次后靠，最后一次实际移民线为 108 米（国办函〔1995〕32 号文件），比设计标准还低 0.4 米。在实际移民线 108 米与设计移民线 108.4 米之间尚需安置 9100 余人。另一方面，设计水位线下有约 20 余万人。由于建库时 108—111 米本身就有村庄住户，这批居民自始至终没有移民；水库蓄水时，分批次后靠移民大部分在 108—111 米；1997 年浙江省政府批复（浙政发〔1997〕143 号）108 米以下最后 2 万人后靠安置，原则上要求在 110 米以上，实际还在 111 米以下。上述原因导致淳安县城及十几个库边乡镇约 20 万人（全县人口 45 万）在 108—111 米之间生产生活。其实，全县主要环湖县道、乡道、村道（约 600 公里）以及大量基础设施的高程都在 108—111 米。

2. 淳安县不应再实施大规模移民

一是几十万计的移民向何处去。移民到边远艰苦地区，动员工作极其艰难，实际可操作性很弱；移民到沿海发达地区，国土超载问题已十分突出，移民也难以融入原住民的文化环境。而且，移民成本极其昂贵。二是新移民政策会牵扯出旧移民问题。如果安置了新的移民，淳安县 20 世纪五六十年代的 29 万移民及其子女又会前来攀比，新旧移民的补偿差价难落实，新旧移民会聚更将是一个极大的社会不稳定因素。三是上游黄山市 160 万人口无法移民。千岛湖入湖水量约 60% 来自上游的黄山市，即便淳安县是无人区，

① 《中华人民共和国水污染防治法》2017 年修订版，http://lwswj.sdwr.gov.cn/flfg/flfg_13169/201804/t20180404_1249191.html。

新安江上游的黄山市也不可能全市移民，160 万人口的生产生活依然会对湖区水质产生影响，移民并非良策。

二、有序推进多规融合，留存绿色发展空间

如果淳安县不实施大规模移民工程，那就意味着千岛湖“大水缸”保护区范围之内要有 46 万人生活其中。为此，就得考虑这 46 万人口的生存问题。这就意味着，淳安县不可能成为“禁止发展区域”，而应成为“重点保护区域”和“绿色发展区域”，首先应考虑的就是规划的融合与调整问题。

1. 有序推进多规融合

淳安县基本在千岛湖流域范围之内，受到诸多规划的约束，包括主体功能区规划、生态环境功能区规划、水环境功能区规划、风景旅游区规划、旅游度假区规划、经济社会发展规划、国土资源开发利用规划等。据课题组不完全统计的结果（见表 5-1），这些规划之间相互冲突，对于区域的划分面积规定不一，缺乏统一的标准，使淳安县在项目投资建设中时常处于“是拆还是建?”的困惑之中，极大地束缚了淳安的绿色发展，因此，亟待出台一个合县情、能落地、可操作的多规融合方案。

谁来推进多规合一？首先，建议成立淳安县“多规合一”领导小组，县委书记兼任组长，借助于可能设立的千岛湖特别生态功能区管委会和浙江省千岛湖保护与发展委员会的协调功能，以便统筹协调各方。其次，可成立一个多专业合作的规划编制团队，编制团队以城乡规划专家为基础，综合土地、发改、环境、水利、林业、农办等各规划技术人员。最后，“多规合一”的规划形成后，要分别征求专家和公众的意见，一方面邀请各相关领域专家进行咨询，另一方面将规划置于县规划馆让公众进行投票。

在规划融合过程中，一方面要以“一张图”作为支撑，提升效率；另一方面要参照各类技术标准，建立规划的核心元数据。如《土地利用现状分类》（GBT 21010—2017）、《城市用地分类与规划建设用地标准》（GB50137—2011）、《乡（镇）土地利用总体规划数据库标准》（TD/T 1026—2010）等。在规划制定完成后，可邀请各领域专家、企事业单位代表及社会公众进行探讨，对规划进行进一步的完善与修改。同时，为适应经济

表 5－1　　　　淳安县各规划相互冲突情况（不完全统计）

规划		冲突规划	
规划名称	具体规定	规划名称	具体规定
浙江省主体功能区规划	富春江－新安江国家级风景名胜区、千岛湖国家森林公园为国家级禁止开发区。（约占淳安国土面积的 39%）	浙江省水功能区、水环境功能区划分方案（2015）	淳安县国土面积的 95.6% 为饮用水水源保护区范围，禁止开发。其中饮用水水源一级保护区 39 平方公里，二级保护区 4213.4 平方公里
浙江省主体功能区规划	保留 421 亩的浙江淳安经济开发区和 8312 亩的低丘缓坡建设用地（作为旅游度假区建设的界首区块）	浙江省淳安千岛湖旅游度假区总体规划（2008—2020）	旅游度假区建设包括进贤区块、界首区块、中心湖区块、排岭半岛区块
全国重要江河湖泊水功能区划（2011—2030 年）	淳安饮用水源区为 524.5 平方公里、淳安渔业用水区为 2.5 平方公里、淳安景观娱乐用水区为 56.0 平方公里	浙江省水功能区、水环境功能区划分方案（2015）	淳安饮用水源区为 550.24 平方公里、淳安渔业用水区为 1.6 平方公里，淳安景观娱乐用水区为 21.16 平方公里
淳安县生态保护红线划定（2017 年 10 月）	划定了水源涵养类 5 个生态保护红线，总面积为 3543.92 平方公里，占淳安县国土面积的 80.05%	淳安县环境功能区划（2015 年 5 月）	3962.26 平方公里为自然生态红线区（生态保护红线区），占淳安县国土面积的 89.5%
全国重要江河湖泊水功能区划（2011—2030 年）	淳安饮用水源区水质要求为Ⅱ类水体	千岛湖及新安江上游流域水资源与生态环境保护综合规划	千岛湖水质要求为Ⅰ－Ⅱ类水体

社会发展和环境变化，可以在实施一定时期后对规划进行再次评估与修订。

与此同时，在多规融合的过程上，还应解决“饮用水源区”的合法性问题。《千岛湖及新安江上游流域水资源与生态环境保护综合规划》（发改地区〔2013〕2679 号）规定，新安江水库的定位是长三角地区重要战略水源地，为我国经济发展重要引擎之一的长三角地区提供强有力支撑。“战略水源地”还是一种可能的水源、备用的水源，不是真实的水源。《浙江省水功能区、水环境功能区划分方案（2015)》明确规定千岛湖主体属于饮用水源区。按照下位法服从上位法的原则，需要调整上位法，使得“饮用水源区”具有合法性。基于此，可由浙江省人民政府牵头制定《千岛湖水源地保护条例》，从法律层面保障千岛湖水生态保护与绿色发展工作。同时，请上级有关部门适时调整千岛湖的功能定位，使千岛湖功能定位的表述更加精准。

2. 适度留存绿色发展空间

一切功能区规划方案应以国家主体功能区规划为基本遵循，但是2017年修订的《中华人民共和国水污染防治法》明确规定“禁止在饮用水水源二级保护区内新建、改建、扩建排放污染物的建设项目；已建成的排放污染物的建设项目，由县级以上人民政府责令拆除或者关闭”。饮用水水源二级保护区规定上升到法律层面，使《浙江省水功能区、水环境功能区划分方案(2015)》在执行过程中更具刚性。依据该划分方案，淳安县95.6%的陆域范围均在饮用水水源二级保护区范围，而淳安县的城乡建设项目大多在此范围之内。

按照环境经济学理论，环境保护的力度不是越小越好，也不是越大越好，而要追求“最适度”，追求社会福利的最大化。从现实层面来讲，仅有不足5%的陆域空间也远远无法满足淳安县46万人口生存与发展的要求。事实上，杭州市决定到千岛湖引水就已充分认可了现状的千岛湖水质——与农夫山泉原水一样的水体。千岛湖这个“大水缸”需要保持的是现状水质，确保水质不退化，而不是进一步去提高水质要求。与千岛湖“大水缸”功能没有抵触或是相互促进的一些项目，如绿色农业、有机农业、观赏农业等农业类项目，生态旅游、金融服务、创意设计、科教文化等服务类项目，利用千岛湖水资源优势的水业、高新技术产业等工业类项目，在一定范围之内是完全可以上的。因此，科学确定淳安县绿色发展与严格保护之间的边界，在比其他地区更加严格保护要求的前提下还是要支持淳安县的绿色发展尤其是深绿色发展。建议在坚持“生态优先，绿色发展”这一基本原则前提下，确保对沿湖一公里内区域的严控，同时将可开发区域扩大为淳安县陆域总面积的10%左右，为淳安县适度留存绿色发展空间。

三、探索建设千岛湖特别生态功能区，建立统筹协调的组织与机构

1. 设立“千岛湖特别生态功能区”的含义和缘由

（1）特别生态功能区的含义。我国尚无特别生态功能区的通用定义，相似的概念是“生态特区”。特别生态功能区包含以下三层含义：一是坚持保护优先，确保特别生态功能区内的生态安全、环境安全和资源安全，确保功能区内的特殊生态和资源的功能需要；二是推动绿色发展，正确处理好经济发展和生态保护之间的关系，在保障生态环境质量的前提下，探索可持续发展的道路；三是发挥示范效应，充分行使特别生态功能区改革创新过程中的先试先行权，通过特别生态功能区的示范效应，为后发地区提供先发经验，降低生态环境保护与开发的探索成本。

（2）设立千岛湖特别生态功能区的缘由。从历史和现实的角度看，千岛湖所在的淳安县是集库区、老区、边区、山区于一体的加快发展县。在新中国成立前的革命战争年代，淳安县支持了新四军的生存和发展，为中国革命作出了贡献。在新中国成立初期，为了建设新安江水库，淳安县外迁了29万移民以及后靠了10万县内移民且有30万亩农田被淹，牺牲巨大。淳安县属于浙皖交界的边区，历史上也属于交通极不便利的山区。进入21世纪以来，千岛湖成为饮用水源前，淳安经济水平还处于加快发展县的最前列；千岛湖成为饮用水源后，淳安县则处于加快发展县的最后列。因此，不解决好淳安的生存与发展问题就没有浙江全省和杭州全市的“两个高水平”。

从现实和未来的角度看，千岛湖所在的淳安县是集杭州市和嘉兴市“大水缸”、浙江省“大花园”、国家级生态建设“示范区”和国际深绿色发展“引领区”于一体的特殊区域。千岛湖配水工程将于2019年通水，事关杭州市900万人口和嘉兴市400万人口的饮水安全，千岛湖成为杭州市和嘉兴市的“大水缸”。浙江省推进全域“大花园”建设，经过“千万工程”“五水共治”“三改一拆”等系列组合拳，千岛湖及淳安县成为“大花园”样本。按照国家主体功能区规划，千岛湖及新安江流域总体上属于限制开发和禁止开发的生态功能区，致力于达到国家级生态文明建设示范区。千岛湖所在的

淳安县等还生活着众多人口，在移民政策难以实施的情况下，淳安县需要致力于打造国际深绿色发展的引领区。对于淳安县这样特殊的区域，不采取特事特办的特殊体制和政策恐怕难以解决其面临的一系列特殊问题。

2. 设立千岛湖特别生态功能区的定位及机构设置

（1）千岛湖特别生态功能区的区域范围及相关部门。千岛湖特别生态功能区的核心区域是千岛湖所在的浙江省境内的淳安县全域和建德市部分区域；外围区域包括新安江上游的黄山市和新安江电站大坝以下的建德市、桐庐县等相关区域。需要协调的机构包括国家电网。争取指导的国家部门有生态环境部、自然资源部、水利部、城乡建设部、财政部等。需要省里支持的部门有生态环境厅、自然资源厅、水利厅、城乡建设厅、财政厅、民政厅等。

（2）千岛湖特别生态功能区的总体功能定位。千岛湖特别生态功能区的总体功能定位是：以习近平新时代中国特色社会主义思想为指导，深入推进以美丽中国为目标的生态文明建设，深入推进以美好生活为目标的深绿色发展进程，凝聚国际、国家、省、市、县多方力量，构建千岛湖特别生态功能区“四区”特色：大力建设杭州市和嘉兴市饮用水源功能区、积极争做浙江省大花园建设先行区、优化提升国家级生态文明建设示范区、探索建设国际深绿色发展引领区。

（3）千岛湖特别生态功能区所面临的系列矛盾。千岛湖特别生态功能区存在着错综复杂的关系，其中相当一部分还存在着矛盾和冲突。一是部门与部门的矛盾。例如，饮用水保障部门在实施千岛湖配水工程过程中“未雨绸缪”地将淳安县的绝大多数陆域划成水源保护区，但是在淳安县不可能实施大规模移民的情况下发展和民生部门要考虑淳安县 46 万人口的生存与发展问题。二是上游与下游的矛盾。从省际角度看，由于千岛湖 60% 的水来自安徽省，因此保障千岛湖水质必须坚持浙皖两省联动。从省内角度看，千岛湖水域淳安县占 95%，建德市占 5%，需要处理好两县的关系；而且，下游的生态用水、顶托咸潮等需要千岛湖放水。三是部门与地方的矛盾。新安江水电站属于国家电网（现为鲁能集团）的一部分，是计划经济时代无偿划拨的结果，出现“水”在淳安县和建德市、“权”在国家电网（鲁能集团）的局面。四是上级与下级的矛盾。浙江省的财政体制是“省管县”，因此，财政上是浙江省管淳安县；杭州市的隶属关系是“市管县”，除了财政以外的事情都是杭州市管淳安县。存在“财权”与“事权”分离的问题。五是历史与现实的矛盾。千岛湖沿湖的房地产开发等项目建设是20世纪90年代以来的产物，当时的千岛湖主要功能是风景旅游和防洪，以新时期饮用水源功能的总体布局来要求淳安县对历史问题进行整改需要时间、资金和体制保障。总之，依靠淳安县一县的力量是难以解决上述一系列矛盾的。

（4）组建千岛湖特别生态功能区的实体性和非实体性机构。一是建议设立"千岛湖特别生态功能区管委会"。管委会属于浙江省直属的实体性机构。需要定编、定岗、定职、定责。按照高配原则配备管委会主任（例如正厅级或副厅级），实行管委会主任兼任淳安县委书记的体制，从而便于统筹协调相关工作。千岛湖特别生态功能区的主要任务是切实推进"保护优先，绿色发展"理念的落实。千岛湖特别生态功能区是以"四区"建设为特色。为此，一方面要推进千岛湖特殊严格的生态环境保护。保障杭州市和嘉兴市饮用水安全是大局，必须予以确保。另一方面，需要着力推进淳安县的绿色发展尤其是深绿色发展。确保淳安县46万居民的生存和发展，并且跟上"两个高水平"步伐。

二是建议组建"浙江省千岛湖保护与发展委员会"。这一机构为非实体性的协调机构，可由浙江省人民政府牵头组建，由分管省长担任主任，委员会办公室可以设在千岛湖特别生态功能区管委会，由管委会主任兼任办公室主任。主要负责千岛湖水资源的集中保护和合理调度，统筹制定千岛湖发展的重大规划和实施计划，谋划重大政策和工作举措，协调千岛湖沿湖地区整治及保护等重点难点问题，履行对各实施主体目标任务考核和检查督办等职能。必要的话，杭州市也可设立相应的协调机制——杭州市千岛湖保护与发展委员会。在杭州市范围内承担相关协调工作。

千岛湖特别生态功能区管委会是实体性的常设机构，浙江省千岛湖保护与发展委员会是协调性的非常设机构。通过浙江省千岛湖保护与发展委员会办公室主任兼任千岛湖特别生态功能区管委会主任的体制性安排，实现非常设机构与常设机构的有机联系。

四、加大政策支持力度，协助淳安争创环境类试点

1. 加大县域发展的政策支持

20世纪五六十年代，新安江水库建设使得淳安县城被淹没，29万人口

背井离乡，约30万亩良田被淹，淳安县为水库的建成付出了巨大的牺牲。现今，千岛湖功能转变为“大水缸”，在“不搞大开发，共抓大保护”的方针指引下，淳安县失去了很多发展机会。据统计，2013—2018年，淳安县为保护生态水源婉拒了超300亿元的投资项目。不仅如此，日益严格的环保要求，使得淳安县多个在推进中的项目也被迫中止，仅2018年上半年淳安县就有46个项目因涉及水功能区调整问题被中断、或者终止谈判，涉及总投资约150亿元，其中包括一些在建的重大项目如中澳康美城项目、大连岭滑雪等。此外，根据中办督导组的要求，淳安县往年建成的数以百计的沿湖项目也因不符合新的管控要求需要拆除或者关停。

基于此，为支持淳安县经济社会的发展，更好地保护千岛湖水环境，省市政府应加大对淳安县域发展的政策倾斜。一方面，允许淳安县继续同时享受“海岛政策”与“山区政策”，100%保留地方财政收入的增量，以减缓财政压力，凸显招商引资比较优势，为千岛湖生态环境保护提供强有力的资金保障。另一方面，杭州应继续坚定“西进”战略，加强与淳安的联系，扶持淳安经济社会发展。一是坚持交通西进。为破除西南片区对外交通瓶颈，建议将杭淳开高速纳入杭州市“拥江发展”战略规划，力争“十三五”末开工建设，同时把淳安通用机场、城际铁路等纳入省市各级总体规划和专项规划中，为淳安经济社会发展提供交通基础设施保障。二是坚持产业西进。淳安生态环境优美，生态农业、康美产业等已具备一定的基础，建议集省市之力引进对生态环境有要求的绿色产业等高端的新兴业态，如教育医疗、康体养生、金融基金等，统筹集中，重点集聚，指导淳安走出一条差异化的发展路径。三是坚持旅游西进。淳安是著名国家5A级风景区千岛湖所在地，又是浙江省内革命老根据地县，旅游资源十分丰富。建议杭州市政府继续坚持旅游西进战略，发挥政府在总体规划、市场准入、政策导向、环境优化、宣传促销和人才培养等方面的主导作用，助力淳安发展高附加值旅游业，加大对与旅游业相匹配的高端产业的扶持力度，如会展产业、精品酒店、文化产业、创意产业等。四是坚持人才西进。人才是地区经济社会发展的基础。据淳安县人社局统计数据显示，截至2018年5月底，淳安县劳动力总人数28.1万人，外出就业创业高达10.1万人，劳动力和人才流失严重。基于此，建议省市加快推进高层次人才队伍建设，完善人才落户政策，建立有针对性的人才交流和管理机制，鼓励淳安人民回乡创业，为淳安经济社会发展和千岛湖水资源保护提供智力支持。

2. 完善千岛湖生态保护补偿制度

杭州是全国最早出台市级层面生态补偿制度的省会城市，浙江是全国最早出台省级层面生态补偿制度的省份。浙江省及杭州市的生态补偿走在全国前列，有诸多经验可以总结。在这样的大背景下，淳安县也是生态补偿制度的受益者，2017 年度全县获得的各类生态补偿金额达到 7 亿元左右。在千岛湖配水工程通水之前，杭州市人大已经通过《千岛湖引水工程管理条例》，明确实施千岛湖水生态补偿机制的法律地位。这足见杭州市的高度重视。基于此，应继续推进千岛湖水生态补偿制度，重点解决以下四个问题：

第一，谁来补？——体现“谁受益，谁补偿”原则。在水资源产权不清晰、用水户信息不明确的情况下，水生态补偿原则上只能是政府补偿。在千岛湖配水工程通水后谁用水和用多少等信息均十分明确的情况下，完全可以实施市场补偿或政府补偿和市场补偿的结合。因此，一方面，要坚持中央政府、浙江省政府、杭州市政府、嘉兴市政府几级联动，共同筹资；另一方面，在用水户的水价中不仅体现传统的“制水成本”“治污成本”和“企业利润”外，还要增加一个“生态成本”。从千岛湖取水与从钱塘江取水，存在原水水质的重大差别，用水户是愿意并且能够承受生态补偿成本的。

第二，补给谁？——体现“谁保护，谁受益”原则。在以往的生态补偿中，除了生态公益林的生态补偿是主体部分补给林农外，其他的生态补偿资金基本上是上级政府补偿下级政府。下级政府取得生态补偿资金后，主要也是用于生态建设和环境保护的工程建设。在千岛湖水生态保护过程中，不仅政府有机会成本的丧失，体现在税收收入的减少上；而且企业和居民也有机会成本的丧失，体现在企业利润和居民收入的减少上。随着千岛湖水生态环境保护的持续推进，生态环境工程的逐步完善，将来的政府受偿比例应逐渐降低，居民等市场微观主体受偿的比例要逐渐上升。因此，受偿主体要充分考虑水源保护区居民和企业对生态保护作出的贡献，而且受偿占比应逐步上升。

第三，补多少？——“实际补偿金额”应该接近“理论补偿金额”。淳安县虽然是生态补偿得益较多的县，但是，“实际补偿金额”依然远少于专家学者测算的“理论补偿金额”。在千岛湖配水工程中，仅杭州市引水约 10 亿吨/年，杭州市和嘉兴市若共同引水，需水量每年约 16 亿吨。看起来，只是引了十多亿吨水，但实际上需要保护的是千岛湖整湖的178亿吨水（仅仅指湖区静态水量）。因此，要尊重专家学者测算的结果，尽可能提高生态补偿标准。

第四，怎么补？——统筹处理好省内补偿和省际补偿、货币补偿和飞地补偿的关系。首先，要统筹处理省内补偿和省际补偿的关系。一方面，安徽省贡献了60%的水资源，但是水质相对较差；浙江省贡献了40%的水资源，但是水质明显较好。安徽省的来水通过湖区的稀释和净化总体上达到湖泊Ⅰ类水体。因此，安徽省贡献的是“量”，浙江省贡献的是“质”和“量”。而且，浙江省内的补偿也要兼顾淳安县和建德市的关系。另一方面，建德市也有一部分千岛湖的水域且面临下泄水量下降可能带来的生态问题。其次，统筹处理好货币补偿和飞地补偿的关系。在时任省委书记习近平同志亲切关怀下，淳安县在大江东设立了一块飞地，这块飞地既要足额开发起来，又要高效利用好。在这一基础上可以探索“生态补偿飞地模式”，具体指具有生态关联的发达受益区为欠发达的生态保护区提供飞地，生态保护区不应仅仅获得飞地上的财政收入，更应与生态受益区一起通过招商引资共同建立和发展工业产业，为生态保护区提供就业岗位，真正做到生态保护区发展空间不足问题的“标本兼治”。如果嘉兴市确定从千岛湖引水，那么，可以也应该在嘉兴市设立飞地。

3. 支持淳安创建生态文明和绿色发展类示范区建设

淳安县生态环境优美，据淳安县环保局统计资料显示，新安江大坝出口和出境断面水质持续保持Ⅰ类标准，出湖水质显著优于入湖水质。2017年，千岛湖区88条河流中51条为Ⅰ类水质；23个乡镇断面中Ⅰ类水质22个。全年环境空气优良天数333天，优良天数比例95.1%。全县森林覆盖率达到76.9%（含湖面），名列全省第一。据了解，2018年11月钱塘江源头区域山水林田湖草生态保护修复工程入选全国试点，淳安和开化、常山、建德将获至少10亿元中央财政专项补助。基于此，为使淳安的优美环境得到合理的利用，同时使淳安的发展得到中央的政策倾斜，建议省市政府支持淳安创建生态文明和绿色发展类示范区建设：

第一，支持淳安创建“全国饮用水源地示范区”。发达国家的饮用水源地往往是无人区或少人区。而千岛湖饮用水源地是一个“区域大县”和“人口大县”的特殊区域。而且，随着杭黄高铁的通车，每年前往千岛湖旅游的游客会突破 2000 万人。如何做到既有人口在其中活动、生存和发展，又确保饮用水水质安全，这是一个极大的考验。为此，需要探索人口众多区域水源地如何保护、受水区域如何与送水区域联动、政府机制与市场机制如何互动等问题。如果能够回答好这些问题，对全国其他水源区建设也具有重大示范意义。

第二，支持淳安创建“国家生态价值实现实验区”。习近平总书记关于“绿水青山就是金山银山”的重要论述已经深入人心，但是，绿水青山转化为金山银山的程度还严重不足。急需通过生态价值实现实验区建设提供可推广的经验。淳安县生态产品价值已经部分转化的主要有“千岛湖水”“千岛湖茶”“千岛湖鱼”等生态产品以及特殊严格的生态保护所获得的部分生态补偿资金。其实，千岛湖拥有极为丰富的生态环境和生态产品，例如以水权、林权为代表的自然资源价值的实现，以生态权、排污权为代表的环境资源价值的实现，以碳权、能权、碳汇等为代表的气候资源价值的实现等。在资源总量控制并且递减的前提下，生态文明产权交易制度必然兴起，这对淳安是一个重大商机。为此，需要探索生态文明产权价值的评价、生态文明产权的有偿使用、生态文明产权的交易机制等一系列问题。这就是国家生态价值实现实验区建设的意义所在。

第三，支持淳安创建“全国湖泊型县域高水平保护与高质量发展先行区”。对于一个拥有 46 万人口的淳安县而言，必须兼顾高水平保护与高质量发展两个方面。如果把这两个方面的关系处理好了，也是对世界生态文明建设和绿色发展的重大贡献。问题的关键是如何在“保护优先”的前提下，探索和设计深绿色发展的产业、模式、机制和政策。深绿色产业如何选择和布局、深绿色产品如何定价和营销、深绿色发展如何激励和支持等问题解决好了，就是对类似区域的一种示范。

第四，支持淳安创建“国家级大健康产业示范区”。据了解，淳安县已经成功举办了国际泳联 10 公里马拉松游泳世界杯赛、环千岛湖公路自行车赛等赛事。安阳国家登山健身步道也已建成开放，并且新增富文浪黄等 10 条绿道支线。石林镇也已入选全国首批运动休闲特色小镇试点。浙西千岛湖中药材交易市场投入使用，成功举办首届中国浙西中药材交易博览会，淳安县被命名为浙江省中药材产业基地，临岐镇被授予“浙江省中药材之乡”。由此可见，淳安县具备成为“国家级大健康产业示范区”的良好基础。

五、完善政府官员考核办法，建立科学化、差异化的政绩考核机制

浙江省是全国最早进行差异化考核的省份，例如，对丽水市、淳安县等生态功能区不考核 GDP。但是，在考核机制的运行中，依然存在一些自相矛盾的问题。例如，对不考核 GDP 的地区依然需要考核招商引资、固定资产投资、财政税收等项目，而且这些考核是与 GDP 紧密关联的刚性指标。近期编制的《全省高质量发展指标》更是对生态环保投资、高新技术产业投资等投资类指标提出了具体要求。但是，对于淳安县来说，由于千岛湖水环境保护的严格要求和《浙江省水功能区、水环境功能区划分方案（2015)》的规定，缺乏发展空间，项目落地难，使地区发展难以满足绩效考核办法的规定要求，政府工作压力巨大。据淳安县发改局反映，在主要经济发展指标上，与 2017 年同期增速比较，2018 年仅有地方财政收入有提升，其余指标均出现回落；与 2018 年年初目标比，也仅有地方财政收入完成年度目标，其余多数经济指标仍与年度目标有较大差距，在浙江 26 个加快发展县当中排名也逐渐靠后。

建议省市政府针对淳安的现实情况，制定科学化、差异化的政府绩效考核机制，发挥指标考核在千岛湖水环境保护中的指挥棒作用。例如可根据主体功能定位的差异性，确立不同的考核指标体系，对于优化开发和重点开发的区域，经济指标的权重可以大一些；对于部分限制开发的区域，经济指标的权重可以小一些；对于整体属于限制开发的区域（如全省 10 个生态功能区)，经济指标可不考核但生态环境指标考核必须加强。

此外，从 2006 年开始始终采取等比例节能和减排的计算办法属于典型的“鞭打快牛”。就节能减排的考核指标而言，由于在一定时期能效是存在极限的，等比例减排是一种十分不科学的方法。因此，节能指标要重点瞄准能耗大户及能源效率相对较低的地区和单位；对于人均能耗最低的、单位产出能耗最低的地区和单位可以不做节能的要求；或推动能权交易等市场手段动态调整节能减排任务。

六、围绕“生态优先、绿色发展”定位，创新绿色高质量发展模式

千岛湖功能变迁后淳安县的高质量保护与发展问题不仅需要上级政府的支持，更需要淳安县自身的努力与创新。淳安县作为践行习近平总书记“两山”重要思想的先行区，生态环境保护成效显著，具备绿色高质量发展的生态条件和物质基础。与此同时，淳安县在生态旅游、绿色农业、运动休闲、康美医疗等绿色产业上具有先发优势，也积累了一些发展经验和基础。基于此，千岛湖功能变迁后，淳安县应围绕“生态优先，绿色发展”的定位，继续创新绿色高质量发展模式，真正实现从“绿水青山”到“金山银山”的转化，具体来说，可以从以下几个方面着手：

第一，发展以生态旅游业为龙头的生态服务业。自 1982 年新安江风景规划建设办公室成立以来，淳安县凭借千岛湖优质的生态环境，旅游业发展迅速，相继荣获国际花园城市、中国旅游强县、国家级森林公园、国家级风景名胜区、全国森林旅游示范县等荣誉称号。千岛湖功能变迁后，旅游这一功能仍然是促进地区发展重要的核心推动力。因此，要在现有基础上，一方面对沿湖一公里范围内区域进行集中整治，确保千岛湖水生态环境不被影响；另一方面继续推动旅游项目尤其是乡村旅游项目的开发，创新休闲小镇、农家客栈等新形式，同时发展体育运动、康美休闲等新业态，推动淳安县生态旅游业向更高层次迈进。千岛湖生态旅游由于受到环境容量的限制，一定要从观光旅游转向观光旅游与休闲旅游相结合，从大众旅游转向大众旅游与精品旅游相结合，从短产业链旅游转向短产业链与长产业链相结合，从而实现生态旅游业的高附加值。除了发展生态旅游业之外，要高度重视文化创意产业、以生态水业为龙头的生态工业。优质的水源给淳安县带来了生态水业的发展，特别是以农夫山泉、千岛湖啤酒为龙头的水饮料产业优势明显。水产业已经成为淳安县最具特色、经济贡献率最大的产业，截至 2017 年底，全县水饮料企业实现主营业务收入 79.87 亿元，同比增幅 26.11%。在今后的发展过程中，应继续淘汰有污染风险的产业，大力发展技术含量高的生态水业，引进优质的高端水产业制造项目，使千岛湖这一湖好水真正得到有效利用。在发展空间许可的情况下，淳安县还应该致力于集聚需要优美

生态环境而发展的战略性新兴产业，例如，精密机械产业，把它努力做精、做深、做细，做成生态工业。

第二，发展以生态农产品为主体的生态农业。淳安县农业发展基础良好，已累计认证无公害农产品 171 个、有机农产品 69 个。与此同时，乡村生态环境整治成效显著，已全面消灭Ⅲ类以下小微水体，农村治污设施出水水质抽检合格率 98.2%，连续四年获省市农村治污优胜县。在今后的发展中，应继续围绕绿色发展理念，做大茶叶、干水果、中药材、蚕桑等优势产业，做强农产品品牌，推进创意农业、休闲农业等新型业态的发展，同时加大科技投入，建立现代农业示范园区，走出生态农业发展的新路子。淳安县发展生态农业，需要把握四个“转变”：一是从局限于第一产业向一二三产联动的转变；二是从品牌效应不够明显向品牌效应十分明显的转变；三是从技术含量低向技术含量高的转变；四是从传统营销手段向电子商务等现代营销手段转变。

第二篇

完善千岛湖水生态补偿机制研究

杭州是全国最早出台生态补偿机制的省会城市，浙江是全国最早出台省级层面生态补偿机制的省份，因此，淳安县也是全国得益于生态补偿机制最大的县之一。但是，随着千岛湖功能定位的变化及千岛湖配水工程的实施，淳安县为了保护千岛湖所付出的治理成本和机会成本远大于生态补偿，因此，完善千岛湖水生态补偿机制迫在眉睫。

完善千岛湖水生态补偿机制是践行“绿水青山就是金山银山”的生动实践，也是保障杭州市和嘉兴市饮用水安全的重要举措，还是回报淳安县保护千岛湖水生态做出牺牲的重要补偿。完善千岛湖水生态补偿机制，重点要解决下列四个问题：

(1) 按照“谁受益、谁补偿”原则确定补偿主体。千岛湖水生态保护补偿要从单一的政府补偿转向政府、用水户、社会群体的多元补偿。千岛湖生态补偿政府主体包括国家、省、市、县四级。千岛湖具有典型的公共物品属性，中央政府需要为此提供补偿。千岛湖是浙江省、杭州市的绿色天然屏障，浙江“省管县”的财政体制决定着浙江省政府应该为千岛湖生态补偿提供资金支持。杭州市和嘉兴市是千岛湖引水工程的主要受益区，杭州市和嘉兴市生态补偿专项资金应该扩大并重点向淳安县倾斜。根据千岛湖引水工程计划，供水范围还涉及工程沿线的桐庐和建德，两个地方政府也应采取多种形式支持淳安的高质量保护与发展。

(2) 按照“谁保护、谁受益”原则确定受偿主体。千岛湖水生态保护补偿要从单一的补偿政府转向补偿政府、企业、居民的多元补偿。淳安县政府、企业和居民均为千岛湖水生态保护作出了贡献，因此，政府、企业、居民应该共同受到补偿。首先，需要补偿政府的环保投入和税收损失。其次，补偿企业的利润损失。产业的新建项目也因空间受限而面临投资成本增加、发展动力不足。最后，补偿居民的收入损失。随着生态环境工程建设的逐步完善，补偿政府的比重应逐渐下降，补偿居民的比重应逐步提高。

(3) 按照“实际补偿金额趋近理论补偿金额”的原则确定补偿标准。一方面，要根据机会成本法、排污权价格法、水权交易法和合成控制法等测算应补金额；另一方面要根据意愿调查法等测算愿意补金额。综合考虑科学数据的客观测算值和补偿主体的主观意愿值，确定千岛湖水生态补偿的金额。本研究认为，补偿金额宜为11.11亿—28.40亿元，可取其均值约20亿元。

(4) 完善千岛湖水生态补偿机制，需要妥善处理好与生态补偿密切相关的若干问题：一是需要统筹补偿黄山、淳安和建德关系；二是需要理顺政府补偿与市场补偿的关系；三是需要在用水户水价中体现生态水价；四是需要明确生态补偿不排斥水利工程补偿、经济困难补助等；五是生态补偿可以与其他财政支持政策并存。

第六章
完善千岛湖水生态补偿机制的重要意义

把杭州建设成为美丽中国的样本是习近平总书记对杭州市的殷切希望，把淳安县作为美丽杭州实验区建设是杭州市委、市人民政府的科学决策。在浙江省进入高水平全面建成小康社会的决胜阶段和高水平推进社会主义现代化的重要阶段，在千岛湖配水工程通水在即的背景下，加快完善千岛湖水生态补偿机制，有助于深入推进“绿水青山就是金山银山”的转化机制建设，有助于有效实施绿色发展、乡村振兴和精准扶贫等战略，有助于成功打造富水区水生态补偿机制实施的杭州样本，有助于大力增强水资源水环境和水生态保护的内源动力。

一、有助于深入推进绿水青山转变成金山银山的机制建设

“绿水青山就是金山银山”重要思想（以下简称“两山”重要思想）是习近平生态文明思想的核心观点。“两山”重要思想回答了什么是生态文明、怎样建设生态文明等一系列重大理论和实践问题，深刻揭示了经济发展

和环境保护的辩证统一关系。[①] 为了推进“绿水青山”转化成“金山银山”，许多地区进行了探索，尝试建立一系列短期和长期相结合的机制，但尚未形成可复制、可推广的成功经验。[②] 进一步完善千岛湖水生态补偿机制，充分化解千岛湖生态保护中面临的发展与保护的矛盾问题，有助于实现“生态经济化”与“经济生态化”的有机结合，进一步强化“绿水青山”的保护机制，深入推进“绿水青山”转变成“金山银山”。

1. 实现生态经济化与经济生态化的有机结合

传统发展模式存在的两大突出问题是“生态非资源化”和“经济逆生态化”。前者把稀缺的生态资源当作零价格使用的“自由物品”，后者导致经济发展以生态破坏、污染环境、资源枯竭为代价，这是不可持续的。[③] 认真贯彻落实“两山”重要思想，要求各级党委和政府妥善处理好经济发展与生态环境保护之间的关系，加快推进经济生态化和生态经济化。生态经济化就是将自然资源、环境容量、气候容量视作经济资源加以开发、保护和使用，把生态价值纳入经济核算体系，激励生态保护、生态投资的服务供给，体现“保护生态就是保护生产力”的基本精神；对于自然资源不仅要考察其经济价值，还要考察其生态价值；对于环境资源，要根据其稀缺性赋予它价格信号，进行有偿使用和交易。经济生态化就是要通过约束机制建设，让微观经济主体不敢从事黑色发展、线性发展和高碳发展，通过激励机制建设，让微观经济主体大力从事绿色发展、循环发展和低碳发展。[④]

完善千岛湖水生态补偿机制，在不断优化政府引导调控职能的同时，充分发挥市场机制的作用，使水生态产品的价值得到充分体现，不仅能促进优质的生态产品转化成居民的经济收入，还能够激励生态保护主体更好地开展保护活动，提升自然资源的利用效率，防止生态环境功能遭到破坏，在实现经济增长的同时阻止环境退化，从而实现生态经济化和经济生态化的有机结合。

2. 进一步强化“绿水青山”的保护机制

由于保护成本和保护收益不成正比等因素的共同作用，淳安农村地区与

---

① 秦昌波、苏洁琼、王倩等：《“绿水青山就是金山银山”理论实践政策机制研究》，《环境科学研究》2018 年第 6 期。

② 裴晓桃、常纪文：《绿水青山如何变成金山银山》，《经济日报》2018 年 2 月 8 日。

③ 沈满洪：《生态文明制度建设的“浙江样本”》，《浙江日报》2013 年 7 月 19 日。

④ 沈满洪：《“两山”重要思想在浙江的实践研究》，《观察与思考》2016 年第 12 期。

杭州其他区县农村地区之间的经济水平差距在不断拉大。人民群众日益增长的美好生活需要与不平衡不充分的发展之间的矛盾十分突出，导致部分乡镇的发展冲动十分强烈。如果不能给予有效引导和疏解，将会给千岛湖水生态的长期有效保护埋下隐患。要实现对“绿水青山”的有效保护，必须明确各利益相关方的责任和权利，理顺纵向和横向压力传导机制，建立起权责对等、相互制衡、协同推进的生态保护责任体系，确保生态保护责任传导到位。要严格落实习近平总书记提出的“生态功能保障基线、环境质量安全底线、自然资源利用上线”三大红线，确立并守住生态环境保护的“底板”和自然资源开发的“天花板”①。要完善“谁保护，谁受偿；谁破坏，谁赔偿；谁受益，谁补偿”的利益引导机制，以平衡不同区域、不同群体范围内的生态环境保护者与受益者间的利益关系。

完善千岛湖水生态补偿机制，按照“好水好价”的原则科学制定补偿标准，并确保各生态保护参与主体获得应有补偿，从而构建起架构清晰、运行有效的生态保护利益分配和责任分担体系，有助于进一步强化“绿水青山”的保护机制，稳固并提升千岛湖水生态保护水平。

3. 深入推进“绿水青山”转变成“金山银山”

长期以来，淳安举全县之力对千岛湖水生态进行保护，留住了一湖清水，建立了突出的生态优势。但其生态优势尚未有效转化成经济发展优势，原因在于以下三个方面：一是千岛湖水生态保护的成本未得到足额补偿；二是千岛湖水生态产品的价值未得到科学评估；三是千岛湖水生态产品价值的实现渠道未得到全面疏通。由于补偿金额过低、产业发展受限、基础设施建设滞后、资本积累缓慢、人才外流严重等一系列紧密联系、相互传导的因素的共同作用，导致淳安经济增长动能不足，经济发展相对缓慢，“绿水青山”只是小部分转变成了“金山银山”。只有科学评价生态产品的价值，全面拓展生态产品的价值实现路径，才能从根本上化解上述阻碍因素，促进“绿水青山”加快转变成为开放、协调和共享的“金山银山”。

完善千岛湖水生态补偿机制，推动补偿主体、补偿渠道、补偿方式从单一化转向多元化，逐步提高补偿标准，有助于强化淳安绿色产业发展的资本

---

① 陆军、秦昌波、万军：《加强新时代中国特色社会主义生态文明建设的建议》，《环境保护》2017 年第 22 期。

积累、技术积累和人才集聚能力，增强淳安社会经济发展后劲，深入推进“绿水青山”转变成“金山银山”。

二、有助于有效实施绿色发展、乡村振兴和精准扶贫等战略

完善千岛湖水生态补偿机制，在强化产业引导、加快农村基础设施建设、提升直接补偿比重等方面协同发力，有助于有效实施绿色发展、乡村振兴和精准扶贫等战略。

1. 有助于加快实施绿色发展战略

绿色发展是资源节约、环境友好型的发展方式，旨在让经济发展与资源节约、污染减排、环境改善之间形成相互促进关系。[①] “绿水青山”向“金山银山”的转化是绿色发展的一种表现，这种转化不是简单的开发利用自然的过程，其实质是生态文明建设的过程，是要将生态环境优势转化为经济社会发展优势。[②] 党的十八大以来，生态文明建设成果正在为经济发展带来巨大生态红利和发展空间。实践证明，通过处理好政府与市场的关系，建立严格监管与有效激励相结合的长效机制，可以完善生态环境保护的责权利机制，提高环境污染和生态破坏行为的成本，提升环境治理和生态保护行为的收益。好的环境质量和好的经济质量可以实现内在统一，好的环境政策和好的经济政策能够同向发力，促进绿色发展，实现经济社会发展和生态环境保护协同共进。[③]

完善千岛湖水生态补偿机制，确保“谁保护，谁受益”和“谁使用，谁付费”原则得以充分实现，将从以下两方面促进杭州市的绿色发展：一方面，“谁保护，谁受益”的充分实现，将有效调动生态保护主体的积极性，激励淳安县聚焦于发展绿色产业，促进千岛湖生态环境的进一步改善和提升，从而能够为杭州市提供更多的生态产品，增强杭州市的绿色发展优势；

---

① 吕薇：《把握实现绿色发展的关键》，《经济日报》2016 年 9 月 8 日。

② 秦昌波、苏洁琼、王倩等：《“绿水青山就是金山银山”理论实践政策机制研究》，《环境科学研究》2018 年第 6 期。

③ 吕薇：《把握实现绿色发展的关键》，《经济日报》2016 年 9 月 8 日。

另一方面，“谁使用，谁付费”的充分实现，将有效消除水资源和水生态产品使用中的外部性问题，有利于促进稀缺资源实现高效利用，通过价格机制逐步淘汰落后产业，从而为新兴产业的发展留出宝贵的空间。

2. 有助于全面实施乡村振兴战略

党的十九大提出实施乡村振兴战略，是以习近平同志为核心的党中央着眼党和国家事业全局，深刻把握现代化建设规律和城乡关系变化特征，顺应亿万农民对美好生活的向往，对“三农”工作作出的重大决策部署，是决胜全面建成小康社会、全面建设社会主义现代化国家的重大历史任务，是新时代做好“三农”工作的总抓手。[①] 党的十九大报告将“产业兴旺、生态宜居、乡风文明、治理有效、生活富裕”设定为乡村振兴战略的目标。实施乡村振兴战略是建设美丽中国的关键举措。实施乡村振兴战略，统筹山水林田湖草系统治理，加快推行乡村绿色发展方式，加强农村人居环境整治，有利于构建人与自然和谐共生的乡村发展新格局，实现百姓富、生态美的统一。乡村振兴，生活富裕是根本。实施乡村振兴战略，不断拓宽农民增收渠道，全面改善农村生产生活条件，促进社会公平正义，有利于增进农民福祉。[②]

淳安县农村地区的生态环境优势明显，但其劣势同样突出。作为水源保护地，产业发展受限、交通相对不便、经济底子落后、人才外流严重等因素严重制约了发展。然而，由于淳安邻近发达都市区，与国内其他类似区域相比，该区域最有可能兼顾生态保护与经济发展，通过打通生态产品的价值实现机制来实现“绿水青山”向“金山银山”的顺利转化，率先探索出一条乡村振兴之路。完善千岛湖水生态补偿机制，实施多渠道、多维度补偿，将进一步夯实淳安农村地区的生态治理基础设施投入，并强化绿色产业引导和扶持，切实增强千岛湖周边农村的发展后劲，从而有助于加快乡村振兴战略在杭州市的全面实施。

3. 有助于有效实施精准扶贫战略

党的十八大以来，党中央、国务院提出精准扶贫概念，推动中国扶贫战

---

① 《中共中央国务院印发〈乡村振兴战略规划（2018—2022 年）〉》，2018 年 9 月 26 日，http：//www. gov. cn/zhengce/2018 - 09/26/content_5325534. htm。

② 《中共中央国务院印发〈乡村振兴战略规划（2018—2022 年）〉》，2018 年 9 月 26 日，http：//www. gov. cn/zhengce/2018 - 09/26/content_5325534. htm。

略实现重大转变。2015 年 11 月，中共中央、国务院发布《关于打赢脱贫攻坚战的决定》，明确提出精准扶贫战略，要求在对贫困人口实行精准识别和建档立卡的基础上，根据扶持对象精准、项目安排精准、资金使用精准、措施到户精准、因村派人精准、脱贫成效精准的工作标准，采取多种形式实现脱贫目标，包括发展特色产业脱贫、引导劳务输出脱贫、结合生态保护脱贫、实施易地搬迁脱贫、着力加强教育脱贫、开展医疗保险和医疗救助脱贫、实行农村最低生活保障制度兜底脱贫、探索资产收益扶贫，并健全留守儿童、留守妇女、留守老人和残疾人关爱服务体系。我国扶贫脱贫已经进入攻坚克难的重要阶段，必须“从扶贫机制上由主要依赖经济增长的‘涓滴效应’到更加注重‘靶向性’对目标人群直接加以扶贫干预的动态调整。”①

淳安县集山区、库区、老区、边区于一体，是杭州市下辖的 13 个区县中唯一的加快发展县，人民日益增长的美好生活需要和不平衡不充分的发展之间的矛盾在其农村地区仍然较为突出。让老百姓过上小康生活，改善地方政府的财政状况，还需要作出艰巨的努力。截至 2018 年上半年，全县有低收入农户 17113 户 31402 人，省级扶贫重点村 66 个，面临着沉重的扶贫攻坚任务。通过进一步完善千岛湖水生态补偿机制，把“绿水青山”变成“金山银山”的实践和全面脱贫攻坚的实践有机地结合起来，有助于有效实施精准扶贫战略。将补偿主体由主要靠政府转变成同时依靠政府和市场，将受偿主体由主要补政府转变成主要补居民，将补偿方式由单一补偿转变成多元补偿，有助于切实从传统的“输血式”扶贫转变为以造血功能为主的精准扶贫模式。一方面，加大直接补偿的力度有助于提升农村居民的获得感，保障“因水而贫”的困难群众的基本生活；另一方面，多元补偿有助于增强农村地区的造血功能，从而实现根源脱贫。由政府独轮驱动转向政府和市场双轮驱动，引导企业助推扶贫产业发展，积极参与到扶贫攻坚计划中，建立“政府、企业、贫困户”三位一体的扶贫发展模式。此外，要广泛动员社会各界、各类组织团体和个人以各种方式帮扶困难群体，构建政府、市场、社会协同推进的大扶贫格局。只有这样，千岛湖水生态保护投入才能源源不断，千岛湖水生态保护工作才能得到老百姓长期支持和拥护，生态文明的理念才能在实践中真正体现。

---

① 左停、杨雨鑫、钟玲：《精准扶贫：技术靶向、理论解析和现实挑战》，《贵州社会科学》2015 年第 8 期。

三、有助于成功打造富水区水生态补偿机制实施的杭州样本

浙江省在推进绿色浙江建设、生态省建设、生态浙江建设、美丽浙江建设等各个时期均在生态文明制度建设尤其是生态经济制度建设方面做出了积极探索，取得了显著成效，形成了“浙江样本”。[①] 杭州市早在2005年6月就颁发了《关于建立健全生态补偿机制的若干意见》，采用政府令形式对生态补偿机制作出具体规定，属全国首创。通过完善千岛湖水生态补偿机制，有助于成功打造富水区水生态补偿机制实施的杭州样本，对全国其他地区具有重要示范意义。

1. 推动跨区域生态补偿机制的不断完善

千岛湖所在地淳安县地处浙江、安徽两省交界处，位于新安江流域的下游。新安江发源于安徽省黄山市，是浙江省最大的入境河流，皖浙省界断面（街口镇断面）多年平均径流量为67亿立方米，占千岛湖多年平均入湖总量的68%以上。新安江的水质好坏对千岛湖的保护具有关键影响。这就要求淳安县与上游的黄山市进行有效合作，共同为维护良好的水生态环境努力。另一方面，保护好千岛湖所需要的投入是巨大的，淳安县作为杭州市唯一的原省级贫困县，单靠其自身力量无法完成保护重任。而保护好千岛湖会给下游的杭州市各区县带来巨大的正外部性，因此下游地区应与淳安县共同携手，实现互助共赢。因此要确保千岛湖水质长期保持稳定，必须打破现有行政界限，推动流域上下游联保联防联控。从实践情况来看，杭州市在千岛湖水生态保护工作中与上游黄山市的跨区合作仍有待加强。在联合水质监测、联合垃圾打捞、联合环境执法和多边交流等方面，杭州市与黄山市已经展开合作。但以上合作仅停留在浅层，杭州市与黄山市之间并未建立起一系列长效合作保护机制，各种利益冲突尚未得到有效解决，双方合作有待进一步深入和加强。

完善千岛湖水生态补偿机制，进一步明确上下游各方主体的权责利关系，有助于推动跨区域生态补偿机制的不断完善。习近平同志曾经批示：

① 沈满洪：《生态文明制度建设的“浙江样本”》，《浙江日报》2013年7月19日。

"千岛湖是我国极为难得的优质水资源，加强千岛湖水资源保护意义重大，在这个问题上要避免重蹈先污染后治理的覆辙，浙江、安徽两省要着眼大局，从源头控制污染，走互利共赢之路。"① 通过加快体制机制创新，促进杭州和黄山两市的经济社会发展多维融合，逐步构建"杭—黄"命运共同体，有助于消除上下游地区在水生态保护中的利益冲突，确保千岛湖得到长期有效保护，从而为全国跨区域生态补偿机制的不断完善提供重要经验。

2. 实现生态保护和全面建成小康的有机统一

党的十八大顺应国内外形势的新变化，提出了全面建成小康社会的伟大目标。浙江省主动加码，提出了到2020年高水平全面建成小康社会的宏伟目标，在"强起来"的历史进程中继续走在前列、体现浙江担当。对于全面建成小康社会的关键点，习近平总书记指出："小康不小康，关键看老乡"，并且在全面建成小康社会的进程中，革命老区、少数民族地区、边疆地区、贫困地区等"一个都不能少，一个都不能掉队"② "现行标准下农村贫困人口实现脱贫，贫困县全部摘帽，解决区域性整体贫困"是全面建成小康社会的最基本要求。③ 脱贫攻坚和生态文明建设构成了全面建成小康社会迫切需要解决的短板。在实践中，生态保护与经济发展之间存在的矛盾问题尚未得到全面有效解决，因保护而致富的案例仍然少见，而因保护而致贫的案例却不鲜见。为实现高水平全面建成小康社会这一目标，要在继续保持经济较快发展的同时，加快缩小区域差距和城乡差距，着力解决不充分不均衡发展问题。

完善千岛湖水生态补偿机制，就是要从根本上打破生态保护与经济发展之间的矛盾局面，变"因水而贫"为"因水而富"。通过提升转移支付力度和提高生态补偿标准，支持保护地加快发展绿色特色产业，促进生态保护和经济发展的良性互动。通过加快推动淳安城乡困难居民脱贫致富，实现水生态保护与居民增收之间的相互促进，实现生态保护和全面建成小康社会的有机统一，为全国提供杭州经验。

---

① 中共黄山市委理论学习中心组：《争当践行"两山"理论的样板区——习近平生态文明思想的新安江实践》，《安徽日报》2018年7月25日。

② 《习近平关于全面建成小康社会论述摘编》，中央文献出版社2016年版，第149页。

③ 新华网：《授权发布：〈中国共产党第十八届中央委员会第五次全体会议公报〉》，2015年10月29日，http：//www. xinhuanet. com//politics/2015 - 10/29/c_1116983078. htm。

3. 实现生态文明制度建设的不断创新

生态文明制度建设是需求拉动和供给推动的有机结合。[①] 浙江省的经济发展水平走在了全国前列，人民群众对优质生态产品的需求随着收入水平的上升呈现迅速递增的趋势。为了满足这种日益增长的对于优质生态产品的需要，政府应该充分发挥其宏观调控职能，创造各种有利于生态产品市场发育的条件，加快提升优质生态产品的供给。然而，现有的各项体制机制建设仍然滞后于现实需要，生态文明制度体系仍有待进一步完善。一系列问题的存在阻碍了生态产品市场的正常发展，如生态价值的评价问题、生态资源的产权问题、生态环境开发与保护的平衡问题、生态补偿标准问题等。只有不断创新生态文明制度建设，才能有效解决上述问题，推动生态产品市场发展壮大，满足人民对美好生活的需要。

完善千岛湖水生态补偿机制，从科学评价生态环境价值、加强生态产品市场建设、优化生态保护收益分配等方面综合发力，将自下而上的制度创新与自上而下的制度驱动有机结合起来，有助于实现生态文明制度建设的不断创新。

四、有助于大力增强水资源水环境和水生态保护的内源动力

千岛湖的重要地位不仅在于它是旅游胜地，更在于它是长三角地区重要的战略水源地，是下游杭州市和嘉兴市的“大水缸”，为数以千万计的居民饮水安全提供保障。千岛湖水质常年达到Ⅰ类，在国内同类湖泊中始终处于前列。[②] 这一成就的取得，是淳安县投入大量资源用于生态保护和放弃诸多发展机会换来的。千岛湖配水工程的实施，既是对淳安县以往生态保护成就的充分肯定，又会对淳安县未来的生态保护提出更高的要求。为实现千岛湖的长久保护，需要建立起权利和义务对等、保护和收益一致、供水区域和受水区域双赢的制度安排，促进流域经济社会的和谐发展。通过完善千岛湖水生态补偿机制，化解千岛湖水生态保护投入的压力，增强千岛湖水生态保护

① 沈满洪：《生态文明制度建设的“浙江样本”》，《浙江日报》2013 年 7 月 19 日。

② 淳安县人民政府：《淳安县 2017 年国民经济和社会发展统计公报》，2018 年 4 月 4 日，http：//www. qdh. gov. cn/art/2018/4/4/art_1388507_17057271. html。

的内源动力，才能确保千岛湖生态保护投入可持续，最终实现千岛湖水生态的持续有效保护。

1. 化解千岛湖水生态保护投入的压力

为保护好千岛湖的水生态环境，淳安县每年需要投入的资金是其自身财力所难以承受的。而现有的补偿主体过于单一，淳安县所能获得的补偿资金远远不足以弥补其保护成本支出，因此就需要上级财政大量进行转移支付，这对各级财政造成了较大的负担。在我国经济进入新常态阶段，财政收支趋紧的背景下，亟须通过引入市场化补偿等方式来保障千岛湖水生态保护投入。

从2006年到2017年，淳安县投入千岛湖生态环境保护的资金累计逾100亿元。其中，2013年的直接投入资金便高达5.2亿元，占全县地方财政收入的41.6%。2014年治污水投入13.3亿元，防洪水、保供水等投入3.57亿元。在2014—2016年实施的“五水共治”三年行动中，淳安县总投入33.8亿元，其中治污水23.8亿元，其他防洪水、保供水等投入10亿元。2015年以来，淳安围绕千岛湖生态保护，年均投入资金超过11亿元，超过地方财政收入的三分之二。如此巨大的资金投入规模已经超出了淳安县自身的财政承受能力，如果不能获得足够补偿，必然难以为继。然而，省市每年拨付给淳安的生态补偿专项资金，远远不能补偿淳安为保护千岛湖饮用水源保护区付出的成本。

无论是从短期还是长远来看，保护好千岛湖的一湖清水对于杭州市都具有极为重要的战略意义，能够给下游各区县的企业和民众带来很大的正外部性。因此，千岛湖水生态补偿的主体应当是多元化的。完善千岛湖水生态补偿机制，实现补偿主体多元化，从主要由政府补偿转向由受益者直接补偿，不仅可以从根本上解决补偿资金的筹集问题，化解政府财政压力，还能消除水资源和水生态产品消费中存在的外部性问题，优化资源配置。

2. 增强千岛湖水生态保护的内源动力

长期以来，严格的生态环境约束对淳安的经济发展形成了制约。淳安是浙江省26个加快县之一，也是杭州市属区县中唯一的加快发展县。随着千岛湖配水工程的实施，水功能区规划限制和环保要求进一步提升，“内收外紧”凸显，经济增长动能转换难度加大，导致经济发展后劲严重不足，淳安面临着巨大的稳增长压力，千岛湖水生态保护的内源动力明显不足。

为了保护千岛湖生态环境，淳安在20世纪90年代到21世纪初就先后关停淘汰了钢铁、化工、化肥、农药、焦化等高能耗、高污染企业40余家。2010年以来，又关停纸业、矿业、缫丝、砖瓦等规上企业30多家，对200多家“低小散”企业进行了整治、关停。2017年，淳安县地区生产总值（GDP）为255.7亿元，仅占杭州全市GDP的2.04%。淳安县的人均GDP长期低于杭州市和浙江省的平均水平，2017年淳安县人均GDP（按户籍人口计算）为55496元，而同期杭州市和浙江省的人均GDP（按户籍人口计算）分别为168553元和92075元，存在显著差距，具体如图6－1所示。

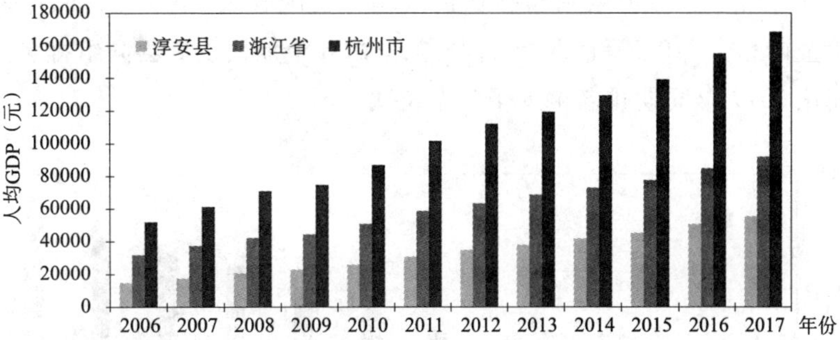

图6－1　2006—2017年淳安县、浙江省、杭州市人均GDP对比

与杭州市下属区县横向相比，淳安县的地区生产总值最低，对杭州市GDP贡献最小，按户籍人口和常住人口计算的人均GDP也都是最低的。2017年，在同流域的五区县中，淳安县的GDP仅约为萧山区的七分之一、富阳区的三分之一，户籍人口人均GDP约为萧山区的三分之一、富阳区的二分之一，与桐庐和建德的差距也较大。具体情况见图6－2。

	淳安	建德	桐庐	富阳	萧山
GDP（右轴）	255.7	390.3	420.2	776.4	1861.5
人均GDP（左轴）	55496	76498	97000	115120	164319

图6－2　2017年淳安与下游区县经济发展水平对比

数据来源：各区县2017年国民经济和社会发展统计公报。人均GDP按照户籍人口计算。萧山区数据不包括大江东。

在最严格的生态保护约束下，淳安县城乡经济发展，尤其是农村经济发展，与其他地区的差距在拉大，距离全省同步高水平建成小康社会的目标仍较为遥远。2017 年，淳安县城镇居民人均可支配收入为 40269 元，农村居民人均纯收入为 17721 元。同期杭州市城镇居民人均可支配收入为 56276 元，农村居民人均纯收入为 30397 元，分别是淳安县的 1.40 倍和 1.72 倍。由图 6－3 和图 6－4 可见，在 2006 年至 2017 年间，不管是城镇居民人均可支配收入还是农村居民人均纯收入，淳安县与杭州市之间的绝对差距都在拉大。2018 年上半年，淳安县农村常住居民人均可支配收入 9105 元，同比增幅分别低于全市和全省 0.3 和 0.4 个百分点，在 26 个加快发展县同组排名倒数第三，相比 2017 年同期排名倒退了 7 个位次。

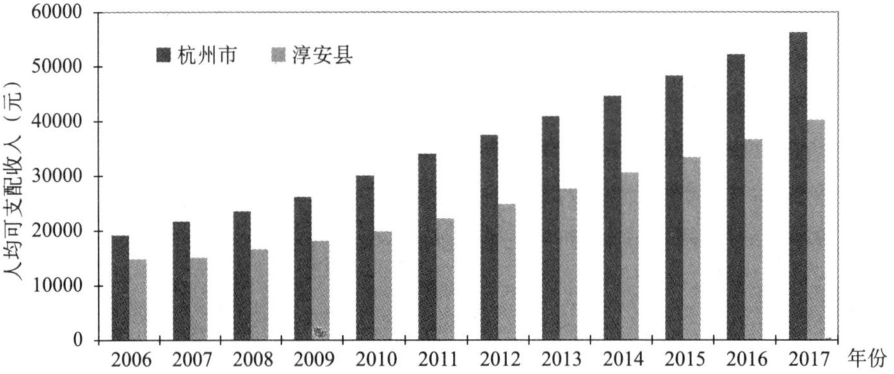

图 6－3　2006—2017 年淳安县与杭州市城镇居民人均可支配收入对比

此外，自 2017 年 5 月环保督查开展以来，因水功能区问题影响，淳安部分乡镇已上马的项目被叫停，经济发展陷入困境，社会稳定压力和财政支出压力开始凸显出来。淳安乡镇基层政府的财政收入主要来自上级转移支付、土地出让收入和地方财政收入。其中，上级转移支付主要用于基础设施建设和环保项目，并且有 30% 的经费需由乡镇自筹；土地出让收入在严格的水功能区保护督察下大幅度萎缩，而土地收储导致的财政支出却已执行，造成了大量历史欠账。以上各种因素叠加，意味着淳安乡镇地区在普遍面临财政支出压力的同时，还必须放弃原有的经济发展路子来适应更严格的生态保护约束。如果仅靠淳安自身的力量，相应问题将难以得到妥善解决，不仅会产生一系列社会矛盾，还会从根本上危及千岛湖的有效保护。

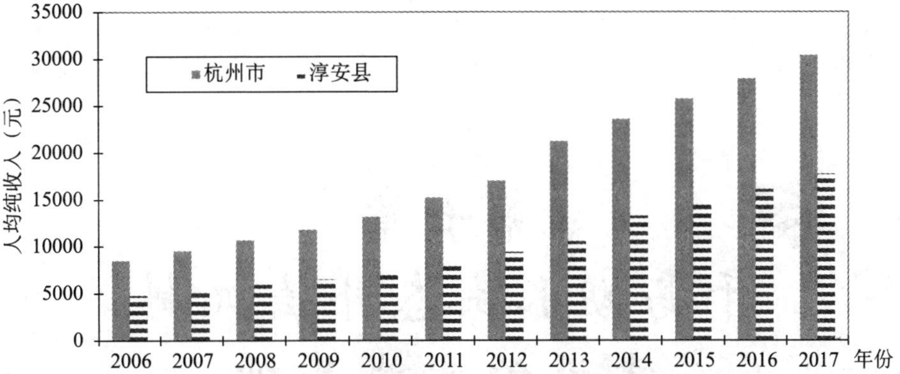

图 6－4　2006—2017 年淳安县与杭州市农村居民人均纯收入对比

完善千岛湖水生态补偿机制，构建一整套政府引导、企业和公众积极参与的多元补偿体系，采用产业帮扶、技术转让、人才借调等补偿方式促进绿色产业和特色产业在淳安加快发展，有助于确保淳安平稳实现增长动能转换，避免经济增长失速，从而增强千岛湖水生态保护的内源动力。

第七章 千岛湖水生态补偿机制建设的实践基础

千岛湖水生态补偿机制的实施已经有十多年历史，作为国内较早实行流域生态补偿的地区，浙江淳安县一直致力于成为践行“两山”理论的标杆县，多年来的努力取得了显著的成效，积累了丰富的经验。千岛湖配水工程通水在即，站在淳安县主体功能发生巨大转变的潮头，生态补偿机制建设迫切地需要进一步完善与深入。回望历史，审视千岛湖水生态补偿机制建设的实践过程，肯定取得的成果，正视存在的不足，是制度优化过程中必不可缺的一步。本章回顾了千岛湖水生态补偿机制建设的补偿模式、资金来源和去向，梳理了制度实施获得的成效以及尚存的问题，与国内其他典型流域进行了横向比较。

一、千岛湖水生态补偿机制建设的历史回顾

1. 千岛湖水生态补偿的几种模式

千岛湖是新安江流域上璀璨的明珠。它一直背负着独特神圣的战略使命，从前主要为华东地区提供用于生产生活的电能，而今又承担着下游地区

饮用水源的艰巨责任。一直以来，淳安县人民就像保护自己的眼睛一样保护着千岛湖这一湖秀水，为了维护千岛湖的生态环境，淳安人民齐心协力，不惜以牺牲自己的经济发展为代价。早在21世纪初，浙江省和杭州市就通过生态补偿来弥补上游地区为保护环境所付出的实际成本和机会成本的机制就已经出现，这是实现上下游地区均衡发展的有效措施。

按照补偿资金不同的来源，流域生态补偿可以划分为模式：上下游政府间协商交易的流域生态补偿模式、上下游政府间共同出资的流域生态补偿模式、政府间财政转移支付的流域生态补偿模式、基于出境水质的政府间强制性扣缴流域生态补偿模式。[①] 以上几种模式在千岛湖水生态补偿机制中的应用如表7－1所示。

表7－1　千岛湖水生态补偿的几种模式

<table>
<tr><th></th><th>上下游政府间协商交易</th><th>上下游政府间共同出资</th><th colspan="2">政府间财政转移支付</th><th>基于出境水质的政府间强制性扣缴</th></tr>
<tr><td>补偿主体</td><td>市场上的买方</td><td>上下游政府</td><td colspan="2">中央、省、市等上级政府</td><td>中央、跨界出境水质超标断面所在地政府</td></tr>
<tr><td>补偿对象</td><td>上游市场出卖方</td><td>环境设施建设及水污染整治项目</td><td>环境设施建设及水污染整治项目</td><td>水源保护地政府</td><td>出境水质达标断面所在地政府</td></tr>
<tr><td>补偿方式</td><td>异地开发、水权交易</td><td>政府投入，按比例分摊资金</td><td colspan="2">专项或一般性财政转移支付</td><td>根据水质</td></tr>
<tr><td>实践手段</td><td>江东飞地</td><td>—</td><td>项目、绩效考核</td><td>地方政府支配</td><td>新安江流域跨界生态补偿</td></tr>
</table>

（1）上下游政府间协商交易的流域生态补偿模式。2007年根据《杭州市人民政府关于江东杭千扶贫开发区建设有关问题的专题会议纪要》的文件精神，江东杭千（扶贫）开发区管理委员会设立，由淳安县委、县人民政府

① 王军锋、侯超波：《中国流域生态补偿机制实施框架与补偿模式研究——基于补偿资金来源的视角》，《中国人口·资源与环境》2013年第2期。

对开发区实施统一管理，包括招商引资、项目推进、税收管理、企业管理和干部锻炼等各项事务。这种方式被称为发展“飞地经济”。杭州市是与淳安县具有生态关联的发达受益区，淳安作为欠发达的生态保护区，得到了位于杭州市区的一块飞地，欠发达的生态保护区可以在这块飞地上实施国家和上级政府以及生态受益区所给予的一系列优惠政策和财政扶持，与生态受益区通过招商引资共同建立和发展工业区，园区产业的工业增加值、税收等按比例由双方政府共享。[①] 然而由于历史的因素，相关政策、土地等问题短时间内难以明确和突破，淳安县的招企引税工作在江东开发区缺乏“主场优势”。浙江省山海协作工程（浙委发〔2018〕3号）文件明确了支持发展“飞地经济”，重点推进淳安在杭州大江东产业集聚区的飞地园区建设。

2011年，《杭州市“十二五”水利发展规划》中指出将新安江配水工程作为杭州市调水工程，千岛湖成为了下游杭州地区真实的饮用水源。由此产生的上下游供水、用水之间的关系赋予了千岛湖水生态产品的属性，完善的水权交易机制是势在必行的市场化补偿方式。

（2）政府间财政转移支付的流域生态补偿模式。政府间财政转移支付是生态补偿的重要手段之一，可以调节区域生态保护与经济发展的矛盾，有利于促进国家重要生态屏障及战略地区的生态建设，[②] 中央财政资金以一般财政转移支付或者专项财政转移支付的形式下拨到各省后，省级财政部门可以根据自身情况设计相应的资金分配办法。[③] 浙江省财政厅2002年就已经颁布了《浙江省生态环境保护专项资金管理暂行办法》，从省级层面规定了环保专项资金的使用办法；杭州市财政局2005年也出台了《杭州市生态补偿专项资金管理办法》，对杭州二区、五县（市）流域范围内生态建设、环境污染治理、环境基础设施改造、水利建设以及工业、农业、农村等领域生态环境改善方面行为的补偿专项资金总计达到2亿元。此外，财政部、浙江省、杭州市还针对自然保护区、钱塘江饮用水源保护区、杭州市“三江两岸”生态景观保护与建设环境整治项目等多项专项财政转移支付资金出台了相关的管理办法（见表7-2）。

---

① 杨春平、陈诗波、谢海燕：《“飞地经济”：横向生态补偿机制的新探索——关于成都阿坝两地共建成阿工业园区的调研报告》，《宏观经济研究》2015年第5期。

② 孔德帅：《区域生态补偿机制研究》，中国农业大学，博士学位论文，2017年，第49页。

③ 伏润民、缪小林：《中国生态功能区财政转移支付制度体系重构——基于拓展的能值模型衡量的生态外溢价值》，《经济研究》2015年第3期。

表 7－2　国家、省、市用于生态补偿的财政转移支付政策与管理办法一览表

政策文件名称	出台部门	文件号	时间（年）
浙江省生态环境保护专项资金管理暂行办法	浙江省财政厅	浙财建字〔2002〕134 号	2002
浙江省省级环境保护专项资金管理暂行办法	浙江省财政厅	浙财建字〔2004〕95 号	2004
杭州市生态补偿专项资金管理办法	杭州市财政局		2005
浙江省生态环境保护专项资金管理暂行办法	浙江省财政厅	浙财建	2005
浙江省自然保护区专项资金管理暂行办法	浙江省财政厅	浙财建〔2009〕205 号	2008
浙江省省级环境保护专项资金管理办法	浙江省财政厅	浙财建字〔2009〕191 号	2009
浙江省自然保护区专项资金管理办法	浙江省财政厅	浙财建字〔2009〕192 号	2009
关于印发《杭州市钱塘江饮用水源保护区整治专项资金补助办法》的通知	杭州市财政局	杭财基	2010
关于印发《杭州市“三江两岸”生态景观保护与建设环境整治项目以奖代补暂行办法》的通知	杭州市环境保护局	杭环发	2011
浙江省“811”生态文明建设推进行动（环保部分）专项资金管理暂行办法	浙江省财政厅	浙财建〔2011〕233 号	2011
财政部 环境保护部关于印发《湖泊生态环境保护试点管理办法》的通知	财政部	财建〔2011〕464 号	2011
关于印发《杭州市“三江两岸”生态景观保护与建设环境整治项目（2014 年－2015 年）财政补助资金管理办法》的通知	杭州市财政局	杭财建	2013
关于印发《淳安县“美丽杭州”实验区建设实施方案》的通知	杭州市委办公厅	市委办发〔2014〕78 号	2014

续表

政策文件名称	出台部门	文件号	时间（年）
杭州市生态补偿专项资金使用管理办法（暂行）	杭州市环境保护局		2014
杭州市环保生态专项资金项目申报指南	杭州市环境保护局		2014
杭州生态市建设专项资金使用管理暂行办法	杭州市环境保护局		2014
浙江省财政厅 浙江省环境保护厅关于提前下达2016年省级环境保护专项资金的通知	浙江省财政局	浙财建〔2015〕216号	2015
杭州市生态环保专项资金管理办法	杭州市环境保护局	杭环发	2016
浙江省财政厅等四部门关于建立省内流域上下游横向生态保护补偿机制的实施意见	浙江省财政局	浙财建〔2017〕184号	2017
关于加快建立流域上下游横向生态保护补偿机制的指导意见	财政部	财建〔2016〕928号	2016
浙江省人民政府办公厅关于建立健全绿色发展财政奖补机制的若干意见	浙江省人民政府办公厅	浙政办发〔2017〕102号	2017

数据来源：浙江省、杭州市政府网站。

财政转移支付根据资金的使用办法还可以做进一步区分。以杭州市为例，2010年以前，生态补偿专项资金主要是以项目主动申报为主，指定的项目与工程挂钩。2005年市财政局印发的《杭州市生态补偿专项资金管理方法》中指出，新增的生态补偿专项资金，按照《杭州生态市建设专项资金使用管理实施细则》的要求申报项目，由市环保局会同市财政局根据资金安排原则，结合生态环境目标考评，在确定的可用资金规模内，统一平衡后提出当年度专项资金安排计划，报经市政府、市委审查批准后执行。2010年杭州市财政局联合环保部门修订颁布《杭州市生态补偿专项资金使用管理办法（暂行）》，将生态补偿资金的分配与生态环境保护绩效挂钩，实行以绩效考核为主、项目备案为辅的定量补偿。2014年修订的《管理办法》中，生态补偿的项目“申报制”改为“报备制”。2016年，杭州市根据国家、省、市财政政策，修订印发了《杭州市生态补偿专项资金使用管理办法》，一方面补偿范围得到了扩大，实行全域生态补偿制度，宏观上对软科学的支持力度增大；另一方面分配方法上进一步创新，考核因素上增加了对气元素的补偿，采用共性因素与个性因素相结合、因素法与财政奖惩相结合的分配方法。

（3）基于出境水质的政府间强制性扣缴流域生态补偿模式。基于出境水质的政府间强制性扣缴流域生态补偿模式可以降低上游地区过度占用水资源而剥夺下游的资源利用权的可能性，是一种公平地协调流域上下游水资源利用关系的创新方式。2011 年，财政部、环保部先后下发《关于启动实施新安江流域水环境补偿试点工作的函》《关于开展新安江流域水环境补偿试点的实施方案》，新安江流域启动了全国首个跨省流域水生态补偿试点。该机制设立了补偿专项基金，由皖浙两省共同监测，根据交界断面的水质标准来确定省际之间的补偿。这种以地方政府的自愿与平等合作为基础，以中央政府的协调与监督为保障的流域生态补偿机制对于协调水生态环境的保护与地区之间的发展起到了显著的作用。①

本着“保护优先，合理补偿；保持水质，力争改善；地方为主，中央监管；监测为据，以补促治”的基本原则，以三年为期，皖浙两省已经展开了两轮水质“对赌”。第一轮试点从 2012 至 2014 年，每年设置 5 亿元专项资金，用于新安江流域产业结构调整和产业布局优化、流域综合治理、水环境保护和水污染治理、生态保护等方面，其中中央财政出资 3 亿元，安徽、浙江两省财政分别出资 1 亿元。对安徽、浙江两省跨界水质进行检测，主要考核指标为高锰酸盐指数、氨氮、总氮、总磷，若年度水质达到考核标准（P≤1），则浙江拨付给安徽 1 亿元；反之，安徽拨付给浙江 1 亿元；不论上述何种情况，中央财政 3 亿元全部拨付给安徽省。第二轮试点为 2015 至 2017 年，资金补助的标准较首轮试点有了提高，安徽、浙江两省的“对赌”额度则每年由 1 亿元提升到 2 亿元，不过，中央资金三年总额度 9 亿元不变，只是三年按 4 亿、3 亿、2 亿的退坡方式进行补助。考核方式上也进行了调整，P 值基准限值由 2008—2010 年三年均值调整为 2012—2014 年三年联合监测均值；水质稳定系数 K 值由 0.85 调整为 0.89。两项结合，水质考核标准总体提高 7%。此时若 P>1，安徽须补偿浙江 1 亿元；若 P≤1，则浙江补偿安徽 1 亿

① 徐键：《论跨地区水生态补偿的法制协调机制——以新安江流域生态补偿为中心的思考》，《法学论坛》2012 年第 27 期。

元；倘若 P≤0.95，浙江还要再补偿安徽 1 亿元。两轮试点安徽省均是连年达标获得了总计 36 亿元补偿，新安江的水质稳定好转并成为全国水质最好的河流之一，流域生态补偿机制功不可没。千岛湖有 60% 的水来自上游黄山市，而千岛湖中心湖区水质总体稳定保持为 Ⅰ 类，营养状态指数由中营养变为贫营养，这与新安江上游水质的改善也密不可分。

省际流域上下游横向生态补偿机制的试点成功，为浙江省内流域横向补偿机制的建设提供了生动的实践经验，且补偿机制不断完善健全，生态补偿评价标准更多维化，从过去单一关注水质，发展到了综合考虑地区用水总量和用水效率。上游用水总量越少，意味着当地的污水排放量越少，间接反映了上游对水体污染的控制成效；上游用水效率越高意味着产业结构越合理，因为高新技术产业单位产值用水量普遍较低。①

2. 千岛湖水生态补偿资金使用去向

人们今天看到的千岛湖的绿水青山，喝到的千岛湖农夫山泉，是数以亿计的资金投入换取而来的。“巧妇难为无米之炊”，再好的生态环境治理项目，一旦失去资金的注入，也难以运作。淳安虽是加快发展县，但在生态保护这项千年大计面前，多年来丝毫不吝啬，倾其所能，把生态保护作为最大的投入。2010—2016 年累计投入环保资金 77.2 亿元。特别是从 2014 年开始，三年分别投入 11.2 亿元、12.87 亿元、12.73 亿元，启动实施了“五水共治”行动，分别占当年地方财政收入的 81%、75.3% 和 73.3%。2017 年又投入 9.29 亿元，2018 年投入 10.22 亿元。

淳安县 2007 年到 2017 年环保投入情况如图 7－1、图 7－2 所示。2015 年以前环保投入金额逐年增加，正是淳安县大力推进生态文明建设的重要时期，环保投入金额在 2015 年达到峰值，超过 9.5 亿元，当年的环保投入占财政总收入比例也达到了最高值，全县接近 40% 的财政收入用于环保事业。此后各项基础设施建设基本完成，全县环境治理模式逐渐形成，环保投入呈现减少的趋势。其中上级财政转移支付与本县财政的占比见图 7－3，本县财政占据了生态环保投入的主要地位。2013 年后用于污染源治理资金均超过了环保总投入的一半，“十二五”期间，淳安县将农村作为千岛湖保护的源头，

① 郑盈盈、朱彩云、翁杰：《浙江率先建立省内流域上下游横向生态保护补偿机制》，《河北水利》2018 年第 5 期。

加大治理力度（见图7－4），农村环境面貌得到了改善。

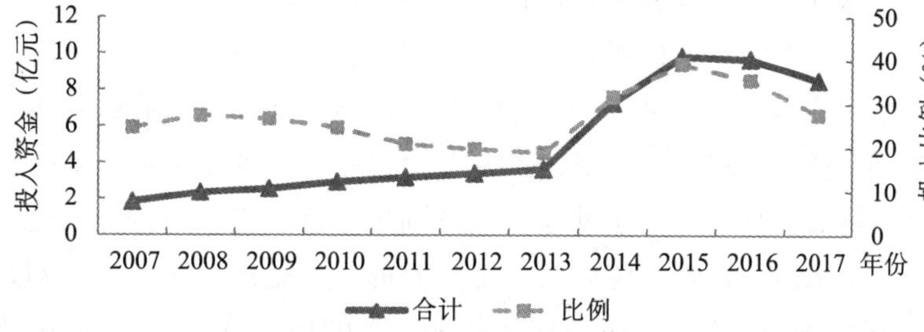

图7－1　2007—2017年淳安县环保投入金额、投入占财政总收入比例

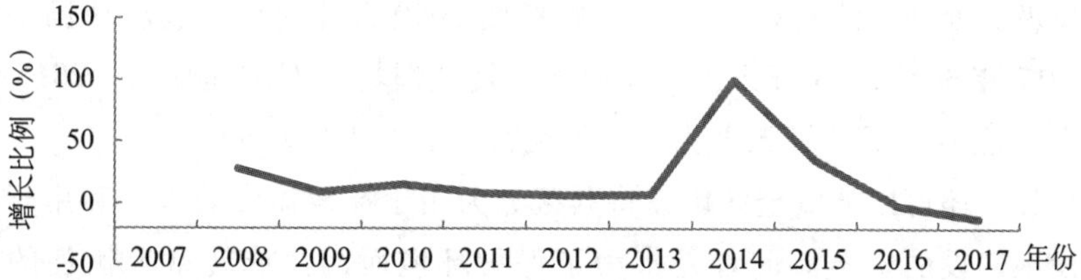

图7－2　2007—2017年淳安县环保投入资金增长比例

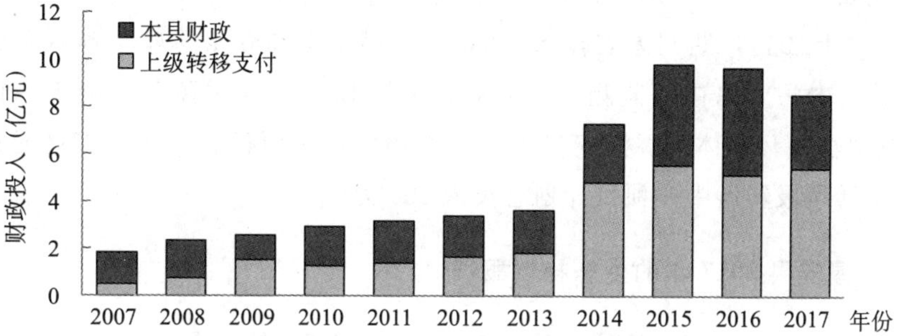

图7－3　2007—2017年淳安县生态环保财政投入统计表

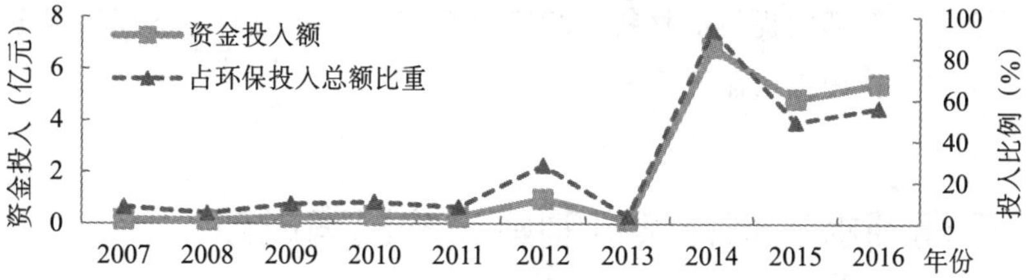

图7－4　2007—2016年淳安县污染源治理资金投入及占环保投入比例

数据来源：淳安县政府提供。

千岛湖水生态补偿资金的去向根据不同的分类方式可以有多种表述。根据资金的下达方式，可以分为直接补助金和间接补助金，直接补助金由上级单位直接下拨到下级乡镇或者企业，使用方式相对自由；间接补助金需要依靠项目申请等方式获得。如2008年淳安县财政按照村人口数以及实际工程量等对75个省级待整治村安排每村14万元的补助，即直接补助金。

从污染物的类型看，生态补偿资金分别用于水、气、固体等其他污染物的治理。对于水体的治理，淳安县5个重要的污水处理厂投资额分别是：南山污水处理厂6680万元、城西污水处理厂10215万元、坪山污水处理厂13773万元、汾口污水处理厂4926万元、姜家污水处理厂2500万元。对于固体垃圾的处理，淳安县于2010年投资约5000万元建设垃圾填埋场一期项目，2017年投资2516万元建设双柏岭垃圾填埋场二期扩建项目。2015年至2017年，全县生活垃圾无害化处理年运行经费约390万元。

另外，还可以从资金的用途将其区分为用于补偿损失的资金和用于环境基础设施建设的资金。前者是指为了保护环境而淘汰或转型等牺牲的企业（个人），会得到相应的补偿资金，后者指投入在环境基础设施建设方面的资金，比如“十一五”期间淳安县共实施减排工程47项，资金总投入29345万元；“十二五”期间淳安投入6000万元用于千岛湖水质监测预警平台建设，构建融污染源在线监测、环境质量实时监测和水质预警监测于一体的“智慧护水”环保体系；淳安县生活垃圾环保处理项目总投入2.1亿元；淳安县生活垃圾转运中心项目计划总投入600万元。

3. 淳安县2017年的生态补偿概况

根据《淳安县环境保护局单位2017年度部门决算》《浙江省财政厅浙江省环境保护厅关于提前下达2017年省环境保护专项资金的通知》以及淳安县财政、环保等部门提供的材料，2017年淳安县所获得的生态补偿资金及部分资金来源及使用去向制表7-3。

二、千岛湖水生态补偿机制建设的已有成效

千岛湖水生态补偿机制的实施与建设是淳安县生态环境保护的有力推手。它在政策上给予了淳安县全力进行生态保护的底气，将地方的环境资源

表 7 – 3　　　　淳安县 2017 年部分生态环保资金的来源与去向

<table>
<tr><td rowspan="5">上级生态环保部分补助资金（万元）</td><td rowspan="5">68576.7</td><td colspan="5">一般性财政转移支付（万元）</td><td>54462</td></tr>
<tr><td rowspan="4">专项补助（万元）</td><td rowspan="4">14114.69</td><td colspan="3">市生态补偿专项资金（万元）</td><td>3861.89</td></tr>
<tr><td colspan="3">省环境保护专项资金（万元）</td><td>720 + 308</td></tr>
<tr><td colspan="3">其他专项补助（万元）</td><td>9224.8</td></tr>
<tr style="display:none"></tr>
<tr><td rowspan="9">生态环保财政投入（万元）</td><td rowspan="9">85000</td><td rowspan="5">上级财政转移支付54000万元</td><td rowspan="9">部分支出（节能环保类）7940.44万元</td><td rowspan="2">环境保护管理事务</td><td colspan="2">行政运行（万元）</td><td>1200.00</td></tr>
<tr><td colspan="2">其他环境保护管理事务支出（万元）</td><td>182（包括农村治污项目）</td></tr>
<tr><td>环境监测与监察</td><td colspan="2">其他环境监测与监察支出（万元）</td><td>80</td></tr>
<tr><td rowspan="3">污染防治</td><td colspan="2">大气（万元）</td><td>19.8</td></tr>
<tr><td>水体（万元）</td><td colspan="2">2874（湖面垃圾打捞涉及资金1258.71万元）</td></tr>
<tr><td rowspan="4">本县财政31000万元</td><td colspan="2">其他污染防治支出（万元）</td><td>72.64</td></tr>
<tr><td rowspan="2">自然生态保护</td><td>生态保护（万元）</td><td>1755</td><td rowspan="2">清洁乡村绩效评价涉及资金1970.13万元</td></tr>
<tr><td>农村环境保护（万元）</td><td>804</td></tr>
<tr><td>其他节能环保支出（万元）</td><td colspan="3">953</td></tr>
</table>

注：由于统计口径不同，相关部门并未对生态补偿资金的使用作单独记录，环保投入资金中难以区分是否为生态环保补助资金，因此本书笼统地列为“部分生态环保资金的来源与去向”。

整治上升到了国家战略层面，千岛湖的生态保护是新安江流域水资源保护攻坚战中至关重要的一环，受到了国家、省、市各级政府部门和社会的关注与重视；它又从实践上切实地调动了新安江流域上下游人民的治水热情，提高了人们环境保护的主观能动性和积极性。生态环境、生态经济、社会文化等方面的发展和进步得益于千岛湖水生态补偿机制的建设。

1. 生态环境日益改善

实施千岛湖水生态补偿机制的最直观最显著的成效是保障和改善了千岛湖的生态环境，其主要体现在千岛湖环境质量状态保持优质状态和环境基础设施建设加速推进这两方面。

第一，千岛湖环境质量总体保持优质状态。环保部公布的监测数据显示，自实施生态补偿机制以来，千岛湖水体质量长期保持优良，各项水质指标基本符合Ⅰ类水标标准，出境断面水质持续保持Ⅰ类，多次获得浙江省治水最高荣誉“大禹鼎”。淳安县集中式生活饮用水水源水质每月进行29项检测，根据《地表水环境质量标准》（GB3838—2002）、《地表水环境质量评价方法（试行）》（环办〔2011〕22号）标准评价，2018年以来在用集中式饮用水水源水质达标率始终保持100%，市控以上地表水功能区达标率为100%。全域84条河流，没有一条“黑河、臭河、垃圾河”，100%为Ⅱ类以上水质，曾获得浙江省“清三河”达标县称号。千岛湖成功列入全国良好湖泊生态环境保护试点和国家江河湖泊生态保护重点支持湖泊，被评为五个“中国好水”水源地之一。与此同时，自新安江流域实施跨省生态补偿以来，新安江总体水质为优，跨省界街口镇断面水质达到地表水环境质量标准Ⅱ类，每年均达到补偿条件[①]，这与千岛湖水质的整体变化趋势基本一致。上下游本就是流域共同体，局部治水与护水治标不治本，从源头上把控，全流域齐心协力护好一江春水，才能获得长久的成效。

如图7-5所示，根据《地表水环境质量标准》（GB3838—2002），2018年上半年千岛湖入境水质的三项考核标准中，高锰酸盐指标在2mg/L上下浮动，氨氮指标变动较大，3月高达0.2mg/L，总磷基本维持在0.02—0.07mg/L，而水质参考指标总氮在2mg/L上下波动，入境水质总体保持在河流Ⅲ类标准。千岛湖出境水质的三项考核指标和一项参考指标均大幅下降，出境高锰酸盐基本低于1.5mg/L，氨氮和总磷分别在0.015 mg/L和0.005 mg/L左右，总氮也降到1 mg/L以下，出境水质始终保持湖泊Ⅰ类标准。[②] 出境水质远远优于入境水质，千岛湖水环境治理成果显著。

---

① 方向阳、李颖、刘慧娴等：《问江哪得清如许——首个跨省流域新安江生态补偿机制试点成效显著》，《中国财政》2018年第2期。

② 湖泊换流缓慢，因此外界条件对湖水水质的影响比对河水水质的影响要显著，湖泊水质评价标准高于河流水质。

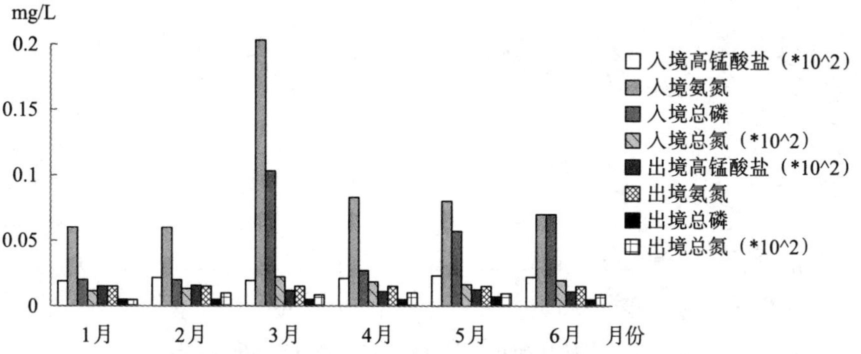

图 7－5　2018 年 1—6 月千岛湖出入境水质情况

数据来源：《千岛湖水质月报》2018 年 1—6 月。

淳安县全面构建立体式、全方位、特色化的千岛湖综合保护体系。在治理湖水的同时，还深入实施“护林复绿涵水”工程，推进林相改造、森林彩化、封山育林等举措，构建绿色保护屏障，致力于实现自然资源整体性保护。这对于千岛湖生态环境系统性修复也起到了重要的作用。2003 年至 2016 年，淳安县的封山育林面积从最初的 1.5 万余亩稳步增长到了 2.5 万多亩，造林面积更是从最初不足 20 万亩增长至 200 多万亩，造林效果显著（见图 7－6）。“十二五”期间全年空气优良天数至少达到 314 天以上，空气环境质量优良率超过 86%。二氧化硫、二氧化氮指标有所下降，可吸入颗粒物（PM2.5）年均值范围为 33.4—42$\mu g/m^3$。2017 年淳安县成功创建省森林城市，荣获“全国集体林权制度改革先进集体”，从 2007 至 2017 年连续 10 年在省市林业部门考核中名列前位，2002 至 2017 年连续 15 年在县综合考评中获得满意单位；被纳入国家重点生态功能区、首批国家级生态保护与建设示范区、全国生态文明建设试点、省级重点生态功能区示范区建设试点和“美丽杭州”实验区。截至 2017 年底，淳安县有森林面积 509 万亩，生态公益林 249.7 万亩，活立木蓄积量 2391 万立方米，是浙江省森林面积和生态公益林面积最大、活立木蓄积量最多的县。以水养林、以林护水，千岛湖这种“林水不分家”的环境治理模式颇具成效。

第二，淳安县环境基础设施建设加速推进。淳安县陆续出台了《千岛湖城市风貌管理办法》《关于加强沿湖沿线规划控制的若干意见》《关于加强千岛湖临湖地带建设项目联合审查和监管的实施意见》等多项城市风貌建设规划，不断推进环境基础设施的建设。

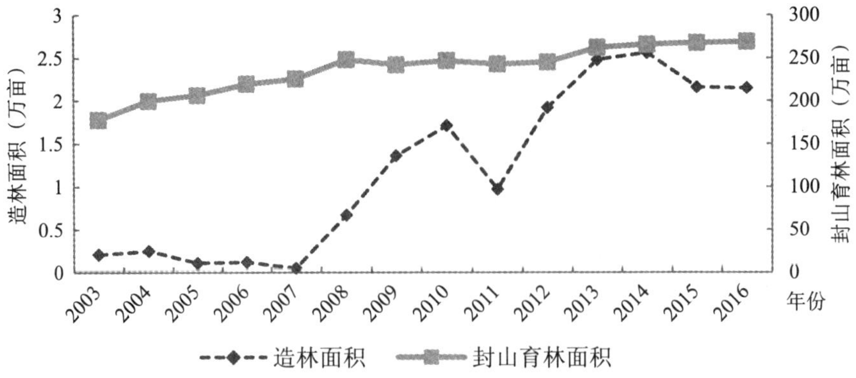

图 7-6　2003—2016 年淳安县植树造林和封山育林面积

数据来源：《淳安统计年鉴》。

整座城市由内而外发生了翻天覆地的变化。千岛湖周边城镇大多建设于 20 个世纪八九十年代，无论是城镇规划还是城市面貌，都已经很难满足今天的生态建设要求。为了提高城市颜值，淳安县开展“美化、亮化、洁化、序化、绿化、彩化”的六化工程；建设城市公园、滨水景观飘带、城市绿、樱花大道等城市精品项目；提升千岛湖大桥入城口、杭千高速入城口、鼓山入城口以及千岛湖 505 省道入城口的景观；改造城区沿湖沿路岸线进行景观飘带；还大力推进公厕按照一类标准改造，在公厕内安装无障碍通道、儿童洗手台、残疾人厕位、残疾人电铃、感应式烘手机、飘香洁具及负离子除臭设备等，公厕外增添绿色植物。

为了优化城市运作内核，淳安县建立“发现及时、处置快速、解决有效”的管理机制，利用先进的科学技术手段做到了“智慧护水”。环境监管部门通过污染源自动监测与信息管理系统可以将全县污水处理厂的各污水池实时数据尽收眼底，工作人员在办公室内就能实现对污水排放情况的实时监控，还可以通过视频查看企业排污状况，提高了监管效率。与此同时，淳安还投入 6000 万元，建设了在国内湖泊中领先的千岛湖智慧环保平台系统，进一步扩大全县水质的监控范围，只需轻点鼠标，全县 425 个行政村污水排放口、集镇污水处理厂、工业企业、养殖企业、宾馆饭店、湖面的所有监测点位数据一览无余，大大提高了千岛湖藻类的预测预警能力。此外，淳安县在入湖断面建立了 3 个通量站，开展上游来水对千岛湖氮磷营养盐定量影响研究，准确掌握上游来水的污染总量，使用的科学数据推动了新一轮千岛湖水质的保护；创建了 10 个“污水零直排小区”，实施城区污水管网疏通及修复改造计划，还有23个农村治污设施运维管理示范村已基本创建完成。

无论是污染控制设备、环境监测仪器及清洁生产技术的环境治理硬技术，还是环境规划、环境评价、环境标志设计、环境信息系统的研制与维护等环境治理软技术都取得了进步。由2003年到2016年间的部分污染处理指标可知（见图7-7），淳安县的生活污水处理率和工业废水达标排放率总体呈上升趋势，其中工业废水达标排放率自2013年起便一直保持100%。生活垃圾无害化处理率2004年后始终保持100%，这得益于废水处理和垃圾无害化处理方面的环境技术不断升级。一系列全面周到的城市基建大大提高了淳安县的风貌，城镇的洁净美丽与千岛湖的青山绿水相得益彰。

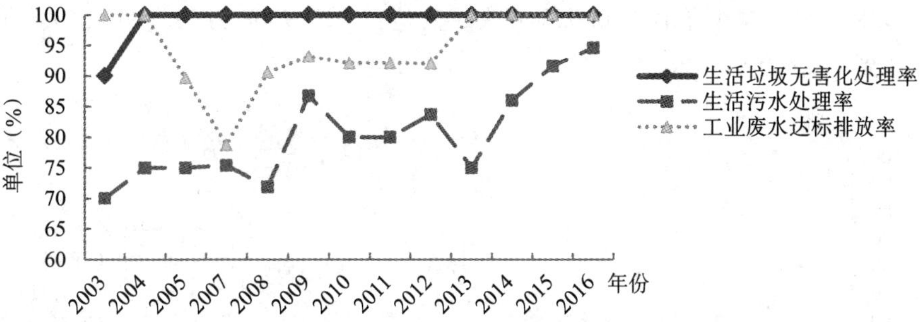

图7-7　2003—2016年淳安县部分污染处理指标

数据来源：《淳安统计年鉴》。

2. 生态经济健康发展

淘汰污染型、高能耗的传统产业，调整全县产业结构，鼓励发展绿色环保的新型产业，是实现环境改善的内生动力。淳安县从“请出去”和“迎进来”两方面促进产业优化升级：

第一，污染型的产业请出去。从千岛湖大力发展旅游业开始，全县的生态环境质量要求开始提高，在20世纪90年代到21世纪初的十余年里，淳安就先后关停淘汰传统的钢铁、化工、化肥、农药、焦化等高能耗、高污染企业40余家，2010年后又关停拆除了勤新纸业、龙祥化工、宏达丝织、鑫隆矿业等20余家企业。而千岛湖作为饮用水源以后环境保护的标准更为严格与特殊，2013年相继关停了2家轻污染化工企业，同时对有污染物排放的企业进行了搬迁或技术改造等整治。2017年又关停2家化工、4家缫丝和7

家砖厂企业。为了严控新增污染源，淳安对有可能影响千岛湖水质的项目，一律禁批，实行“一票否决”。据不完全统计，淳安县历年来由于水源保护区问题而停止推进或推进缓慢的项目数量达到了 46 个，涉及总投资额高达 149.26 亿元。

除了对工业产业进行严苛的控制，淳安县的农业也得到了不断的规范。从 2005 年至 2017 年淳安县畜牧业存栏量的统计来看（见图 7－8），生猪、牛、兔的存栏量基本在 2010 年后呈现逐年下降的趋势，作为替代品的家禽虽然存栏量有所增加，但其增长幅度受到控制，增量不甚明显。尤其自 2014 全省开展畜牧业污染治理工作后，淳安县共关停退养畜禽规模养殖场（户）233 家（包括部分非规模户），减少生猪存栏量 4.049 万头；减少家禽存栏 10.928 万只；减少羊存栏 0.058 万头、其他畜禽 3.9368 万头（只），关停面积达到 9.33 万平方米。

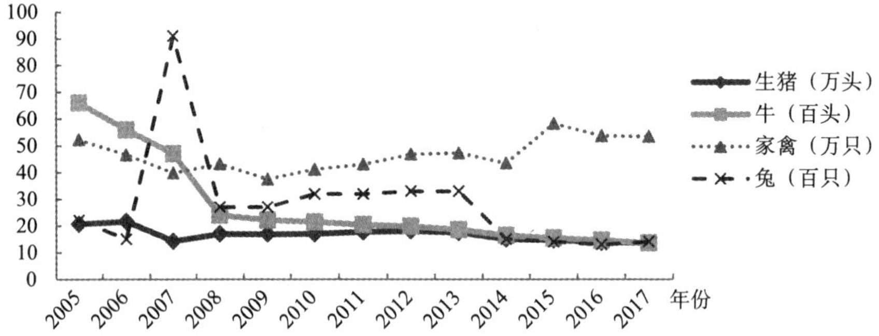

图 7－8　2005—2017 年淳安县畜牧业存栏量

数据来源：淳安县人民政府提供。

同时，为了保护千岛湖一湖秀水，促进千岛湖渔业健康有序可持续发展。淳安县出台了《千岛湖水域网箱养殖整治工作方案》（淳政办发〔2009〕167 号）、《淳安县人民政府办公室关于规范环湖库湾水面使用管理的意见》（淳政办发〔2013〕168 号）、《淳安县人民政府关于印发〈环湖库湾网箱养殖整治工作方案〉的通知》（淳政办发〔2013〕169 号）等若干文件，用以规范渔业的生态养殖，减少对千岛湖水体的污染。淳安县坚持落实千岛湖水域网箱养殖的整治工作，养殖户的数量以及养殖面积逐年精简（见表 7－4）。

表 7-4　　　　千岛湖网箱养殖整治和损失情况

年份	整治方案	出台文件	养殖户	养殖面积
2005	—	—	1050 户	超过 2900 亩
2009—2011	全面启动千岛湖网箱整治等五大整治工作	千岛湖水域网箱养殖整治工作方案（淳政办发〔2009〕167 号）	整治 918 户	拆除 2417 亩
2013—2014	全县范围开展库湾网箱整治工作	淳安县人民政府办公室关于规范环湖库湾水面使用管理的意见（淳政办发〔2013〕168 号）、淳安县人民政府关于印《环湖库湾网箱养殖整治工作方案》的通知（淳政办发〔2013〕169 号）等	整治 72 户	拆除 113.42 亩
2015—2016	对县“十二五”期间养殖网箱进行规范整治	关于规范新一轮千岛湖网箱养殖工作专题会议纪要（县委纪要〔2016〕1 号）	整治 63 户	拆除 198 亩
2017	强势开展浙皖交界网箱整治工作	—	整治 69 户	拆除网箱 233 只
2018	鲢鳙鱼种老口网箱缩减	—	—	预计缩减 80 亩

数据来源：淳安县人民政府提供。

第二，环境友好型的产业迎进来。淳安县充分发挥自身的林水优势，因地制宜地走生态发展特色化、本土化之路。不断推进小城镇的业态调整，打造具有千岛湖味道、产城人融合的宜居宜业宜游“三宜”美丽城镇。2003 年以来，淳安县三大产业地区生产总值变化趋势如图 7-9 所示，第一、二产业增长速度放缓，而第三产业增速持续加快，于 2013 年超越第二产业成为了增加值最大的产业。通过限制高污染、高能耗的传统工业化发展，大力发展绿色环保的生态产业，2016 年淳安县三次产业比重调整为 14.9:35.1:50.0。淳安县产业结构的变化并非一般区域常规的“二三一”顺序向“三二一”顺序的转变，而是以严控第二产业发展为前提的。淳安县主动顺应形势发展变化，推进经济领域改革，取得了巨大的成效。

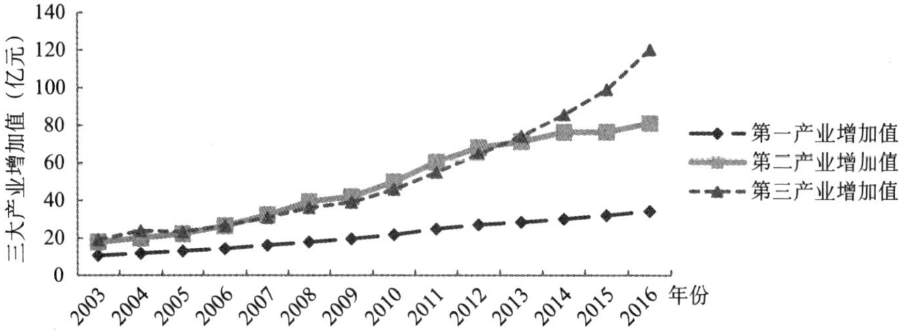

图 7-9　2003—2016 年淳安县三大产业增加值

数据来源：《淳安统计年鉴》。

从淳安县近三届党代会报告中可知，21 世纪以来淳安县对产业结构进行了稳健且显著地转型升级（见表 7-5）。旅游业发展势头迅猛良好，生态旅游业特色鲜明，品牌效应显著。2006 年休闲度假游初露端倪，千岛湖成功举办了两届秀水节，全县旅游经济总收入达到 18.5 亿元，比 2002 年增长 1.6 倍；“十二五”期间旅游转型日趋明显，传统观光游正向休闲度假游转变，一批带动力较强的综合体、高星级酒店项目竞相落户，服务业特色日益显现，淳安县荣膺中国旅游强县、国家 5A 级旅游景区等桂冠，旅游经济总收入 53.1 亿元，年均递增 22.4%。服务业增加值达到 55 亿元，年均递增 13.1%；“十三五”期间旅游经济对全县支撑作用进一步凸显，全县景区化深入推进，乡村旅游逐渐成为旅游经济新蓝海，年接待游客突破千万人次、旅游经济总收入突破百亿元。以大旅游引领的服务业增速年均达到 13.8%（剔除房地产业增速达到 15.5%）。

表 7-5　淳安县产业结构转型状况

时间	服务业	工业	农业
2001—2005 年	旅游转型扎实推进	工业兴县成效显著	都市农业发展势头良好
2006—2010 年	传统观光游向休闲度假游转变	生态工业扩规提质	生态农业稳步提升

续表

时间	服务业	工业	农业
2011—2015 年	旅游经济对全县支撑作用进一步凸显	无污染、小空间、高科技、资源型产业不断引进	农产品“千岛湖”公用品牌利用率显著提高
2016—2020 年	打响“度假千岛湖”大旅游品牌、“养生千岛湖”康体养生品牌	打响“智造千岛湖”高端制造产业品牌、“创意千岛湖”新兴品牌	打响“有机千岛湖”绿色农业品牌

数据来源：中共淳安县党代会报告。

工业由传统低端的来料加工业向环境友好的高端制造业转型，尤其是以饮用天然水和啤酒饮料为代表的水饮料产业发展迅速，生态水业已经成为淳安县四大支柱产业之一。2006 年，全县工业销售产值达到 101.0 亿元，比 2002 年增长 2.3 倍；2011 年工业销售产值达到 225 亿元，年均递增 17.3%，“十二五”期间建设 3000 亩平整土地的文昌生态产业区，大力发展水饮料业，获“中国水业基地”称号；到 2016 年已经引进了大白鲸水岸城、天天快递、中植新能源汽车、修正健康饮品等一批文创、总部、高端制造项目，“十三五”以来共引进项目 694 个，实际到位内资 336 亿元，全社会固定资产投资累计完成 672 亿元，年均递增 15.0%。

农业从最初的都市型农业逐步向绿色有机的生态型农业发展。2006 年茶叶、蚕桑等作为优势骨干农产品带动全县农业总产值达到 21.1 亿元，比 2002 年增长 50%；2011 年除了茶桑果竹等优势产业持续快速发展，食用菌、油茶等新兴产业也渐具规模，农业总产值达到 35 亿元，年均递增 10.7%，名列浙江省农业综合强县第六位。农业产业缩量提质，涌现了名优水果、中药材、中华蜂等一批特色产业基地，农产品“千岛湖”公用品牌利用率显著提高。以“淳牌有机鱼”“千岛湖茶”为代表的有机农产品、无公害农产品知名度越来越高。

“十三五”期间更加明确了生态富民的产业发展之路，进一步优化产业结构，提出了“打响五个品牌”的发展目标，分别是加快提升大旅游产业，打响“度假千岛湖”品牌；大力发展绿色农业，打响“有机千岛湖”品牌；大力发展康体养生产业，打响“养生千岛湖”品牌；大力发展高端制造产业，打响“智造千岛湖”品牌；大力发展总部、文创等新兴产业，打响

"创意千岛湖"品牌。

3. 社会效益稳步提升

千岛湖水生态补偿机制的实施直接促进了淳安县保护千岛湖生态环境的积极性和主动性，也为淳安县生态文明建设带来了明显的社会效益。

淳安县依靠自身的不懈努力，加之上级的鼎力扶持与社会的关心帮助，使千岛湖的好山好水逐渐成为了全省乃至全国一个响亮的品牌。在千岛湖，生态文明思想深入人心，生态文化建设得到厚植，特色鲜明的生态品牌打造蒸蒸日上。

第一，"两山"重要思想深入人心。淳安人民在实践中总结经验，深刻地认识到只有解放思想才能加快发展，从战略层面明确了"绿水青山就是金山银山"的重要论断，以"坚定秀水富民路，建设康美千岛湖"为战略思想，以"争当全国践行'两山'理论标杆县"为奋斗目标，坚定不移地行驶在生态致富、惠民富民的征途上。

各级政府将绿色发展思想作为执政理念，从保持人口、资源、环境与经济社会的协调发展上做文章，大力实施各类林水保护项目，深入开展"最美森林""最美古道""四个最美"（最美农居、最美庭院、最美公路、最美河道）等最美系列评选活动，积极引进绿色环保产业，全县生态建设成效显著，生态环境持续向好，百姓幸福感不断提升。

企业自觉贯彻生态文明理念，不断优化生产技术，努力降低资源消耗，减少污染物排放，制造更加清洁的绿色产品。生态旅游业、生态水业、绿色农业等业态是绿水青山转化为金山银山的生动诠释。

"两山"重要思想更是早已浸润了淳安人民的生活。千岛湖水是淳安县生存发展的血液，上至古稀老人，下到幼稚孩童，人人皆知晓保护生态环境的重要性，人们的衣、食、住、行都遵循着人与自然和谐共处的永恒法则。淳安县的城镇 2015 年以后就再也找不到一辆不符合排放标准的黄标车①，淳安县的乡村甚至都实现了废水一体化截污纳管。

第二，"千岛湖"品牌效应充分显现。淳安充分发挥自身优势，依托千岛湖出色的生态环境吸引了国内外众多体育赛事在此安家落户，"体育 + 旅

---

① "黄标车"是指达不到国Ⅲ排放标准的柴油车和达不到国Ⅰ排放标准的汽油车。即环保检验合格标志为黄色的均为"黄标车"。

游”的产业发展模式除了带给淳安重要的经济效益，更是掀起了千岛湖体育文化的发展潮流。仅 2017 年，淳安县举办、承办的诸如全国自行车联赛、千岛湖国际毅行大会、国际泳联 2016 年 10 公里马拉松游泳世界杯赛等大型体育赛事活动就达到了 18 项之多。与此同时，千岛湖的优质生态农产品是另一张不得不提的王牌，大小农博会、展销会等顺势而生，既给了琳琅满目的千岛湖农产品一个自我宣传机会，又提高了淳安县在农产品领域的影响力。2010 年“千农园”柑桔荣获浙江省“十大名桔”称号，三个枇杷样品入选“全国十大优质枇杷”之列。2012 年“淳”牌、“野娇娇”被认定为中国驰名商标，“千岛玉叶”荣膺浙江省“十大名茶”称号。2016 年淳安举办首届斗茶大会、千岛湖枇杷节等品牌营销活动，还有临岐覆盆子、枫树岭葡萄采摘等农事节庆活动。鸠坑毛尖、千岛玉叶龙井茶分获“第二届中华茶奥会”银奖、优胜奖，瑶记、常香果等山核桃获“义乌国际森博会”金奖。

此外，2007 年以来，淳安县先后获得全国文明城镇示范点、中国最佳自然生态名镇、省级文明县城、杭州最佳人居环境奖等荣誉称号，荣膺国际花园城市桂冠、“全国无公害农产品生产示范基地县达标单位”“中国有机鱼之乡”等称号。2012 年相继荣获中国旅游强县、国家 5A 级旅游景区、中国名茶之乡、中国水业基地、省级农业特色优势产业综合强县等荣誉称号，高分通过国家卫生县城、省级文明县城复评。2014 年成功列为美丽杭州实验区。千岛湖被列为国家江河湖泊生态环境保护重点支持的 15 个湖泊之一。2015 年被认定为省级生态循环农业示范县。被评为首届“浙江最具魅力新水乡”。姜家镇入选“治水美镇·浙江样本”50 强。

第三，生态文明制度产生推广示范效应。淳安县在生态文明建设方面的制度支持全面且系统，无论是制度本身的制定，还是对政策执行情况的监管，无一不体现着全县人民上下齐心的生态发展信念。通过出台规范细致的规章制度，打造精悍强大的监管队伍，采取明暗相间的监管手段，编织铺天盖地的监管网络，握紧“一个都不能放过”的处罚重拳，淳安县的生态文明建设持久战拥有了一个宽阔、自由、适宜的空间。优秀的制度建设引来了全国各地政府干部、专家学者的考察和学习，产生了不小的经验推广效应。2018 年淳安县“河长制”工作获央视《经济半小时》专题报道，枫林港被评为浙江省“最美家乡河”。

20 世纪 90 年代初以来，淳安县为保护千岛湖生态环境，相继出台了《千岛湖水环境管理办法》《千岛湖渔业资源保护和管理办法》《关于加强千岛湖船舶污染防治的通知》《关于进一步加强千岛湖保护的决议》和《关于落实科学发展观，加强千岛湖环境保护的实施意见》等一系列规范性文件，使千岛湖环境保护走上了规范化、制度化和法律化的轨道。其中，生态补偿系列制度的实施最具代表性。它极大地激发了全县生态文明建设的积极性，推动了千岛湖环境的持续好转，协调了上下游之间利益矛盾，为杭州市、浙江省、新安江流域乃至全国的流域环境治理都起到了示范作用。

同时，建立县委县政府领导、人大政协监督、各部门齐抓共管、基层百姓共同参与的全方位立体式监管队伍，选择全县范围内大排查、大整治等专题检查和环境隐患暗访、信访举报等不露声迹的检查方式，公布“无死角化”的监测范围，采用史上最严厉的处罚手段，均为生态文明制度的建设起到了保驾护航的作用。

三、千岛湖水生态补偿机制建设的横向对比

国内水源地生态补偿机制的实施起步相对较晚，始于 20 世纪 90 年代，随着水源地生态环境的恶化与居民生态保护意识的增强，我国各地陆续开始展开流域生态补偿。[①] 由于不同地区的水源地有着各自不同的地理特征，因此不同地区水源地的主体与客体也不尽相同，生态补偿机制在具体实践案例中也不完全一致[②]。在此选取国内比较典型的几个水源地——密云水库、丹江口水库和太湖，将它们的生态补偿实施情况与千岛湖进行横向对比（见表 7－6）。

密云水库的补偿主体主要是北京市人民政府，通过财政转移支付、技术支持、资金支持等手段，促进了对上游水源地的保护和区域协调发展。[③] 几项重要的补偿政策有退耕还林工程、“稻改旱”工程、京津风沙源治理工程、小流域治理、21 世纪首都水资源可持续利用工程、京冀生态水源保护林建设

---

① 孟浩、白杨、黄宇驰等：《水源地生态补偿机制研究进展》，《中国人口·资源与环境》2012 年第 22 期。

② 邓敏、苏燕、马会琼：《城市饮用水源地生态补偿机制研究》，《山西农业大学学报（社会科学版）》2010 年第 9 期。

③ 王凤春、郑华、王效科等：《北京与密云水库上游地区水生态合作机制研究》，《生态经济》2017 年第 33 期。

合作项目等。[①] 丹江口水库现有的生态补偿主要是以政府作为单一的补偿主体，对丹江口库区水源地给予短期的货币或者实物进行补偿，缺少其他市场化的手段。[②] 太湖由于流域面积非常大，涉及的省市地区很多，水源地环境保护的难度大，生态补偿政策实施过程中区域的合作沟通难度也很大，补偿方式相对密云水库和丹江口水库更多，既有政府付费，也有使用者付费。[③] 除了一般的政府财政转移支持，市场化的排污权交易活动开展得比较早。2008 年江苏省物价局、财政厅和环保厅联合出台《江苏省太湖流域主要水污染物排放指标有偿使用收费管理办法（试行）》，开始了市场化的补偿。

在几个水源地中，千岛湖的蓄水量仅次于丹江口水库，湖区面积相对较小，只大于密云水库，2012 年以来水质基本保持Ⅰ类，其生态保护的环境成效相较其他三者而言更为明显。总体来说，我国的流域生态补偿模式依然比较单一，主要依靠政府作为补偿主体进行财政补助，千岛湖水生态补偿机制采用了异地开发等上下游政府间协商交易的流域生态补偿模式，已经初具市场化补偿形态，相对而言补偿手段更为丰富，补偿机制的成熟度也比较高。

表 7－6　千岛湖与其他典型水库的生态补偿机制横向对比

	千岛湖	密云水库	丹江口水库	太湖
上游地区	安徽黄山	河北	陕西、湖北、河南	江苏、安徽
下游地区	浙江杭州	北京	河南、河北、北京、天津	浙江、上海
水源性质	人工淡水湖	人工淡水湖	人工淡水湖	天然淡水湖
最大水面面积	573 平方公里	188 平方公里	1022.75 平方公里	2338.1 平方公里
最大蓄水量	178 亿立方米	43.75 亿立方米	290 亿立方米	44 亿立方米
主要生态服务功能	备用水源、旅游	供水、养殖、发电	供水、发电、航运、旅游	供水、灌溉、航运

① 成炎：《密云水库上游地区生态补偿方式研究》，北京林业大学硕士学位论文，2015 年，第 14—28 页。

② 赵秀玲：《丹江口库区跨流域生态补偿机制的构建》，《南阳师范学院学报》2015 年第 14 期。

③ 罗小娟、曲福田、冯淑怡等：《太湖流域生态补偿机制的框架设计研究——基于流域生态补偿理论及国内外经验》，《南京农业大学学报（社会科学版）》2011 年第 11 期。

续表

	千岛湖	密云水库	丹江口水库	太湖
水质	Ⅰ类	Ⅱ类	Ⅱ类以上	Ⅳ类
补偿主体	浙江省、杭州市政府	北京市政府	各级中央及地方政府、水电业主部门	既有政府付费，也有使用者付费
补偿客体	淳安政府、企业等	张家口和承德等地区	移民安置和河流与湖泊生态系统	上游地区政府居民、排污权市场卖方
主要补偿方式	发展“飞地经济”、政府财政转移、生态补偿专项资金等	国家财政转移支付支持下省际间的合作共建为主①	以短期的政府货币和实物补偿为主②	强制性的地方间生态补偿、退耕还林下对农民的土地补偿以及工业企业排污指标有偿使用③

资料来源：①王凤春、郑华、王效科等：《北京与密云水库上游地区水生态合作机制研究》，《生态经济》2017 年第 33 期。

②赵秀玲：《丹江口库区跨流域生态补偿机制的构建》，《南阳师范学院学报》2015 年第 14 期。

③罗小娟、曲福田、冯淑怡等：《太湖流域生态补偿机制的框架设计研究——基于流域生态补偿理论及国内外经验》，《南京农业大学学报（社会科学版）》2011 年第 11 期。

四、千岛湖水生态补偿机制建设的主要缺陷

千岛湖水生态补偿是国内实施比较早的流域生态补偿，与其紧密相关的新安江流域生态补偿更是国内首例跨省流域生态补偿。这项机制对于保护新安江流域生态环境，促进流域内人与自然和谐共处、上下游协调发展起到了非常有效的作用，“少数人负担、多数人受益；上游地区负担、下游地区受益；贫困地区负担、富裕地区受益；流域内负担、流域外受益”这种不合理的局面得到了改善。[①] 然而在机制实施的过程中，依然存在下列不足：

1. 补偿主体和受偿主体范围局限

流域生态补偿的主体通常是指一切从利用流域水资源中受益的群体以及

① 张志强、程莉、尚海洋等：《流域生态系统补偿机制研究进展》，《生态学报》2012 年第 32 期。

一切生活或生产过程中向外界排放污染物，影响流域水量和流域水质的个人、企业或单位。受偿主体是指执行水生态保护工作等保障水资源可持续利用做出贡献的地区，一般为流域上游区域（包括流域上游周边地区）。[①] 在千岛湖水生态补偿机制中，淳安县作为钱塘江流域的上游区域，是千岛湖水资源保护的直接贡献者，下游杭州等地区是千岛湖优质水源的受益者；又如皖浙两省的跨界补偿，安徽黄山是新安江的发源地，其承担了水源保护的主要职责，而下游浙江省水质优劣显然受到上游的影响，这些都具备典型的利益相关，因此补偿主体与客体总的来说是明晰的。但是补偿主体与受偿主体的范围却依然非常局限。生态补偿的基本原则是“谁保护，谁受益；谁受益，谁付费”[②]，环境保护者即受偿主体，得到补偿，使环保成果转变为经济效益；生态保护的受益者即补偿主体，为享受到的优质环境支付相应的费用。就补偿主体而言，生态补偿可以划分为国家补偿、资源型利益相关者补偿、自力补偿和社会补偿。前三者都属于利益相关者补偿，具有强制补偿的性质，而社会补偿属于非利益关联者补偿，属于自愿补偿的范畴。[③] 千岛湖水生态补偿主要集中在国家补偿与资源型利益相关者补偿，基本局限于政府补偿。就受偿主体而言，生态保护是政府、企业、居民的共同责任，各方主体理应都得到相应补偿，但生态补偿资金还局限于政府，少部分流向当地企业，而真正补到淳安居民的资金却还没有，老百姓普遍反映生态补偿的获得感极低。

2. 补偿标准远低于理论测算值

生态补偿标准是实现生态补偿的依据，制定补偿标准需要得到补偿主体与对象认可，以达到外部成本内部化，调整利益相关者的环境、经济和社会利益。[④] 补偿标准的确定一般参照生态保护者的直接投入和机会成本、生态受益者的获利、生态破坏的恢复成本、生态系统服务的价值等方面进行初步

---

① 中国环境与发展国际合作委员会生态补偿机制课题组：《流域生态补偿机制》，《环境保护》2007 年第 14 期。

② 沈满洪、陆菁：《论生态保护补偿机制》，《浙江学刊》2004 年第 4 期。

③ 俞海、任勇：《中国生态补偿：概念、问题类型与政策路径选择》，《中国软科学》2008 年第 6 期。

④ 郑苗壮、刘岩、彭本荣等：《海洋生态补偿的理论及内涵解析》，《生态环境学报》2012 年第 11 期。

核算。[①] 其额度应当是处于生态保护者的经济发展机会损失额与生态保护的服务价值产出额之间，而最低标准应当是生态保护者损失的经济发展机会成本。[②] 常见的补偿标准核算方法为支付意愿法、生态系统服务价值法、机会成本法等。众多方法究竟哪个最适合，尚未形成共识。[③] 然而无论是采用何种方法，测算所得的理论补偿额度，仍然远远大于实际的补偿金额。与此同时，作为杭州市“十二五”规划保供水的重要举措，千岛湖配水工程 2019 年通水在即，完善千岛湖水生态补偿机制对于平衡上下游各方利益有着迫切的现实需要，是社会高度关注的民生工程。配水工程虽然能缓解受水地水资源短缺的窘境，但对于调水地生态环境的影响亦无法回避。《杭州市第二水源千岛湖配水工程环境影响报告书》计划采取的措施却并未包含缓解该工程对受水地造成的生态环境影响和对当地居民生活的影响等生态补偿措施。[④] 千岛湖的优质水体是以淳安县等库区居民做出重大牺牲为代价的，而今的千岛湖地区经济发展水平依然处于杭州末位，配水工程的补偿具有极大的现实意义。[⑤] 根据“千岛湖引水工程生态补偿机制研究”课题组运用机会成本法、污染权价格法和水权交易法测算的结果[⑥]：以 2010 年价格平均水平为基础，淳安县理论可得的生态补偿金额介于 7.97 亿元人民币/年至 11.11 亿元人民币/年之间，平均为 9.535 亿元人民币/年，且该补偿金额应与 GDP 或 CPI 的增幅基本保持同步。然而，直至 2017 年，淳安县实际获得的生态补偿金额仅约 7 亿元，与理论测算的应补金额仍有较大差距。

3. 生态产品市场化进程缓慢

生态产品是指维持生命支持系统、保障生态调节功能、提供环境舒适性的自然要素，包括干净的空气、清洁的水源、无污染的土壤、茂盛的森林和

---

① 李文华、刘某承：《关于中国生态补偿机制建设的几点思考》，《资源科学》2010 年第 5 期。

② 谭秋成：《资源的价值及生态补偿标准和方式：资兴东江湖案例》，《中国人口·资源与环境》2014 年第 12 期。

③ 孙新章、周海林、张新民：《中国全面建立生态补偿制度的基础与阶段推进论》，《资源科学》2009 年第 31 期。

④ 谭雪、郑思悦、买亚宗等：《千岛湖配水工程的环境成本估算——基于调水区支付意愿调查》，《长江流域资源与环境》2015 年第 24 期。

⑤ 沈满洪：《在千岛湖引水工程中试行生态补偿机制的建议》，《杭州科技》2004 年第 2 期。

⑥ 沈满洪、魏楚、谢慧明：《完善生态补偿机制研究》，中国环境出版社 2015 年版，第 253 页。

适宜的气候等。[1] 千岛湖配水工程通水在即，千岛湖的优质水源所具有的生态产品属性亟须考虑。淳安人民为了保护千岛湖的优质水源，进行了一系列生态治理活动，投入了大量的资本和劳动，可是他们获得的补偿并没有实现同等的经济转化。生态产品作为一种公共物品，其最优提供量取决于收入与生态产品的相对效用。收入越高，生态产品的边际效用越大，生态产品的意愿提供量就越大。把补偿视为千岛湖当地居民供给生态产品的收入，提高补偿额度是增加生态产品供给的关键。在当前情况下，千岛湖的水生态补偿依旧采用的是“一刀切”的补偿政策，由省、市政府部门统盘考虑给定一个基本确定的补偿标准，而区域生态补偿金额与区域生态产品的供给量联系还不紧密。[2] 生态补偿未实现市场力量与政府力量的融合，表现为政府孤军奋战，市场力量和民间力量等待观望，这种生态补偿的力量非常弱小，能力十分有限，生态效益与经济效益分离。只有进一步推动生态产品市场化程度，才能使生态建设成为有利可图的经济活动和增产增值的关键手段，真正地将“绿水青山”转化为“金山银山”，实现“生态致富”和“生态脱贫”[3]。

4. 长效机制尚未建立

自然资源的保护和利用及其生态补偿是一个长期的过程，必须保证补偿投入的长效性和获得效益的长效性，确保政策和实施的一贯性、不反弹，才能确保生态资源保护和利用的可持续性。[4] 千岛湖水生态补偿大多以政府的短期工程项目的形式投入，缺少一个长期可操作性的、生产性、系统的、科学的生态补偿机制，没有形成流域生态补偿的制度体系。[5] 资金的来源渠道单一，主要由政府财政支持，而这种方式常常受到政府财政压力等限制，除了补偿额度低，补偿效果也不理想，容易使被保护地区产生依赖的思想，不

---

① 曾贤刚、虞慧怡、谢芳：《生态产品的概念、分类及其市场化供给机制》，《中国人口·资源与环境》2014 年第 24 期。

② 孙庆刚、郭菊娥、安尼瓦尔·阿木提：《生态产品供求机理一般性分析——兼论生态涵养区“富绿”同步的路径》，《中国人口·资源与环境》2015 年第 25 期。

③ 吴学灿、洪尚群、吴晓青：《生态补偿与生态购买》，《环境科学与技术》2006 年第 1 期。

④ 魏琦、侯向阳：《建立中国草原生态补偿长效机制的思考》，《中国农业科学》2015 年第 48 期。

⑤ 张志强、程莉、尚海洋，等：《流域生态系统补偿机制研究进展》，《生态学报》2012 年第 32 期。

利于调动当地进行生态保护的积极性。[1] 新安江流域跨省生态补偿以三年为一轮的试点机制，作为短期的试点来说，这是摸索一个创新模式必须具备的过程，而作为一个长期的机制而言，三年时间过于短暂，水环境的治理刚刚步入有序的轨道，新一轮的谈判就已经到来，既耗费协商研判的人力物力，也不利于实现稳定的补偿治理模式。除了时间上的限制，区域合作欠缺也是制约长效机制建立的重要原因。千岛湖生态补偿机制实施中，淳安县、杭州市、浙江省三方在财政分配、考核指标等方面的沟通不足，导致水环境治理的标准没有统一，分散了各方力量。

① 穆怀中、王珍珍、王玥：《基于人口年龄结构的生态补偿理论研究》，《经济学家》2017 年第 4 期。

第八章 千岛湖水生态补偿机制的补偿标准测算

在千岛湖水生态补偿机制的研究中，补偿标准的评估测算既是关键也是难点。补偿标准与测算方法密切相关。传统的测算方法包括机会成本法、排污权价格法、水权交易法等，它们旨在基于单一参照对象测算淳安县因为保护千岛湖而付出的成本或损失。鉴于淳安县样本的独一无二性，合成控制法旨在浙江省范围内寻找到一个新的“合成淳安”，并以“合成淳安”作为对象考察淳安县因为保护千岛湖所付出的成本或损失。区别于机会成本法、排污权价格法、水权交易法和合成控制法，支付意愿法从城市居民视角回答了千岛湖水生态补偿的微观支付意愿，从而进一步明确“需要支付”和“愿意支付”之间到底相差多少，并为浙江省、杭州市和嘉兴市等相关政府主体的决策提供科学、合理和可行的参考。

一、基于机会成本法的补偿标准测算

1. 机会成本法的基本思想

如果将特定的资源用于某种用途而取得的收益是以放弃将该资源用于其

他有利可图的用途为代价的，那么这种代价的最大预期收益就是机会成本。在生态补偿标准测算研究中，常常使用机会成本法。它的主要思想是：受偿主体在保护生态环境的过程中会享受到因保护而带来的生态和旅游等收益，但也面临着更严格的生态环境保护和更大的发展约束，将资源用在其他特定用途上能够带来更大的收益减去因生态环境保护而带来的收益就是应该补偿的机会成本。因此，机会成本法首先需要测算的就是受偿主体（生态环境保护方）因保护生态环境而牺牲的其他发展机会所带来的最大收益。淳安县在对千岛湖作为饮用水源地进行特殊严格的保护后，拒绝了大量的投资项目，关停了大量的不合格企业，根本性地影响了淳安县的经济发展速度。这使淳安县经济的增长状况远落后于杭州市平均水平，这一差距就可以认为是淳安县对千岛湖实行特殊严格保护的机会成本。

2. 机会成本法的基本步骤

机会成本法的使用，需要首先选取淳安县相邻的几个地区作为比较对象（称为“比较地区”）。如果把目标地区（即淳安县）和比较地区的经济发展差异称为“全因素差异度（QC）”，那么“全因素差异度（QC）”可以分解为由于自然差异导致的“自然差异度（ZC）”和由于目标地区实施特殊严格的保护而导致的“保护差异度（BC）”。即全因素差异度（QC）=自然差异度（ZC）+保护差异度（BC）。在这个式子当中，全因素差异度是直接将两个地区的经济指标相减得到，自然差异度是在没有进行特殊严格的水源保护情况下的原始差异，可以用模型估计得出。将全因素差异度减去自然差异度即可得到因特殊严格保护而导致的经济发展差异，即保护差异度，它便是目标地区由于实施特殊严格的水源保护所应该得到的补偿。①

（1）选择测算指标。水源地实施严格的生态环境保护所带来的经济损失体现在两个方面：一方面是地方财政收入的损失，另一方面是居民可支配收入的损失。其中居民可以分为城镇居民和农村居民，因此将居民收入分为城镇居民人均可支配收入和农村居民人均可支配收入。最终选取地方财政收入、镇居民人均可支配收入和农村居民人均可支配收入三个指标来测算因水

① 沈满洪、魏楚、谢慧明：《完善生态补偿机制研究》，中国环境出版社 2015 年版，第 225 页。

源保护而导致的保护度差异。[①]

（2）选取比较对象。选取比较对象的原则是在水源地保护实施之前目标地区和比较地区的自然差异相对较小，且差异动态变化不明显，即目标地区与比较地区地理位置与经济发展水平比较接近。而在水源地保护开始之后，目标地区和比较地区的经济开始呈现出差异化发展，在剔除自然差异之后，就能得到因水源地严格的生态环境保护导致的保护差异。因此，书中选取了杭州市域内的建德市、桐庐县、富阳区和萧山区四个市（县、区）作为比较地区。

（3）计算差异度。选择合适的测算指标和比较对象之后，就可以建立模型测算差异度。测算的公式还是“全因素差异度（QC）= 自然差异度（ZC）+保护差异度（BC）”。具体计算分为三步，首先计算自然差异度，其次计算全因素差异度，最后利用上述公式计算保护差异度。在计算自然差异度的时候，一般选取实施保护年份前至少5年的时间点作为自然差异度的起始年份，然后对实施保护年份之前的目标地区和比较地区各个指标值做差，再对水源保护之前的差额建立模型，预测水源保护开始之后各年份的自然差异度。全因素差异度则是实施水源保护之后目标地区和比较地区各经济指标实际值差额。

3. 机会成本法下的测算结果

（1）图形分析。通过查找《杭州统计年鉴》《淳安统计年鉴》以及各个相关县市的统计部门网站，整理收集了1988—2016年淳安县、建德市、桐庐县、富阳区和萧山区五个县（市、区）（简称“两县两区一市”）的地方财政收入、城镇居民可支配收入和农村居民人均可支配收入数据。图8-1、图8-2、图8-3分别为杭州市两县两区一市地方财政收入、城镇居民可支配收入和农村居民人均可支配收入的逐年比较。

① 事实上，企业在保护的过程中也面临着诸多成本或损失，但企业的成本和损失受劳动和资本等生产要素的影响更大，故此处水资源和水环境等因素对企业的影响暂不作为生态补偿标准的测算基础。与此同时，农村居民可支配收入 = 农村住户总收入 - 家庭经营费用支出 - 税费支出 - 生产性固定资产折旧 - 财产性支出 - 转移性支出，农民纯收入 = 农村居民家庭总收入 - 家庭经营费用支出 - 生产性固定资产折旧 - 税金和上交承包费用 - 调查补贴，两个概念在界定上存在差异；2014年开始，各地市统计年鉴已经把“农民人均纯收入”改为“农村居民人均可支配收入”，文中统一使用“农村居民人均可支配收入”。

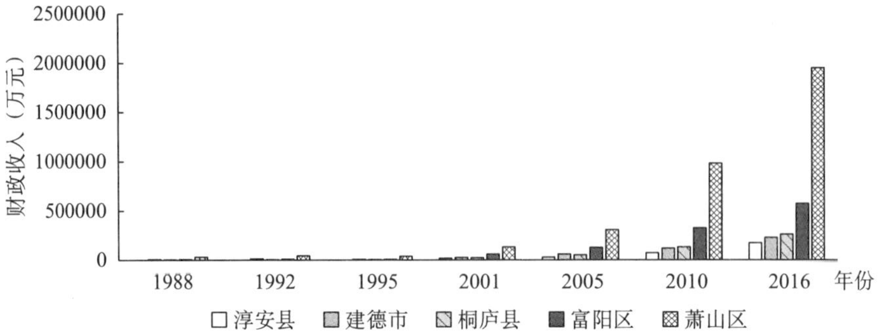

图 8－1　1988—2016 年杭州市两县两区一市地方财政收入比较

图 8－1 表明，从 1988 年到 2001 年淳安县和其余四个毗邻地区的财政收入增长并没有很大的分化，但从 2001 年开始，淳安县和其余四个县市区的财政收入增长差异慢慢变大且差距越来越明显，2001 年可以被认为是淳安县经济发展轨迹的一个拐点。事实上，2001 年淳安县提出“环境立县、以湖兴县”的战略后，显著提高了对千岛湖生态环境的保护力度，在投入大量资金整治环境的同时拒绝了一大批增量工业项目；逐步从城镇、农村、湖区等领域推进重点防污和治污工作，有限的要素资源大量地投入其中，淳安县的发展便开始与其他四个毗邻地区走上了不同的发展道路。显然，这一显著差异的产生源于淳安县严格的生态保护举措，因此可以把 2001 年之前淳安县和四个毗邻地区的差异认为是自然差异，2001 年之后淳安县和四个下游地区的差异作为包括了保护差异的全因素差异。

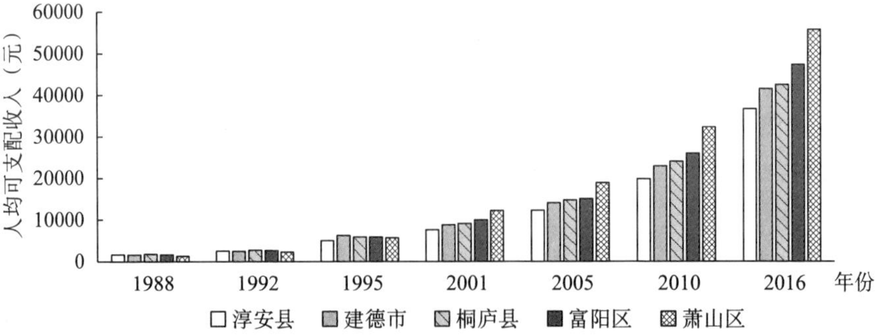

图 8－2　1988—2016 年杭州市两县两区一市城镇居民人均可支配收入比较

与此同时，从图 8－2、图 8－3 也可以看到类似的情况。无论是通过城镇居民人均可支配收入的动态比较，还是通过农村居民人均可支配收入的动

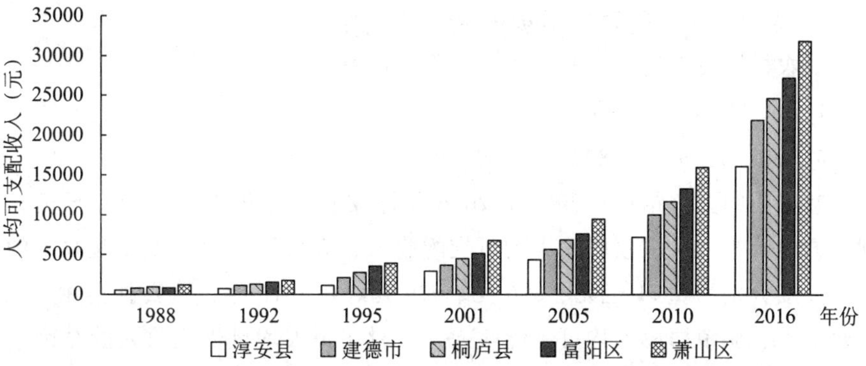

图 8－3　1988—2016 年杭州市两县两区一市农村居民人均可支配收入比较

态比较，都可以看到在 2001 年之前淳安县和其他四个下游地区居民收入增长轨迹较为一致，但从 2001 年开始逐渐出现了分化，这也印证了以 2001 年作为经济发展拐点的论点。鉴于此，机会成本法下的补偿标准测算将 2001 年确定为淳安县开始实施特殊保护的分界点，在 2001 年之前的差异作为自然差异度（ZC），把 2001 年之后的差异作为全因素差异度（QC），保护差异度（BC）包括在全因素差异度当中。

（2）测算结果。机会成本法下的测算采用自回归模型。模型的因变量为各年的统计指标（地方财政收入、城镇居民人均可支配收入、农村居民人均可支配收入）的差分，自变量为该指标滞后 n 期的值，模型形式为：

$$Y_t = \alpha_1 Y_{t-1} + \alpha_2 Y_{t-2} + \cdots + \alpha_n Y_{t-n} + b \quad (8-1)$$

模型计算之前，首先需要明确模型的阶数以便使模型更为准确，取得好的预测结果，从而实现计量和预测的目的。经过多次试验和检验，如果选择滞后两期和滞后三期甚至更多期的话，模型回归结果会出现显著性不能通过、存在严重的共线性、变量的解释能力降低等问题。因此，研究认为滞后一期时的计算结果最优，故采用一阶自回归的形式。下面以 1988—2001 年数据对淳安县与其他四个下游地区的差异建立一阶自回归模型，然后通过求解出的结果来预测 2001 年以后的各年各个指标的自然差异度。

首先，与建德市相比较进行测算，以地方财政收入差距作为参考时：

$$Y_t = 0.323 Y_{t-1} + 4823.536 \quad (8-2)$$

$F = 1.37$，$R^2 = 0.111$，$Adj.\ R^2 = 0.03$

以城镇居民人均可支配收入差距作为参考时：

$$Y_t = 0.516 Y_{t-1} + 293.637 \quad (8-3)$$

$F=3.69$，$R^2=0.251$，$Adj.\ R^2=0.183$

以农村居民人均可支配收入差距作为参考时：

$$Y_t=0.848\ Y_{t-1}+143.731 \tag{8-4}$$

$F=50.88$，$R^2=0.822$，$Adj.\ R^2=0.806$

基于回归方程结果可测算出 2016 年淳安县与建德市的自然差异度，得到地方财政收入、城镇居民人均可支配收入、农村居民人均可支配收入的自然差异度分别为0.71 亿元、606 元、929 元。在 2016 年，淳安县实际的地方财政收入、城镇居民人均可支配收入、农村居民人均可支配收入的全因素差异度分别为 5.35 亿元、4823 元、5786 元。运用公式“全因素差异度（QC）=自然差异度（ZC）+保护差异度（BC）”计算可得地方财政收入、城镇居民人均可支配收入、农村居民人均可支配收入的保护差异度分别为 4.64 亿元、4217 元、4857 元。

从结果上来看，以建德市为参考时，2016 年淳安县政府因实施特殊保护而应得到的补偿金额为 4.64 亿元，对当地城镇居民来说应该补偿每位居民 4217 元，对当地农村居民来说应该补偿每位居民 4857 元。根据淳安县统计年鉴数据，2016 年淳安县非农业人口为 10.06 万人，农业人口为 35.88 万人，此时应补偿淳安县城镇居民共计 4.24 亿元，补偿淳安县农村居民共计 17.43 亿元。总的来说，以建德市为参考使用机会成本法测算时，淳安县应该受偿水生态保护补偿金额 26.31（=4.64+4.24+17.43）亿元。通过回归模型分别计算的以建德市为参考时 2001 年至 2016 年逐年应向淳安县支付的补偿金额如表 8－1。

然后，与桐庐县相比较进行测算，以地方财政收入差距作为参考时：

$$Y_t=0.519Y_{t-1}+1914.837 \tag{8-5}$$

$F=2.26$　$R^2=0.17$　$Adj.\ R^2=0.095$

以城镇居民人均可支配收入差距作为参考时：

$$Y_t=0.557\ Y_{t-1}+305.826 \tag{8-6}$$

$F=3.83$　$R^2=0.258$　$Adj.\ R^2=0.191$

以农村居民人均可支配收入差距作为参考时：

$$Y_t=0.904\ Y_{t-1}+198.999 \tag{8-7}$$

$F=112.11$　$R^2=0.911$　$Adj.\ R^2=0.903$

基于回归方程结果，可测算出 2016 年淳安县与桐庐县的自然差异度，得到地方财政收入、城镇居民人均可支配收入、农村居民人均可支配收入的

表 8－1　　与建德市相比较的应补偿金额　　单位：亿元

年份	2001	2002	2003	2004	2005	2006	2007	2008
地方政府	0.06	0.55	1.04	1.12	2.38	2.77	3.58	4.06
城镇居民	0.18	－0.28	0.27	0.84	1.17	1.32	1.60	1.92
农村居民	－0.03	0.08	0.28	0.91	1.48	2.23	3.11	4.24
合计	0.21	0.35	1.59	2.88	5.03	6.32	8.29	10.22
年份	2009	2010	2011	2012	2013	2014	2015	2016
地方政府	4.27	4.10	3.88	4.08	4.05	4.13	3.34	4.64
城镇居民	2.02	2.45	3.00	3.40	3.57	3.97	4.09	4.24
农村居民	5.29	6.96	8.39	9.79	10.93	14.69	16.09	17.43
合计	11.58	13.51	15.26	17.27	18.55	22.79	23.51	26.31

自然差异度分别为0.4亿元、690元、361元。在2016年，淳安县实际的地方财政收入、城镇居民人均可支配收入、农村居民人均可支配收入的全因素差异度分别为8.81亿元、5788元、8509元。利用公式"全因素差异度（QC）＝自然差异度（ZC）＋保护差异度（BC）"计算的地方财政收入、城镇居民人均可支配收入、农村居民人均可支配收入的保护差异度为8.41亿元、5098元、8148元。

从结果看，在2016年淳安县人民政府因实施特殊保护而应得到的补偿金额为8.41亿元，对当地城镇居民来说应该补偿每位居民5098元，对当地农村居民来说应该补偿每位居民8148元。根据淳安县统计年鉴数据，2016年淳安县非农业人口为10.06万人，农业人口为35.88万人，此时应补偿淳安县城镇居民共计5.13亿元，补偿淳安县农村居民共计29.24亿元。总起来说，以桐庐县为参考使用机会成本法测算时，淳安县应该得到水生态保护补偿金额42.78（8.41＋5.13＋29.24）亿元。通过回归模型分别计算的以桐庐县为参考时2001年至2016年逐年应向淳安县支付的补偿金额如表8－2。

表 8－2　　与桐庐县相比较的应补偿金额　　单位：亿元

年份	2001	2002	2003	2004	2005	2006	2007	2008
地方政府	0.20	0.80	1.36	1.49	1.90	2.04	2.15	2.91
城镇居民	0.33	0.76	1.11	1.37	1.72	1.98	2.40	2.65
农村居民	－0.33	0.59	2.07	3.53	4.91	6.39	7.78	9.59
合计	0.20	2.16	4.54	6.39	8.53	10.41	12.33	15.14

续表

年份	2009	2010	2011	2012	2013	2014	2015	2016
地方政府	3.51	5.48	7.27	7.90	9.19	9.65	9.43	8.41
城镇居民	2.97	3.52	4.23	4.75	5.33	5.15	5.26	5.13
农村居民	11.36	13.74	16.40	18.94	21.40	24.78	26.77	29.24
合计	17.85	22.75	27.90	31.59	35.92	39.58	41.46	42.78

再者，与富阳区相比较进行测算，考虑地方财政收入差距作为参考时：

$$Y_t = 1.134Y_{t-1} + 7.477 \tag{8-8}$$

$F = 17.84$，$R^2 = 0.665$，$Adj.\ R^2 = 0.627$

以城镇居民人均可支配收入差距作为参考时：

$$Y_t = 0.818\ Y_{t-1} + 287.37 \tag{8-9}$$

$F = 9.4$，$R^2 = 0.461$，$Adj.\ R^2 = 0.412$

以农村居民人均可支配收入差距作为参考时：

$$Y_t = 0.898\ Y_{t-1} + 298.518 \tag{8-10}$$

$F = 119.13$，$R^2 = 0.916$，$Adj.\ R^2 = 0.908$

基于回归方程结果可测算出 2016 年淳安县与富阳区的自然差异度，得到地方财政收入、城镇居民人均可支配收入、农村居民人均可支配收入的自然差异度分别是 11.45 亿元、1595 元、2772 元。在 2016 年，淳安县实际的地方财政收入、城镇居民人均可支配收入、农村居民人均可支配收入的全因素差异度分别为 40.25 亿元、10631 元、11126 元。利用公式“全因素差异度（QC）=自然差异度（ZC）+保护差异度（BC）”得到的地方财政收入、城镇居民人均可支配收入、农村居民人均可支配收入的保护差异度为 28.8 亿元、9036 元、8354 元。

从结果看，在 2016 年淳安县人民政府因实施特殊保护而应得到的补偿金额为 28.8 亿元，对当地城镇居民来说应该补偿每个居民 9036 元，对当地农村居民来说应该补偿每个居民 8354 元。根据淳安县统计年鉴数据，2016 年淳安县非农业人口为 10.06 万人，农业人口为 35.88 万人，此时应补偿淳安县城镇居民共计 9.09 亿元，补偿淳安县农村居民共计 29.97 亿元。总起来说，以富阳区为参考使用机会成本法测算时，淳安县应该受偿水生态保护补偿金额 67.86（=28.8+9.09+29.97）亿元。通过回归模型分别计算的以富阳区为参考时 2001 年至 2016 年逐年应向淳安支付的补偿金额，见表 8-3。

表 8-3　　与富阳区相比较的应补偿金额　　单位：亿元

年份	2001	2002	2003	2004	2005	2006	2007	2008
地方政府	2.53	3.09	4.22	5.69	7.12	9.42	12.63	14.47
城镇居民	0.45	0.23	0.39	0.63	1.06	1.32	2.29	2.95
农村居民	0.23	0.51	1.11	1.95	2.89	4.33	6.03	7.99
合计	3.22	3.83	5.72	8.27	11.06	15.07	20.95	25.41
年份	2009	2010	2011	2012	2013	2014	2015	2016
地方政府	17.23	20.07	25.32	23.88	25.96	26.84	27.09	28.80
城镇居民	3.66	4.48	5.42	6.35	7.21	7.84	8.53	9.09
农村居民	9.83	12.44	15.84	18.98	22.01	24.49	27.32	29.97
合计	30.72	36.99	46.59	49.21	55.18	59.17	62.93	67.86

最后，与萧山区相比较进行测算，以地方财政收入差距作为参考时：

$$Y_t = 0.736\ Y_{t-1} - 11968.77 \tag{8-11}$$

$F = 4.37$，$R^2 = 0.327$，$Adj.\ R^2 = 0.252$

以城镇居民人均可支配收入差距作为参考时：

$$Y_t = 1.123\ Y_{t-1} + 284.347 \tag{8-12}$$

$F = 56.12$，$R^2 = 0.836$，$Adj.\ R^2 = 0.821$

以农村居民人均可支配收入差距作为参考时：

$$Y_t = 0.972\ Y_{t-1} + 305.145 \tag{8-13}$$

$F = 227.39$，$R^2 = 0.954$，$Adj.\ R^2 = 0.95$

基于回归方程结果可测算出 2016 年淳安县与萧山区的自然差异度，得到地方财政收入、城镇居民人均可支配收入、农村居民人均可支配收入的自然差异度分别是 10.64 亿元、17338 元、6283 元。在 2016 年，淳安县实际的地方财政收入、城镇居民人均可支配收入、农村居民人均可支配收入的全因素差异度分别为 177.8 亿元、19004 元、15739 元。利用公式“全因素差异度（QC）＝自然差异度（ZC）＋保护差异度（BC）”得到的地方财政收入、城镇居民人均可支配收入、农村居民人均可支配收入的保护差异度为 71.38 亿元、1665 元、9456 元。

从结果看，在 2016 年淳安县人民政府因实施特殊保护而应得到的补偿金额为 106.99 亿元，对当地城镇居民来说应该补偿每个居民 1665 元，对当地农村居民来说应该补偿每个居民 9456 元。《淳安统计年鉴》数据显示，2016 年淳安县非农业人口为 10.06 万人，农业人口为 35.88 万人，此时应补偿淳安县城镇居民共计 1.68 亿元，补偿淳安县农村居民共计 33.93 亿元。总的来说，以萧山区为参考使用机会成本法测算时，淳安县应该获得水生态保护补偿金额 106.99（71.38 +1.68 +33.93）亿元。通过回归模型分别计算的以萧山区作为参考时 2001 年至 2016 年逐年应向淳安支付的补偿金额如表 8 –4。

表 8 –4　　与萧山区相比较的应补偿金额　　单位：亿元

年份	2001	2002	2003	2004	2005	2006	2007	2008
地方政府	4.98	3.53	8.09	8.21	9.77	14.70	21.58	20.44
城镇居民	3.47	3.17	3.31	3.26	3.47	3.73	4.15	4.37
农村居民	0.25	0.49	0.78	1.19	2.10	3.72	5.09	6.96
合计	8.70	7.19	12.18	12.66	15.33	22.15	30.83	31.77
年份	2009	2010	2011	2012	2013	2014	2015	2016
地方政府	19.85	42.70	35.70	33.82	30.72	34.90	53.42	71.38
城镇居民	4.70	5.02	5.38	5.42	4.57	3.38	2.89	1.68
农村居民	9.45	12.23	16.30	20.30	23.98	26.81	31.09	33.93
合计	34.00	59.96	57.38	59.53	59.26	65.10	87.39	106.99

4. 生态补偿金额的选用

采用机会成本法测算生态补偿金额需要作如下说明：

第一，机会成本法是市场价值法的一种具体方法。机会成本法测算出来的补偿结果从总体上看是属于“应当补偿”的最大值。

第二，本报告所采用的机会成本法，是通过对全因素差异度、自然差异度和保护差异度的理论假说基础之上简化后计算的结果。但是在此过程中，并没有考虑到人的主观能动性因素，因此，利用“全因素差异度（QC）=自然差异度（ZC）+保护差异度（BC）”这个简化而来的公式计算的结果可能会比实际上应当补偿的金额要高。

第三，在运用机会成本法测算补偿金额的时候，关键是对比较对象的选取。选取比较对象的原则首先是地理位置相近或相似，然后经济发展拐点出现前国民经济水平相近。因此，本书研究中选取了四个杭州市管辖的区县市为参考对象，分别是建德市、桐庐县、富阳区和萧山区，且均在钱塘江沿岸。使用基于 2016 年数据的测算结果，与建德市相比较，淳安县应当获得的补偿金额为 26.31 亿元；与桐庐县相比较，淳安县应当获得的补偿金额为

42.78 亿元；与富阳区相比较，淳安县应当获得的补偿金额为 67.86 亿元；与萧山区相比较，淳安县应当获得的补偿金额为 106.99 亿元。鉴于区位因素的重要性，淳安县与建德市分别位于新安江水库大坝的上下游，相较于其他三地，建德市在地理位置上与淳安县最为接近，经济发展的客观要素资源也最为相似。因此，建议选择以建德市作为比较对象时的测算结果作为生态补偿金额建议值，此时机会成本法下淳安县受偿金额的评估值为 26.31 亿元。考虑到三种测算指标本身不可避免地存在一定的相关性，所以测算结果会存在一定程度的高估。

二、基于排污权价格的补偿标准测算

1. 排污权价格法的基本思路

自千岛湖成为战略备用水源地以来，淳安县在经济发展上受到了极大的限制。为达到环境保护对污染排放的严格要求，淳安县关停了大量不符合要求的企业，拒绝了超过 300 亿元的外来投资项目，沿湖 108 米高程线范围内退湖 20 米（含 20 米）不得新建有污染排放的项目。对于已经存在的有污染排放的单位，加强污染物收集与处理后纳入污水处理厂（站）或回用达到“零直排”。现有的工业项目污水实施纳管，企业不得设置排污口，未能纳入污水处理厂的企业实施关停或搬迁入园，不具备截污纳管的区域不得新建产生污水的工业项目；实施了最为严格的污水排放标准，其中城镇集中式污水排放标准、农村污水处理设施排放标准、湖区和景区污水排放标准、工业企业污水排放标准、畜禽养殖废水排放标准等均需要达到各类标准中的一级指标。

排污权与水权、碳权等其他自然资源产权一样具有经济价值。如果淳安县由于实施特殊严格的环境保护失去了应有的排污权而得不到合理的补偿，那么环境保护的动力源泉和资金支持就不可持续，这对于淳安县而言也极不公平。因此，淳安县对千岛湖一湖秀水进行了特殊严格的保护而失去的大量潜在的排污权的经济价值则能从另一个维度刻画生态补偿资金。根据环境库兹涅茨曲线（Environment Kuznets Curve，以下简称 EKC）理论，污染排放水平与经济发展水平之间存在倒 U 形关系，即随着经济发展水平的提高污染排放水平在到达一定阶段后（如图 8 -4 的 A 或 B 点）会下降；而且拐点的出现与环境政策密切相关，即环境政策会提前使得拐点到来，当然也会延迟拐点出现；淳安县严苛的环境保护政策极可能使得该拐点过早到来，即合理的发展区间应该是在 B 点处到达拐点而严苛的环境保护政策使得淳安县在 A 点处即到达拐点，这意味着淳安县丧失了诸多经济发展机会。

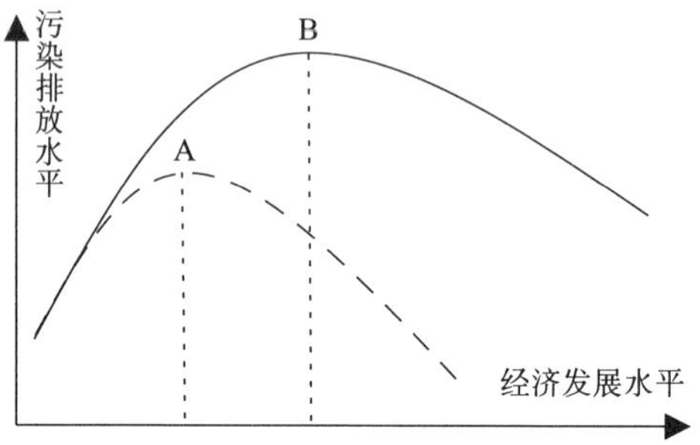

图 8 -4　基于排污权的生态补偿金额测算

对于淳安县而言，丧失的排污权可以理解为合理的环境容量状态 B 和严苛的环境约束时环境容量状态 A 之间的差值，也就是图 8 -4 中的 A 和 B 点处污染排放水平的差异。诚然，污染排放水平应该越低越好，但是过低的污染排放水平可能意味着淳安县没有经历工业化充分发育的阶段，从而淳安县没有及时获得“工业化红利”。这也是排污权价格法下生态补偿资金测算的本质所在。为了测度损失的排污权需要确定两个指标，即损失的排污量和排污权的价格（每一单位污染物能够带来的经济产值）。

2. 损失的排污权

（1）基本思路。EKC 的研究一般采用人均 GDP 指标代表经济发展水平，污染物指标则包括 SO_2、CO_2、无机氮、活性磷酸盐、可吸入悬浮颗粒等。由于淳安县的生态环境保护举措主要围绕水资源和水环境展开，因此此处采用人均化学需氧量排放量作为污染物指标。根据 EKC 理论可以得到人均化学需氧量排放量和人均 GDP 之间的二次函数关系。拟合曲线上的人均化学需氧量排放量即为理论上淳安县应该获得的排污权数量，淳安县实际上获得的排污权数量远远低于它理论上应该获得的量，理论与实际的差距即为损失的排污权。

（2）变量选择与模型设定。本书选取了建德市、桐庐县、萧山区、富阳区和淳安县五个县市区为研究对象，使用时间跨度为1999—2016年的面板数据。用变量 *rGDP* 代表各地区的人均GDP，数据来源为样本年份内各县（市、区）统计年鉴和国民经济发展公报，由于涉及不同时间段的比较，因此所使用的人均GDP数据按照各统计年鉴中公布的物价指数进行平减处理（以2016年不变价格为基准，单位为元/人）。变量 *rCOD* 代表各地区的人均化学需氧量排放量，数据来源为各县（市、区）统计年鉴和国民经济发展公报（单位为千克/人）。根据倒U形假设，人均GDP（*rGDP*）与人均污染排放量（*rCOD*）之间存在以下关系：

$$\ln\_rCOD = \beta_0 + \beta_1 \times \ln\_rGDP + \beta_2 \times (\ln\_rGDP)^2 \quad (8-14)$$

其中，ln_*rCOD* 是 *rCOD* 的对数形式，ln_*rGDP* 是 *rGDP* 的对数形式，对数化的主要原因是缓解异方差。

由于存在倒U形关系，因此预期应有，

$$\beta_2 < 0 \text{ 且 } \beta_1 > 0 \quad (8-15)$$

而且倒U形曲线出现拐点时的人均GDP满足：

$$\ln\_rGDP = -\beta_1 / 2\beta_2 \quad (8-16)$$

此外，根据沈满洪等（2000）的研究发现，我国有些地区可能并不存在EKC的倒U形曲线，而是可能呈现N形曲线或者S形曲线关系。[①] 因此，为了找出最能拟合实际样本点分布的曲线形态，还设定了不同的函数形式。线性关系式为：

$$\ln\_rCOD = \lambda_0 + \lambda_1 \times \ln\_rGDP \quad (8-17)$$

当符合线性关系时，显然有 $\lambda_1 > 0$，即人均工业污水排放量随着人均GDP水平增加而递增。

设定的三次多项式为：

$$\ln\_rCOD = \delta_0 + \delta_1 \times \ln\_rGDP + \delta_2 \times (\ln\_rGDP)^2 + \delta_3 \times (\ln\_rGDP)^3 \quad (8-18)$$

如果符合N形曲线关系，则应该有 δ_1、$\delta_3 > 0$ 且 $\delta_2 < 0$。

对于面板数据的估计有多种方法，根据Hausman检验，最后采用固定效应模型来进行参数估计。在模型（8-14）、（8-17）、（8-18）中，最后选择哪种函数形式将依赖于不同模型的可决系数（*Adj.* R^2）。根据不同的模型

① 沈满洪、许云华：《一种新型的环境库兹涅茨曲线——浙江省工业化进程中经济增长与环境变迁的关系研究》，《浙江社会科学》2000年第4期，第53—57页。

形式设定，分别得到了线性关系拟合图（见图 8－5）、二次多项式拟合图（见图 8－6）和三次多项式拟合图（见图 8－7）。

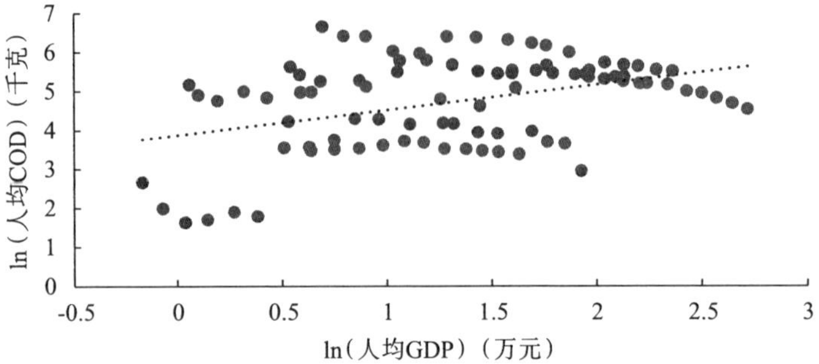

图 8－5　1999—2016 年杭州市两县两区一市人均 COD 和人均 GDP 线性关系拟合图

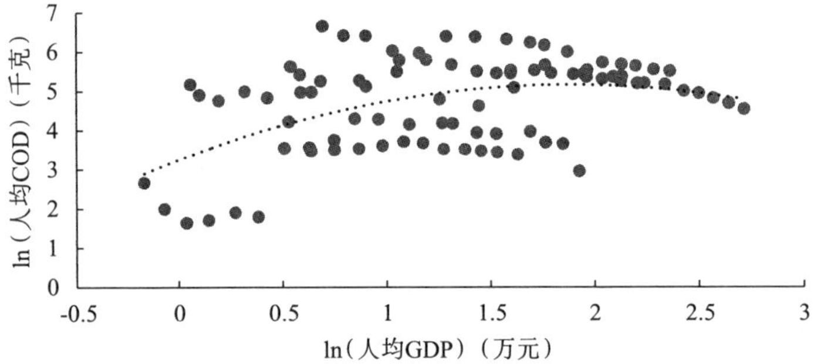

图 8－6　1999—2016 年杭州市两县两区一市人均 COD 和人均 GDP 二次多项式拟合图

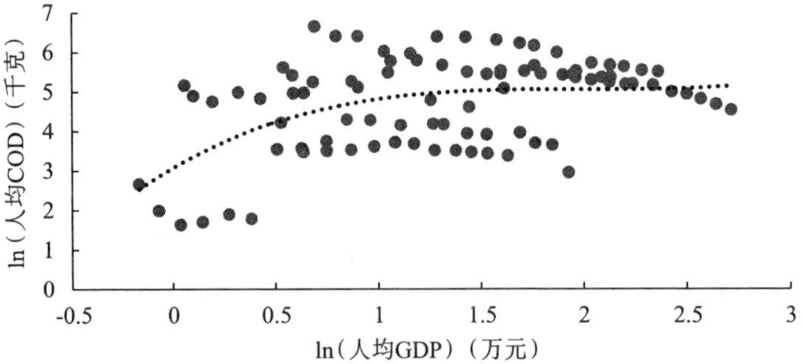

图 8－7　1999—2016 年杭州市两县两区一市人均 COD 和人均 GDP 三次多项式拟合图

此外，线性关系模型、二次多项式模型和三次多项式模型的系数估计结果如表 8－5 所示。

表 8-5　　　　　　　　计量模型的估计结果

	线性关系 模型（3-17）	二次多项式 模型（3-14）	三次多项式 模型（3-18）
常数项	4.7155***	4.2416***	4.2467***
$\ln\_rGDP$	0.0086	1.0962***	1.0709
$(\ln\_rGDP)^2$		-0.4302***	-0.4051
$(\ln\_rGDP)^3$			-0.0066
$Adj.\ R^2$	0.0001	0.1461	0.1304
obs	90	90	90

注：*** 表示 10% 的显著水平。

从表中结果看，只有二次多项式模型的结果符合假设，且各系数显著性都非常高，可以认为人均 GDP 和人均化学需氧量排放量存在倒 U 型关系。因此，研究中选择二次多项式模型的系数作为测算依据。

（3）损失的人均排污权。在确定了人均化学需氧量排放量和人均 GDP 的函数关系后就可以对淳安县损失的排污权进行测算。在图 8-8 中，圆形散点表示各个地区在坐标中的位置，方块标记代表的是淳安县所在的位置，即低经济水平和低人均污染排放量；就所有地区而言（即公平的发展权而言），人均经济水平与人均污染之间应在拟合曲线上；对于淳安而言，如果保持其经济水平不变，其平均的人均污染水平应该是处在曲线上的三角形标记位置；两者之间人均污染排放量的差即为损失的人均排污权。

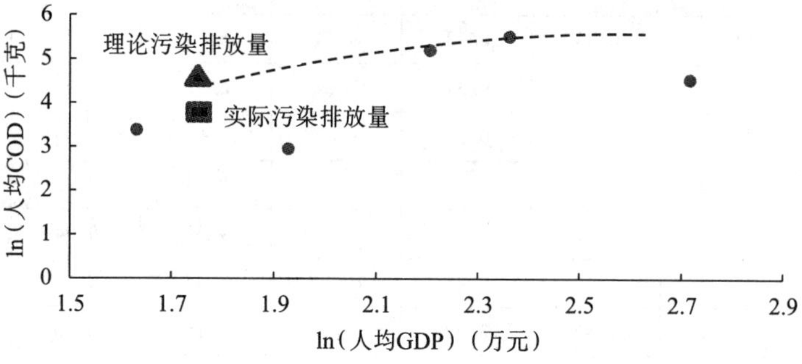

图 8-8　2016 年淳安县实际与理论污染排放量

由此，每一年的“理论”人均污染量为：

$$\ln\_COD_t^* = f(\ln\_r\,GDP_t) \qquad (8-19)$$

$$r\,COD_t^* = e^{\ln\_rCOD^*t} \qquad (8-20)$$

其中，函数 $f(\ln\_rGDP_t)$ 系面板回归估计得到的二次多项式。此外，逐年的人均污染量 $r\ COD_t$ 是已知的，因此每年淳安县减少的人均排污量为：

$$\Delta r\ COD_t = r\ COD^*{}_t - r\ COD_t \tag{8-21}$$

人均排放量乘以当年总人口即为该年份淳安县损失的总化学需氧量排放权：

$$Q_{CODt} = Population_t \times \Delta r\ COD_t \tag{8-22}$$

根据公式（8－19）至公式（8－22），参照淳安县1999—2016年间的人均GDP数值，分别计算出淳安县逐年的“理论”人均污染排放量如表8－6所示。从表8－6中的测算结果看，淳安县1999—2016年的理论人均化学需氧量排放量为5.73—13.97千克，而实际的人均化学需氧量排放量仅为其理论排放量的7%（2003年）至32%（2005年）；从2016年来看，淳安县失去了78%的人均排污权，损失的排污量达到4633.01吨；1999—2016年间，淳安县共少用的化学需氧量排放量达到71192.64吨，平均每年少用3955.15吨。

表8－6　　1999—2016年淳安县化学需氧量排污量测算结果

年份	人口（万人）	人均GDP（万元）	实际人均化学需氧量排放量（千克）	理论人均化学需氧量排放量（千克）	人均化学需氧量少用排放量（千克）	排污量少用比例（%）	少用的总排污权（吨）
1999	44.96	0.85	1.43	5.73	4.30	0.75	1935.16
2000	44.92	0.93	0.73	6.44	5.71	0.89	2570.58
2001	45.00	1.04	0.51	7.24	6.72	0.93	3025.94
2002	45.11	1.15	0.55	8.06	7.51	0.93	3380.57
2003	45.14	1.31	0.67	9.08	8.41	0.93	3785.91
2004	45.16	1.47	0.60	9.95	9.35	0.94	4209.65
2005	45.25	1.67	3.46	10.87	7.41	0.68	3334.82
2006	45.27	1.87	3.52	11.68	8.16	0.70	3671.85
2007	45.33	2.11	3.32	12.40	9.08	0.73	4084.40
2008	45.13	2.38	3.41	13.01	9.60	0.74	4319.67
2009	45.27	2.67	3.69	13.47	9.78	0.73	4400.01
2010	45.43	2.95	4.09	13.75	9.66	0.70	4348.84
2011	46.00	3.24	3.95	13.91	9.97	0.72	4484.85

续表

年份	人口（万人）	人均 GDP（万元）	实际人均化学需氧量排放量（千克）	理论人均化学需氧量排放量（千克）	人均化学需氧量少用排放量（千克）	排污量少用比例（%）	少用的总排污权（吨）
2012	46.00	3.58	3.35	13.97	10.62	0.76	4777.77
2013	45.75	3.97	3.34	13.91	10.56	0.76	4754.12
2014	45.90	4.29	3.20	13.78	10.57	0.77	4757.24
2015	45.94	4.63	3.09	13.57	10.49	0.77	4718.26
2016	46.07	5.12	2.93	13.22	10.30	0.78	4633.01

在和其他下游地区的人均排污量进行比较时可以发现，淳安县的人均化学需氧量排放量远远低于下游地区的平均水平，如图 8－9 所示。从 1999 年开始，淳安县的绝对值就被限制在一个较低的水平，如此严苛的环境管制力度剥夺了淳安县最基本的排污权（亦是一种发展权），严重限制了淳安县的经济社会发展，深刻影响了淳安县居民的生产生活水平。

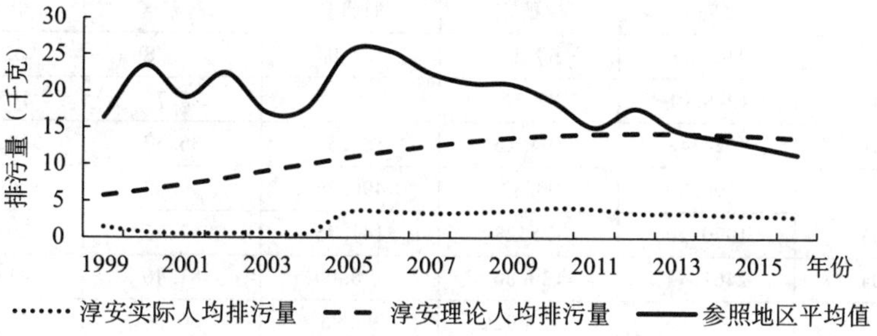

图 8－9　淳安县实际/理论人均污染排放量与参照地区的对比

3. 排污权价格测算

排污权价格的测算是学术界的难点，主要原因还是在于现阶段还没有形成一个完善有效的排污权交易市场。因此，完全反映排污权稀缺程度的市场价格还不能有效地通过市场手段形成，但是可以通过间接的科学手段来测算排污权的价格。随着经济的快速发展，工业企业的工业增加值不断攀升，其在生产经营过程中排放污染物的绝对量也会不断增加。但是，随着技术的进步，每万元生产总值所产生的化学需氧量（即化学需氧量排放强度）将会得到改善。图 8－10 反映了杭州市部分地区 1999—2015 年化学需氧量排放强度的变化趋势。

与化学需氧量排放强度指标相对应的是每吨化学需氧量的生产率，两者互为倒数，其中"化学需氧量生产率 = GDP/化学需氧量排放总量"，是指伴随每吨化学需氧量产生相应的国内生产总值。根据历年统计数据可以得到1999—2016年两县两区一市的化学需氧量生产率数据。这可以视为是化学需氧量的基本价格指数。各地区化学需氧量生产率见表8-7。

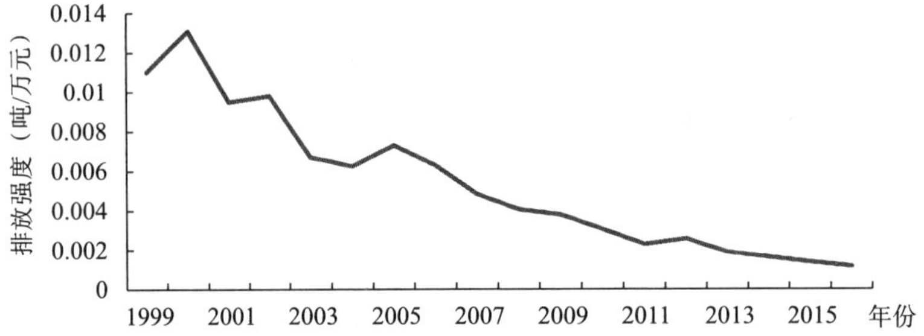

图8-10　1999—2015年杭州市两县两区一市化学需氧量排放强度变化趋势示意图

表8-7　杭州市两县两区一市化学需氧量生产率　单位：万元/吨

年份	淳安县	建德市	桐庐县	富阳区	萧山区
1999	592.30	60.48	123.04	79.48	62.10
2000	1278.01	82.56	249.23	25.78	103.58
2001	2024.48	104.46	587.58	36.37	122.72
2002	2096.00	93.82	496.26	40.62	89.38
2003	1970.20	125.28	147.75	67.75	290.42
2004	2461.44	130.86	118.00	81.46	418.72
2005	481.07	317.92	99.96	60.66	211.67
2006	532.83	361.04	128.28	70.81	203.49
2007	635.17	477.53	171.56	87.99	306.25
2008	697.46	542.57	198.61	106.96	379.23
2009	723.12	578.66	196.43	122.30	390.76
2010	721.91	818.69	221.04	162.10	516.26
2011	820.18	922.98	256.64	283.05	590.09
2012	1067.20	311.56	293.38	249.64	764.20
2013	1188.42	1032.30	333.84	288.12	864.63
2014	1337.89	1460.45	381.28	320.27	1052.64
2015	1500.39	1650.69	439.47	383.56	1292.18
2016	1748.35	3603.72	502.85	429.83	1619.49

可以看到，由于各个地区水资源禀赋、产业结构、科技水平等因素存在一定的差异，各年以及各个地区之间的化学需氧量生产率都存在着较大的差异。为了得到一个一致可靠的价格，选取表中全部价格前5%分位点作为化学需氧量的价格，前5%分位点对应的价格为61.31［60.66＋（62.1－60.66）×0.45］万元/吨。

4. 主要结论

淳安县损失的排污权数量乘以排污权价格即为各年淳安县由于严苛的环境保护损失的排污权的经济价值。由表8－8可知，1999—2016年，排污权价格法下淳安县的经济损失在11.86亿—28.40亿元，2016年淳安县应受偿28.40亿元。18年间，排污权价格法下淳安县累计的经济损失达436.46亿元，平均每年经济损失为24.25亿元，损失的排污权的经济价值占当年淳安县国内生产总值的比例最高时达到40%。

表8－8　1999—2016年按照排污权法测算的淳安县生态补偿金额

年份	损失的排污权（万吨）	经济损失（亿元）	占当年GDP比例（%）
1999	1935.16	11.86	0.31
2000	2570.58	15.76	0.38
2001	3025.94	18.55	0.40
2002	3380.57	20.73	0.40
2003	3785.91	23.21	0.39
2004	4209.65	25.81	0.39
2005	3334.82	20.44	0.27
2006	3671.85	22.51	0.27
2007	4084.40	25.04	0.26
2008	4319.67	26.48	0.25
2009	4400.01	26.97	0.22
2010	4348.84	26.66	0.20
2011	4484.85	27.49	0.18
2012	4777.77	29.29	0.18
2013	4754.12	29.15	0.16
2014	4757.24	29.16	0.15
2015	4718.26	28.93	0.14
2016	4633.01	28.40	0.12
合计	71192.64	436.46	0.21

三、基于水权交易法的补偿标准测算

1. 水权交易法的基本思路

在千岛湖配水工程中，供水方和用水方对优质水权的交易可以通过水资源的市场化交易方式来实现，只要水资源的交易量和交易价格能够清晰地被界定。具体来说，水的交易量即每年通过配水工程引入杭州市的水量，可以参考相关工程文件直接确定，而引水的价格一般可以参考用水地的水价来确定。水价和水量的乘积可以确定水权交易法视角下淳安县应当获得的补偿金额。然而，千岛湖配水工程是省、县行政隶属关系下政府主导的一项民生工程，并不是完全的市场交易行为，水价格会偏低；如果淳安县不是杭州市隶属的一个县，那么完全市场化的引水价格将会高很多。为此设定两种情形：

第一种是“基准”情形，即按照淳安县和杭州市的隶属关系，配水工程由政府主导实施，而且杭州市向淳安县的补偿是以政府补助的形式发放的，并且补助的金额完全是由上级政府主观确定的。把“基准”情形下确定的金额记作W_0。

第二种是“假想”情形，即假设淳安县和杭州市之间没有行政隶属关系，淳安县将优质水“卖”给杭州市区是一种完全基于市场交易的行为，而且该交易需要通过谈判来达成交易价格（包括水资源使用费用、生态补偿费用等）。只要确定水的价格和引水量，即可确定应当补偿的标准。把“假想”情形下确定的金额记作W_1。

由于在“基准”情形下，杭州市从淳安县引水的行为是基于政府主导的，引水成本并不能完全体现。在“假想”情形下，由于是在完全市场化的条件下达成的引水协议，水权的交易金额可以完全地反应水资源的生态经济价值。显然，W_1会比W_0大，W_1-W_0的差额就是水权交易法下杭州市应该向淳安县支付的金额。

2. 国内几起水权交易的基本特征

在中国水权交易所已经有数起跨区域水权交易的成功案例，各自的交易内容和特征概括如表8－9所示。虽然表8－9中的三个案例在引水期限、引水量和引水价格等具体时间内容上存在一些差异，但是都具有以下几个共同点：

第一，都是以政府主导为原则。因为信息不对称等因素的存在，政府与政府能够以一种成本相对较低的方式进行协商谈判，而分散主体之间往往无法做到且成本往往会相对高昂。因此，政府主导下的交易定价往往可以较低。与此同时，政府执行权力是基于公共利益最大化原则进行的，可以防止因水权交易市场机制不完全而出现损害各方利益的情况，有效规避了市场机制不足的缺陷。

第二，以本地供水优先为原则。本地供水优先体现为两个方面，一个是保证本地供水量，只有在满足本地供水量的前提下才会对外进行转让水资源；另一个是满足本地枯水年份供水水质达标，枯水年份要率先满足本地供水的安全。具体体现在水权交易可以形容为“留有余量、数量可调、时间有限”。

表8－9　　中国三起水权交易案例比较

内容	永定河上游跨区域水量交易	平顶山市—新密市跨流域水权交易	河北云州水库—北京白河堡水库水权交易
签约时间	2016年6月28日	2016年6月28日	2016年10月12日
交易主体	卖方：河北省张家口市友谊水库管理处、张家口市响水堡水库管理处和山西省大同市册田水库管理局 买方：北京市官厅水库管理处	卖方：平顶山市水利局 买方：新密市水务局	卖方：河北云州水库管理处 买方：北京白河堡水库管理处
交易数量	首次永定河上游水量交易期限为一年（2016年度）。首次交易水量按照2015年度山西、河北两省集中输水量确定，即5741万立方米	首期交易期限起止时间自2016年7月1日至2018年10月31日，分为三期转让，交易水量共计2400万立方米	交易水量按照集中输水实施方案测算，即1300万立方米

续表

内容	永定河上游 跨区域水量交易	平顶山市—新密市 跨流域水权交易	河北云州水库—北京 白河堡水库水权交易
签约时间	2016 年 6 月 28 日	2016 年 6 月 28 日	2016 年 10 月 12 日
交易价格	首年交易的交易价格仍按集中输水的管理费用综合测算，定为 0.294 元/立方米，5741 万立方米交易水量总价款共计 1687.85 万元	河南省印发的《关于南水北调水量交易价格的指导意见》（豫水政资〔2015〕31 号）明确交易价格应以南水北调中线工程综合水价为参考，适当增加一定的交易收益。平顶山—新密水量交易价格为 0.87 元/立方米，交易总价款为 2088 万元	放水 0.06 元/立方米，收水 0.35 元/立方米。待集中输水完成后根据实际放水量和收水量结算交易价款
交易期限	首次永定河上游水量交易期限为一年（2016 年度）	首期交易期限起止时间自 2016 年 7 月 1 日至 2018 年 10 月 31 日，分为三期转让	首次交易期限为一年（2016 年度）
工程造价及施工	——	1. 引水入密工程分为取水工程、输水工程、调蓄工程、水厂工程和供水工程，总投资约 3.9 亿元 2. 输水管道长约 24 公里，设计引水规模每日 8 万立方米。	——

第三，以有偿转让和合理补偿为原则。有偿转让是指基于市场交易的原则，引水方必须支付供水方相应的补偿金额。合理补偿指的是补偿标准制定的依据内容要合理，补偿金额的测算结果要合理。

第四，产权明晰原则。由于水具有动态流动特性，且流域通常跨越多个行政区域，上下游之间分布通常并不均匀，因此水权的界定相对困难。但是水权交易的前提又是要水资源产权归属明晰，这是水权交易的基础。

第五，互利共赢原则。通常能够达成共识的水权交易都可以使用水方和供水方在水权交易中获得收益、实现共赢。

3. “基准”情形下补偿金额测算

“基准”情形也就是现实情形。杭州市在2005年颁布实施了《杭州市生态补偿专项资金管理办法》，进一步整合现有市级财政转移支付和补助资金，将生态市建设、环保补助、城建县（市）补助、工业企业技术改造财政资助、农村改厕经费、财政支农资金、扶贫帮困、造田改地、水利建设、农村改水等10项专项资金中安排用于二区五县（市）的资金纳入生态补偿专项资金之中。尽管在管理办法中杭州市对生态补偿方式做了积极尝试，但是仍没有将专项补偿项目细化，例如，没有将配水工程专项补偿独立出来，而是并行于其他补偿项目中。但在2018年3月杭州市人民政府发布的《关于印发〈杭州市生态补偿专项资金使用管理办法〉的通知》中，在生态补偿专项中首次单独设立了千岛湖水环境生态保护补偿资金，并明确将千岛湖水环境生态保护补偿资金专项用于保护千岛湖生态环境，不过资金的具体分配方法依然没有明确说明。因此，“基准”情形仍将所有与配水工程相关的现有各项补偿资金进行加总，尝试计算出杭州市在“基准”情景下的实际“最大”补偿金额。淳安县历年获得的所有省市级生态补偿资金情况汇总见表8-10。

根据表8-10中，淳安县在2006—2017年共获得38.99亿元的生态补偿资金。其中在2007—2011年，生态补偿资金绝对额基本保持稳定，平均每年获得的生态补偿金额1亿元左右。从2012年开始，生态补偿资金开始逐年快速增长，2013—2017年，平均每年的生态补偿金额达到5.35亿元，为之前2007—2011年的生态补偿资金平均值的近5倍。这表明上级政府显著加大了对淳安县的生态补偿力度。如果累加考虑1993—2004年新安江水电站发电补助的话，总生态补偿金额可增加0.69亿元，达到39.68亿元。由于是“打包式”的“一揽子”补偿，如果真正按照生态补偿标准来衡量的话，相关的补偿金额会略低一些。

表8-10　　淳安县获得的省市各级生态专项资金汇总表　　单位：万元

年度	生态补偿资金合计	一般性转移支付	专项补助	电费补助合计	其中：高水位补助	定额电量补助
1993				200.00	200.00	
1994						

续表

年度	生态补偿资金合计	一般性转移支付	专项补助	电费补助合计	其中：高水位补助	定额电量补助
1995				600.00	600.00	
1996				400.00	400.00	
1997				400.00	400.00	
1998				577.13	577.13	
1999				1745.70	1745.70	
2000				1138.94	500.00	638.94
2001				511.15		511.15
2002				927.13	543.77	383.36
2003				255.57		255.57
2004				127.78		127.78
2005						
2006	4970.00		4970.00			
2007	10972.90	5482.00	5490.90			
2008	12390.80	8672.00	3718.80			
2009	14475.23	9159.00	5316.23			
2010	12235.28	9259.00	2976.28			
2011	13669.00	10000.00	3669.00			
2012	20897.39	14080.00	6817.39			
2013	24445.93	18990.58	5455.35			
2014	83440.84	47196.37	36244.47			
2015	65636.40	49304.06	16332.34			
2016	58179.82	51131.43	7048.39			
2017	68576.69	54462.00	14114.69			
合计	389890.28	277736.44	112153.84	6883.4	4966.6	1916.8

4. “假想”情形下补偿金额测算

在“假想”的情形下，杭州市和淳安县是没有隶属关系的两个地区，它们之间的水资源交易可以通过完全市场化进行。交易过程的谈判最重要的是确定引水的价格和引水的数量。由于杭州市从淳安县引水必须要修建一系列基础设施，例如淳安县水库建设和配水工程管道建设等，但现实情况是新安江水库早在1960年就已建成。如果千岛湖水库是淳安县自己出资金建设的话，那杭州市就需要支付水库工程建设价款以及工程建设补偿费，以补偿因为建造水库所产生的直接建设成本以及随之带来的移民费用、耕地损失、基础设施损失等间接经济损失。当然，如果新安江水库是由淳安县上级政府出资建设，那只需要支付淳安县工程补偿费。由于考虑到新安江水库修建的历史背景以及工程建设补偿费并不符合生态补偿的内涵界定，相关的工程费用此处未予以考虑。因此，使用水权交易法测算生态补偿金额主要考虑的是引水的价格和引水的数量。表8-11是可供参考的浙江省类似引水工程案例情况。

表8-11　　浙江省相关引水工程引水期限、引水量和水价

引水工程	引水时间	引水期限	年引水量	原水价格
余姚—慈溪		15年	0.1亿-0.2亿立方米	0.28元/立方米
东阳—义乌			0.5亿立方米	
绍兴—慈溪		18年	0.365亿-0.73亿立方米	居民水价为0.4元/立方米，可随政府定价调整而调整
宁波白溪引水工程	2006年		2.55亿立方米	0.51元/立方米
温州市楠溪江引水工程	2011年		2.05亿立方米	1.291元/立方米
赵山渡引水工程			7.3亿立方米	0.69元/立方米
汤浦水库工程			0.73亿立方米	0.53元/立方米
台州供水一期工程	1996年		1.02亿立方米	1.16元/立方米
湖州老虎潭水库引水工程	2010年		0.803亿立方米	1.1元/立方米

根据《杭州市第二水源千岛湖配水工程环境影响报告书》，经国家电网同意的由省发改委批准的配水规模为："本工程按照9.78亿立方米年引配水量进行总量控制"。配水过程由新安江电厂和省、市、县三级水行政主管部门实施在线监测，实现信息共享，共同进行监管。当然，配水工程的设计年配水量9.78亿立方米是现期计划年度配水量，远期规划仍有增加空间。参考相关案例中的引水价格，综合杭州市区用水户实际支付的阶梯水价情况，

可以采用现行杭州市居民生活用水的第一档定价价格为淳安县的水资源进行定价，即2.9元/立方米。由此可得下游用水地区杭州市需要向淳安县支付28.36亿元的水权交易费用。

如果该费用仅仅在浙江省内进行分配，那么只要将该补偿资金分配到同为水源地的淳安县和建德市两个供水地区即可。若按照千岛湖库区集雨面积进行分配，淳安集雨面积占99.71%，则淳安县应得到的补偿金额为28.28亿元；若按照千岛湖库区水域面积进行分配，当千岛湖水面标高108米时，淳安县占98.99%，则淳安县应得到的补偿金额为28.07亿元。如果该费用的分配还要考虑黄山市参与分配的情况，那么按照集雨面积计算，淳安集雨面积占42.39%，则淳安县应受偿的金额为11.99亿元；按照水域面积计算，淳安占比为47.38%，则淳安县应受偿的金额为13.4亿元。但黄山市参与分配的前提是汇入千岛湖湖区的水体水质为Ⅰ类水。考虑到黄山市汇入千岛湖的水体水质是Ⅲ类水体，暂不考虑将黄山市纳入千岛湖配水工程生态补偿资金的分配。

5. 主要结论

"基准"情形下实际补偿金额 W_0 考察的是现有省市两级补助资金以及发电收益分成补贴。在1993—2017年，淳安县共获补偿资金为59.57亿元。由于补助资金中大部分为林业发展和生态市建设资金，真正属于对千岛湖生态保护和生态补偿的资金较少，因此可以认为：在1993—2017年实际补偿金额 $W_0 \leqslant 59.57$ 亿元。

"假想"情形下水权交易金额 W_1 是指假设杭州和淳安属于两个没有行政隶属关系的主体，杭州市从淳安县引水属于水资源产权交易行为。在不计算杭州市应该补偿给淳安县的千岛湖水库工程建设价款和工程补偿费等的情况下，供水方至少可获得水权交易收益——28.36亿元。在建德参与分配的情况下，淳安县可以获得的生态补偿金额至少是28.07亿元。

由于配水工程预计2020年完成，因此淳安向杭州出售优质水的收益从2020年取得。假设2017年之后淳安实际收到的生态补偿金额以及引水量（9.78亿立方米）和引水价格（2.9元/吨）保持不变，则1993—2019年总共收到的补偿金额为59.57亿元，2020年之后每年淳安出售水资源的收益为28.07亿元。由此，可以得出表8-12中在"基准"情形下累计补偿金额和在"假想"情形下累计应补偿金额的比较情况。

表 8－12 “基准”和“假想”情形下淳安县生态补偿金额 W_0和 W_1 单位：亿元

年份	1993—2019	2020	2021	2022	2023	2024	2025
情景 W_0：累计总补偿金额	59.57	66.43	73.29	80.15	87.01	93.87	100.73
情景 W_1：累计应补偿金额		28.07	56.14	84.21	112.28	140.35	168.42
情景 W_1-W_0：累计补偿差额		－38.36	－17.15	4.06	25.27	46.48	67.69
年份		2026	2027	2028	2029	2030	2031
情景 W_0：累计总补偿金额		107.59	114.45	121.31	128.17	135.03	141.89
情景 W_1：累计应补偿金额		196.49	224.56	252.63	280.70	308.77	336.84
情景 W_1-W_0：累计补偿差额		88.90	110.11	131.32	152.53	173.74	194.95

从表 8－12 中可以看出，1993—2019 年淳安收到的实际累计补偿金额为 59.57 亿元，此后以固定的金额增加。而在配水工程通水后，淳安每年可得收益为 28.07 亿元。从表中还可以看出，2020—2022 年累计应补偿金额超过 1993—2022 年累计总补偿金。这说明从 2022 年开始，杭州市应该额外向淳安支付差额。可以从图 8－11 中更好地观察。

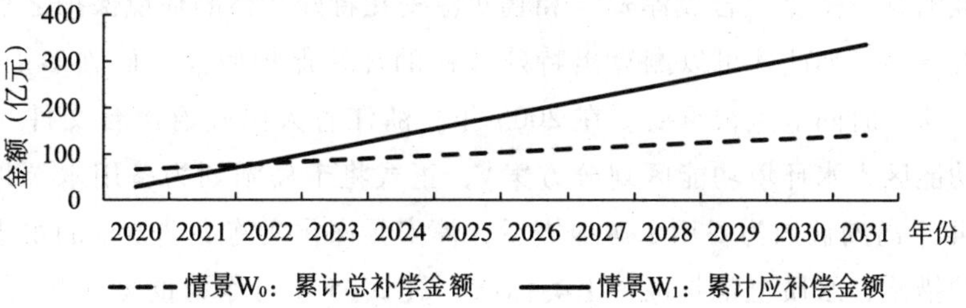

图 8－11 千岛湖配水工程生态补偿金额情景预测图

总之，在不考虑因建造水库造成的移民、耕地、基础设施等损失情况，水权交易法下淳安县每年可获得的生态补偿金额至少为 28.07 亿元。随着通水之后用水地区居民对优质水源的获得感增强，居民的支付意愿也会增加，生态补偿金额的定价也会增加。预计到 2022 年，下游用水地区累计应支付给淳安县的生态补偿金额将达到84.21亿元，而累计以政府补助形式支付给淳安县的总补偿金额为80.15亿元，差额为4.06亿元，即应在现行补助强度的基础上额外再支付4.06亿元给淳安县。

以上仅仅考虑杭州—淳安的水权交易。如果把嘉兴市引水工程也纳入视野，那么，由于嘉兴市和淳安县均为没有隶属关系的行政主体，理论上更有可能开展基础市场机制的水权交易。

四、基于合成控制法的补偿标准测算

1. 合成控制法的思路

不管是机会成本法、排污权价格法还是水权交易法，补偿标准的测算都是基于单一参照系进行的，如以两县两区一市为参照分别计算机会成本，又如以杭州市水价为基准测算水权交易法下的补偿标准。然而，即便是与淳安一坝之隔的建德市，淳安县与建德市也存在诸多差异，有很多地方不可比较。合成控制法的主要思路是合成一个新的淳安（简称“合成淳安”）。这个“合成淳安”应该在经济发展水平、产业结构、资源禀赋等方面与实际淳安最为相似。那么在全国两千多个县中寻找到“合成淳安”的组成是相当困难的，本报告基于浙江所有县和县级市来寻找“合成淳安”的组成部分。补偿标准测算还需要“合成淳安”和真实淳安在特殊严格的环境保护之后应该有显著差异，如此才可以测算出特殊严格的环境保护使淳安面临多少损失。因此，这个时间节点很重要。在2005年，浙江省人民政府出台文件《浙江省水功能区、水环境功能区划分方案》，正式将千岛湖划为备用水源地。自2005年千岛湖被划为备用水源地之后，淳安县深化实施了全方位的水生态环境保护措施，水质也常年保持Ⅰ类标准，故2005年可作为重要节点。

2. “合成淳安”

中国经济与社会发展统计数据库包含浙江省辖91个县市，但由于部分样本数据缺失严重，研究中实际使用的是1994—2015年浙江省辖62个县市的数据。研究中用浙江省除淳安县以外其他地区的加权平均来模拟淳安县名义GDP，然后通过与真实的淳安县名义GDP进行比较以确定可以选择的淳安县的组成部分。合成原则的选取十分重要，本章根据新古典增长理论确定了资本、劳动和其他资源禀赋，具体为各县市的固定资产投资额、从业人员数、土地面积、第一产业比重以及第二产业比重。同时为了较好地拟合2005年之前的名义GDP，本报告在合成淳安的过程中还控制了1997年、2000年和2004年三年的名义GDP。表8-13是从61个对照组中选出的六个权重大于零的市县区，它们分别是萧山区、宁海县、乐清市、三门县、松阳县、龙泉市。其中龙泉市的权重最高，为0.592，说明龙泉市在资本、劳动和资源禀赋等方面与淳安县最为相似；其次是松阳县，权重为0.214。

表8-13　“合成淳安”的地区权重

	萧山区	宁海县	乐清市	三门县	松阳县	龙泉市
权重	0.038	0.02	0.043	0.093	0.214	0.592

表8-14中展示的是在2005年实施特殊严格的生态保护政策之前“真实淳安”与“合成淳安”的一些重要经济变量的对比。“合成淳安”和“真实淳安”之间各个预测变量的数值差距都比较小，说明“合成淳安”很好地拟合了在实施生态保护政策之前“真实淳安”的经济发展水平。

表8-14　“真实淳安”和“合成淳安”相关指标的对比

	“真实淳安”	“合成淳安”
固定资产投资额	94837	97503
从业人员数	28.21	21.76
土地面积	4452	2343
第一产业比重	0.315	0.315
第二产业比重	0.367	0.367
1997年GDP	22.84	22.80
2000年GDP	30.81	29.95
2004年GDP	56.61	56.47

从图8-12刻画的“真实淳安”和“合成淳安”的名义GDP增长路径可以看到，在2005年以前，也就是实施特殊严格的生态保护之前，两者的路径几乎完全一样。这说明“合成淳安”非常好地复制了“真实淳安”在实施生态保护政策之前的经济发展情况。此外，从该图中也可清晰地看到，在实施特殊严格的生态保护之后，“合成淳安”的名义GDP开始超过“真实

淳安”的名义 GDP，并且差距在逐步扩大。2005 年之后两条线之间的差距即为特殊严格的生态环境保护对淳安县经济社会发展产生的负面影响。

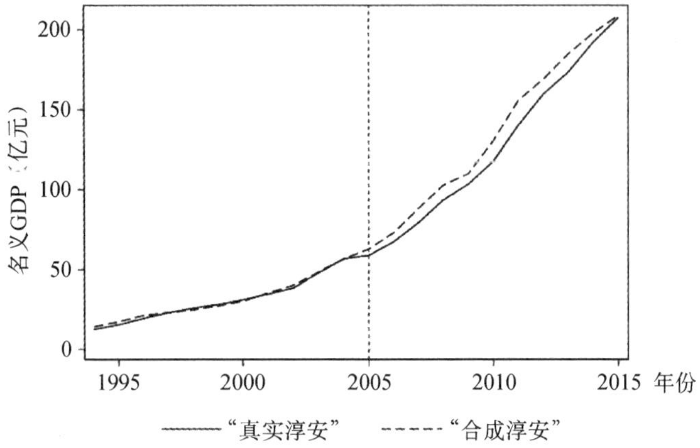

图 8－12　“真实淳安”和“合成淳安”名义 GDP 对比

为了更直接地观察特殊严格的生态保护政策对淳安经济的影响情况，将“合成淳安”和“真实淳安”的名义 GDP 作差得到图 8－13，以反映“合成淳安”和“真实淳安”的 GDP 之差。从图 8－13 可以看出，在 2005 年以前，“合成淳安”和“真实淳安”的名义 GDP 差距总体上都比较小，都在正负 4 亿元上下波动。2005 年之后，这一差距突破 4 亿元并且持续扩大，在 2011 年之前呈波动增长趋势，到了 2011 年差距达到 16 亿元，达到了这一时间段的峰值。

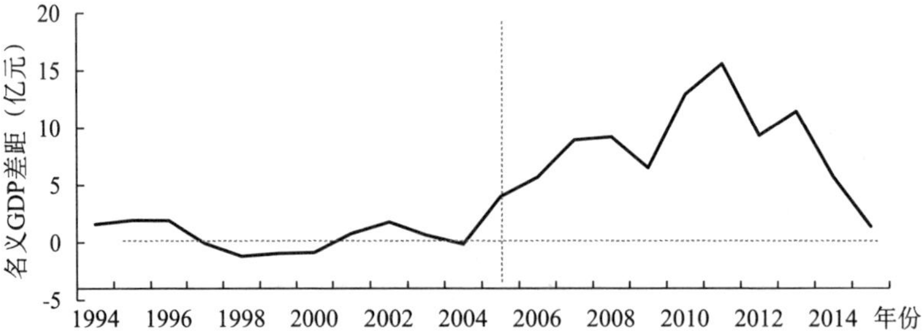

图 8－13　“真实淳安”和“合成淳安”名义 GDP 之差

表 8－15 反映了淳安县自 2006 年以来持续获得的生态补偿资金。这一部分的生态补偿资金是以政府转移支付获专项补助的形式计入到了 GDP。从表 8－15 中可以看到，2011 年以后生态补偿资金有了很大的增加。这在一定

程度上可以解释“真实淳安”与“合成淳安”缩小的名义 GDP 差距。

表 8－15　淳安县获得的省市级生态补偿资金　单位：万元

年度	生态补偿资金合计	一般性转移支付	专项补助
2006	4970		4970
2007	10972.9	5482	5490.9
2008	12390.8	8672	3718.8
2009	14475.23	9159	5316.23
2010	12235.28	9259	2976.28
2011	13669	10000	3669
2012	20897.39	14080	6817.39
2013	24445.93	18990.58	5455.35
2014	83440.84	47196.37	36244.47
2015	65636.4	49304.06	16332.34
2016	58179.82	51131.43	7048.39
2017	68576.69	54462	14114.69
合计	389890.3	277736.4	112153.8

3. 主要结论

自 2005 年千岛湖被划为备用水源地以来，也就是开始实施特殊严格的生态保护政策以来，淳安县的经济发展确实受到很大的负面影响。基于“谁受益，谁补偿”的原则，淳安一湖秀水给下游地区产生了显著的正外部性，下游地区应当给予淳安县基于科学测算的生态补偿资金。基于资本、劳动和要素禀赋等原则，萧山区、宁海县、乐清市、三门县、松阳县、龙泉市是“合成淳安”的重要组成部分，它们的权重分别是 0.038、0.02、0.043、0.093、0.214、0.592。

特殊严格的生态保护对淳安县的影响主要包括两个方面：一是居民生产生活，二是地方财政收入。为了与机会成本法下的补偿标准口径保持一致，合成控制法下的补偿金额包括三个部分：地方政府的财政收入、城镇居民人均可支配收入以及农村居民人均可支配收入。通过将“真实淳安”的地方财政收入、城镇居民以及农村居民人均可支配收入和“合成淳安”进行比较，两者之间的差额即为合成控制法下的补偿标准。表 8－16 给出了 2016 年“合成淳安”的地方财政收入、城镇居民人均可支配收入以及农村居民人均可支配收入。表 8 – 17 给出了 2016 年“合成淳安”和“真实淳安”各个指标值的差额。

表 8 – 16　　2016 年“合成淳安”的主要经济指标

地区	权重	地方财政收入（亿元）	城镇居民人均可支配收入（元）	农村居民人均可支配收入（元）
萧山区	0.038	195.16	55712	31849
宁海县	0.02	48.8	47702	26233
乐清市	0.043	72.23	50263	26943
三门县	0.093	15.58	37908	20428
松阳县	0.214	5.86	31250	14501
龙泉市	0.592	7.86	37406	17497
“合成淳安”		18.85	37589.7	18254.713

表 8 – 17　　2016 年“真实淳安”和“合成淳安”三个指标值的比较

地区	地方财政收入（亿元）	城镇居民人均可支配收入（元）	农村居民人均可支配收入（元）
“合成淳安”	18.85	37589.7	18254.71
“真实淳安”	17.36	36708	16110
差额	1.49	881.70	2144.71

综合表 8 – 16 和表 8 – 17，2016 年“合成淳安”的地方财政收入为 18.85 亿元，和“真实淳安”17.36 亿元相比，高了 1.49 亿元。这意味着 2016 年需要向淳安县地方政府补偿 1.49 亿元的财政收入损失。城镇居民方面，“合成淳安”的城镇居民人均可支配收入为 37589.70 元，和“真实淳安”36708 元相比，高了 881.70 元。这意味着 2016 年需要补给每位城镇居民 881.70 元。按照淳安县 2016 年城镇人口 10.06 万人计，共应补偿淳安县城镇居民 0.89 亿元。在农村居民方面，“合成淳安”的农村居民人均可支配收入为 18254.71 元，和“真实淳安”16110 元相比，高了 2144.71 元。这意味着 2016 年需要补偿每位农村居民 2144.71 元。按照淳安县 2016 年农村人口 35.88 万人计，共应补偿淳安县农村居民 7.70 亿元。三者共计 10.08（1.49 + 0.89 + 7.70）亿元。因此，应支付给淳安的水生态补偿金额一共是 10.08 亿元。值得指出的是，这里计算得到的 10.08 亿元应当是上级政府额外需要支付给淳安的补偿金额，不包括 2016 年淳安县实际获得的生态补偿

资金。从表 8 – 15 得知 2016 年淳安县实际获得的生态补偿资金为 5. 82 亿元，因此合成控制法下淳安县应得的生态补偿资金为 15. 90（10. 08 + 5. 82）亿元。表 8 – 18 给出了自 2005 年实施严格的水生态保护政策以来淳安县每年应当获得的生态补偿资金。

表 8 – 18 合成控制法测算的淳安县 2005—2016 年应得的生态补偿资金 单位：亿元

年份	2005	2006	2007	2008	2009	2010	2011	2012	2013	2014	2015	2016
地方财政	0. 56	0. 85	1. 21	1. 34	1. 14	1. 62	1. 05	0. 46	0. 29	0. 10	– 0. 77	1. 49
城镇居民	0. 56	0. 79	1. 23	1. 71	1. 98	2. 53	2. 99	3. 42	3. 50	1. 18	0. 98	0. 89
农村居民	– 0. 81	– 1. 19	– 1. 23	– 0. 41	0. 30	1. 34	2. 29	2. 44	3. 05	6. 62	7. 29	7. 70
三者合计	0. 31	0. 45	1. 22	2. 63	3. 41	5. 50	6. 33	6. 32	6. 84	7. 90	7. 51	10. 08
已经补偿	0. 00	0. 50	1. 10	1. 24	1. 45	1. 22	1. 37	2. 09	2. 44	8. 34	6. 56	5. 82
应得补偿	0. 31	0. 95	2. 32	3. 87	4. 86	6. 72	7. 70	8. 41	9. 28	16. 24	14. 08	15. 90

五、基于支付意愿法的补偿标准测算

1. 研究区域

研究兼顾千岛湖引水工程的实际用水地和未来潜在用水地，用水方（补偿主体）支付意愿的问卷调查主要在杭州市和嘉兴市展开。杭州市辖上城区、下城区、江干区、拱墅区、西湖区、滨江区、萧山区、余杭区、富阳区、临安区 10 个区，辖桐庐县和淳安县 2 个县以及建德市 1 个代管县级市，2017 年末常住人口达到 946. 8 万人。2017 年杭州市总供水量约 33. 47 亿立方米，其中生活用水量 11. 25 亿立方米。嘉兴市辖南湖区和秀洲区两个区，辖海宁市、平湖市和桐乡市三个县级市，嘉善县和海盐县两个县，2017 年末常住人口达到 465. 6 万人。2017 年嘉兴全市总供用水量约 18. 89 亿立方米，其中居民生活用水 2. 30 亿立方米，水源地点位水质达标率为 72. 1%。相对来说，嘉兴地区的水源地水质状况比杭州地区要差得多，通过千岛湖引水工程改善水源地水质更加具有紧迫性。

2. 条件价值法

条件价值法常用于评估环境物品及服务等具有非竞争性的公共物品的经

济价值。条件价值法是在假想的市场条件下，以问卷调查的形式，直接询问受访者为使用或保护某种给定的环境物品或服务的最大支付意愿或为失去某种给定的环境物品或服务时，而愿意接受补偿的最小受偿意愿，以此来估计环境物品或服务的经济价值。[①] 考虑到样本地区受访者的年龄、教育水平等社会人口特征差异巨大，支付意愿的评估应尽量选择普适的、简单直接的引导方法，因此在问卷调研中使用了支付卡式设问以询问受访者对环境资源改善的支付意愿。具体来说，支付意愿的计算如式（8－23），b_{ij}为第 i 为受访者为环境物品 j 最大愿意支付的投标值，n 为受访者人数，WTP_j为受访者对环境物品 j 的平均支付意愿。

$$WTP_j = \sum_{i=1}^{n} b_{ij}/n \qquad (8-23)$$

一般而言，受访地居民主观支付意愿视角下水生态补偿标准的测算值往往会比利用客观数据测算的水生态补偿标准值略低。

3. 问卷设计

调查问卷主要包括四部分内容：第一部分是对受访居民社会人口特征的调查，包括受访者的年龄、受教育情况、月可支配收入情况、职业、是否为常住人口等。第二部分是对受访居民用水特征的调查，包括受访者去年缴纳的水费、使用洗衣机的频率、日常饮用水来源等。第三部分是对受访居民感官水质的调查，包括受访者对当地自来水水质的满意情况、感知上认为家人身体健康受到水质干扰的程度等。第四部分首先考察了受访者对千岛湖取水地水质和居住地阶梯水价设置的熟悉程度，并询问受访者是否愿意为通过千岛湖配水工程引过来的优质自来水进行额外支付。支付卡式设问的核心问题为：

□您每年最大愿意额外支付的费用（元/年）？

A. 0；　B. 50；　C. 100；　D. 150；　E. 200；　F. 250；　G. 300；

H. 350；　I. 400；　J. 450；　K. 500 及以上

注：2017 年杭州城镇居民人均年生活用水量 58.6 立方米，即约 170 元/人。

---

① 陈红光、王秋丹、李晨洋：《支付意愿引导技术：支付卡式、单边界二分式和双边界二分式的比较——以三江平原生态旅游水资源的非使用价值为例》，《应用生态学报》2014 年第 25 卷第 9 期，第 2709—2715 页。

□您最大愿意承受的水价增量是多少元/吨？

A. 0；　B. 0.3；　C. 0.6；　D. 0.9；　E. 1.2；　F. 1.5；

G. 1.8；　H. 2.1；　I. 2.4；　J. 2.7

注：当前水价为 216 吨（含）以下 2.9 元/吨，216—300 吨（含）3.85 元/吨，300 吨以上 6.7 元/吨。

核心问题设问的边际投标值由水价与水费确定，后经预实验测试。从结果来看，选择最大值的受访者比例较低，极值设置较为合理。

4. 支付意愿

杭州地区共收回 980 份有效问卷，嘉兴地区共收回 697 份有效问卷。受访者的基本情况如表 8－19 所示。杭州地区的受访者收入水平和受教育水平相对高于嘉兴地区但两地受访者的用水特征较为接近。相对来说，嘉兴地区的受访者对现状自来水水质状况满意度显著低于杭州地区。这与嘉兴地区自来水水源地水质状况明显差于杭州地区这一现实情况十分吻合。

表 8－19　　杭州市和嘉兴市生态补偿支付意愿调查受访者的基本情况

杭州	比例	嘉兴	比例
女性（%）	41.8	女性（%）	46.1
平均年龄	36.9	平均年龄	34.3
大学以上学历（%）	87.0	大学以上学历（%）	68.7
平均月可支配收入（元）	7067.3	平均月可支配收入（元）	5477.8
常住居民（%）	96.1	常住居民（%）	97.3
家庭年平均缴纳水费（元）	371.9	家庭年平均缴纳水费（元）	387.0
日常饮用水取自自来水（%）	74.5	日常饮用水取自自来水（%）	71.2
自来水水质满意度（%）	47.7	自来水水质满意度（%）	14.2

当被问到“杭州将千岛湖作为正式饮用水源，上游淳安县等地将面临更严格的环境保护和更大的经济发展成本。您是否愿意为通过千岛湖引配水工程引过来的自来水进行额外支付?”时，杭州地区的 76.9% 的受访者表示愿意以货币形式对上游水源地进行水生态补偿。若以年度额外支付的形式进行补偿时，杭州地区的受访者平均每年愿意支付 160.56 元，2017 年末杭州市常住人口为 946.8 万人，2017 年杭州地区对淳安县水生态补偿的意愿支付金额大约为 15.20 亿元。若以水价增加的形式进行补偿时，杭州地区的受访者平均愿意承受每吨水价增加 0.81 元，2017 年杭州市居民生活用水总量为 11.25 亿立方米，

此时杭州地区对淳安县水生态补偿的意愿支付金额大约为9.11亿元。

当被问到“将千岛湖作为正式饮用水源，上游淳安县等地将面临更严格的环境保护和更大的经济发展成本。如果嘉兴市也能通过千岛湖配水工程引水，您是否愿意为通过千岛湖配水工程引过来的自来水进行额外支付?”时，嘉兴地区83.2%的受访者表示愿意以货币形式对上游水源地进行水生态补偿。若以年度额外支付的形式进行补偿时，嘉兴地区的受访者平均每年愿意支付173.67元，2017年末嘉兴市常住人口为465.6万人，嘉兴地区对淳安县水生态补偿的意愿支付金额大约为8.09亿元。若以水价增加的形式进行补偿时，嘉兴地区的受访者平均愿意承受每吨水价增加0.87元，2017年嘉兴市居民生活用水总量为2.30亿立方米，嘉兴地区对淳安县水生态补偿的意愿支付金额大约为2.00亿元。

比较图8－14、图8－15、图8－16和图8－17，无论选择以“年度额外货币支付”还是选择“水价增加”，两城市高收入受访者均表现出比低收入受访者更高的货币补偿意愿，水生态补偿标准测算值的可接受性与补偿主体实际可支配收入水平息息相关。与此同时，两城市接受过高等教育的受访者相较于未接受过高等教育的受访者却表现出略低的货币补偿意愿。这可能是由于较高受教育水平的市民往往会有更多理由质疑生活必需品价格调整，或者较高受教育水平的市民会对额外的市政费用征收有更多维度的考量。

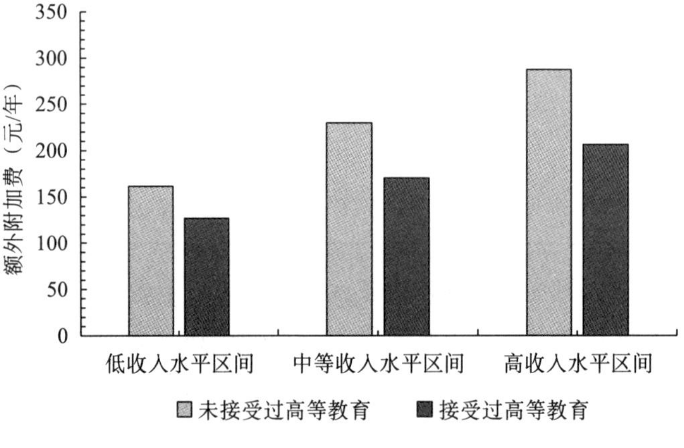

图8－14　杭州市受访者额外附加费支付意愿特征

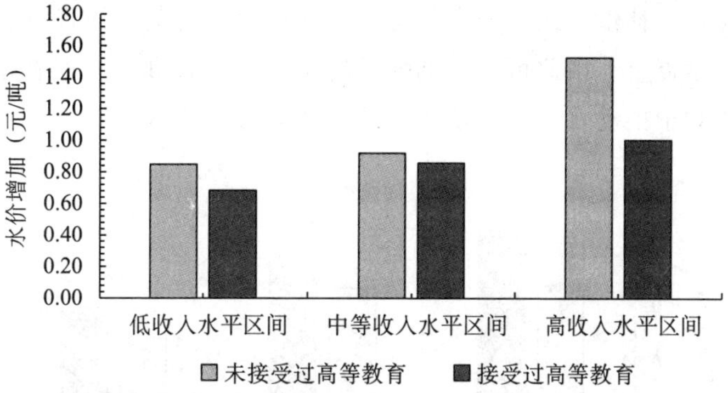

图 8－15　杭州市受访者意愿承受水价增加支付意愿特征

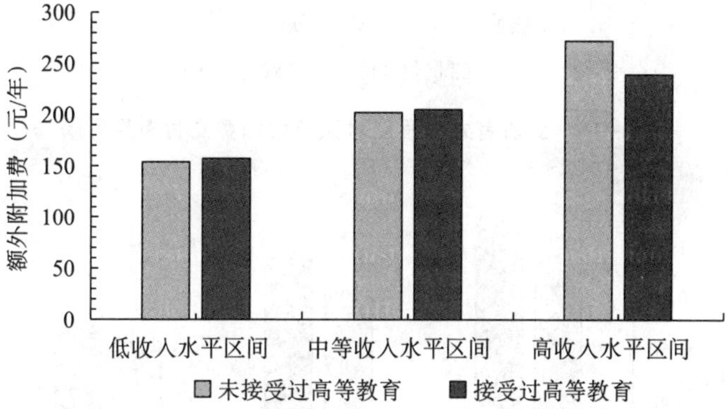

图 8－16　嘉兴市受访者额外附加费支付意愿特征

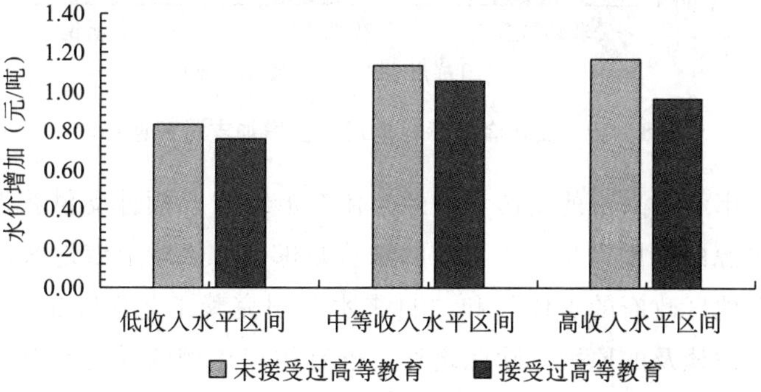

图 8－17　嘉兴市受访者意愿承受水价增加支付意愿特征

观察图 8－18 和图 8－19 可以发现，杭州市和嘉兴市受访者对千岛湖配水工程及水生态补偿机制的了解程度对他们的补偿支付意愿有显著的影响。当受访者对千岛湖配水工程前情背景和运行机制非常了解且对水生态补偿机制的运行模式、补偿方式等非常熟悉时，他们会愿意为上游淳安县支付更多的水生态补偿资金。由此可见，加强千岛湖引水工程和水生态补偿机制的公众科普宣传对于推动水生态补偿机制的成功运行是非常必要的。

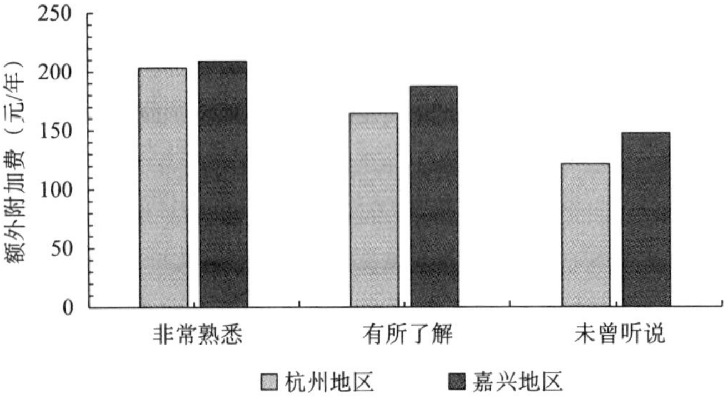

图 8-18　受访者熟悉程度对额外附加费支付意愿影响

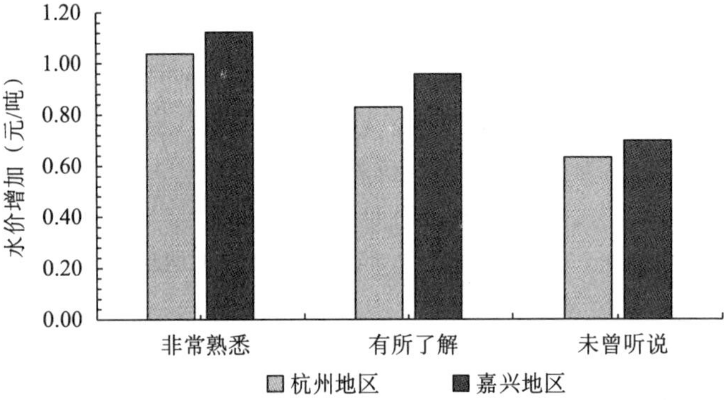

图 8-19　受访者熟悉程度对水价增加支付意愿影响

当杭州市和嘉兴市的受访者谈到为什么拒绝“以额外支付获得千岛湖水作为饮用水源的原因”时，“目前的水价足够高”“对上游地区进行水生态补偿是下游地区政府的责任”和“自来水公司完善工艺保障出水水质即可”是相对较多被谈及的原因。除此之外，也有相当比例的受访者对生态补偿资金的具体用途提出了质疑。

六、关于补偿标准的比较分析

根据机会成本法，研究中选择建德市作为比较对象时2016年淳安县水生态受偿金额为26.31亿元。根据排污权价格法，研究中选取全部年份数据的前5%分位点为化学需氧量定价，即定于61.31万元/吨时，2016年淳安县受偿金额为28.40亿元。根据水权交易法，在黄山市不参与分配的情况下，淳安县可以获得的生态补偿金额至少有28.07亿元。根据合成控制法，2016年淳安县的水生态补偿金额应当是15.90亿元。根据支付意愿法，当以年度额外支付进行水生态补偿时，杭州地区和嘉兴地区对淳安县水生态补偿的意愿支付金额分别为15.20亿元和8.09亿元；当以额外水价增加进行水生态补偿时，杭州地区和嘉兴地区对淳安县水生态补偿的意愿支付金额分别为9.11亿元和2.00亿元。具体结果比较如表8-20所示。

表8-20　　不同补偿标准测算方法的结果及特征

	机会成本法	合成控制法	排污权价格法	水权交易法	支付意愿法
补偿标准	26.31亿元	15.90亿元	28.40亿元	28.07亿元	9.11亿—15.20亿元（不考虑嘉兴） 11.11亿—23.29亿元（考虑嘉兴）
优点	该方法较为直观且简单可行，通过准确可靠的数据可以计量出保护成本，从而确定补偿金额，避免了对复杂的环境物品的价值估算	构造对照组的时候，权重的选择由合成原则确定，减少了主观判断；相对于回归模型，合成控制法具有透明和避免过分外推的优点	和机会成本法一样直观、简单易行；充分考虑发展的公平与效率；有准确可靠的现实数据支撑，计算的补偿金额相对可靠	能够兼顾买卖双方的利益，在双方都能达到满意的条件下开展生态补偿	可对市场不存在或不完全的环境物品进行价值评估；更好地呈现环境物品与人的交互性，评估结果更具可接受性

续表

	机会成本法	合成控制法	排污权价格法	水权交易法	支付意愿法
缺点	对照组的选择缺少可靠的数据支撑，存在一定的主观性；仅从保护方的成本角度进行定价，可接受性相对较弱	在构建潜在控制地区时要剔除受到该政策影响的地区；由于可信度条件限制，对干预前的期数要求较高	对照组的选择缺少可靠的数据支撑，存在一定的主观性	水资源的基本经济价值难以判断，即水价难以公允确定	评估结果很大程度上依赖于调查问卷的设计和受访者的构成与素质，会存在一定的地域差异

总之，机会成本法、排污权价格法、水权交易法和合成控制法等四种方法可以简便地依赖宏观加总数据，结果相对科学、客观。这四种方法下的测算结果保持相对一致，即15.90亿—28.40亿元。当使用支付意愿法基于下游地区用水户的主观意愿进行生态补偿金额评估时，两种支付方式得到的用水户水生态补偿意愿支付金额评估值虽略低于客观测算，但绝对值仍然非常可观。杭州市受访者对淳安县进行水生态补偿的支付意愿评估值在9.11亿—15.20亿元。若引入潜在受水地嘉兴的生态补偿支付意愿，评估值可以达到11.11亿—23.29亿元，接近其他四类方法下的水生态补偿金额。综合考虑科学数据的客观测算值和补偿主体的主观意愿值，课题组建议将千岛湖水生态补偿的标准定在11.11亿—28.40亿元，可取其均值约20亿元。

第九章 完善千岛湖水生态补偿机制的基本框架

千岛湖配水工程的实施使得千岛湖水资源保护者和受益者的利益关系发生了新的变化，因此亟须完善千岛湖水生态补偿机制以平衡利益主体诉求、促进千岛湖保护与发展。本章重点围绕生态补偿机制的四大关键要素，针对淳安县在水生态保护过程中面临的实际问题，阐述完善千岛湖水生态补偿机制的基本框架。主要包括：建立由政府补偿转向政府与用水户共同补偿的主体结构，建立由补偿政府转向补偿政府与居民相结合的受偿主体结构，构建以科学计算为基础的动态生态补偿标准体系，打造多样化的水生态补偿方式。

一、按照“谁受益、谁补偿”原则确定补偿主体

补偿主体指生态补偿资金的提供者，根据“谁受益，谁补偿”的基本原则，补偿主体需要根据利益相关者在流域生态保护中的受益情况进行确定。千岛湖配水工程全称“杭州第二水源千岛湖配水工程”，是杭州“防洪水”“保供水”水利建设3年行动计划（2014—2016年）的重点工程项目。该工程在千岛湖淳安县境内取水，通过输水洞将水引至杭州市余杭区闲林水库，为下游群众提供优质千岛湖水。该工程于2014年12月开工，预计2019年实

现通水，计划供水范围主要为杭州市区（杭州主城区、萧山区、余杭东苕溪以东地区、富阳部分地区）以及工程沿线的建德、桐庐部分区域，并进一步延伸向嘉兴市供水。据此，这些引水受益区的人群理应成为千岛湖水生态补偿的补偿主体，为水生态的保护者提供必要补偿。

千岛湖水生态保护补偿一直是以政府为主，但随着水源功能变化和配水工程的建设，受益的市场主体的界定越发清晰。对受益主体不容易界定的公共服务，需要由政府支付，而对受益主体容易界定的服务，应由受益者付费。在此背景下，完善千岛湖水生态补偿机制首先需要将补偿主体由单一的政府补偿向包括政府、用水户、社会群体在内的多元补偿主体转变。

1. 政府补偿

政府补偿是指政府为千岛湖的生态保护和建设提供政策和财政的支持，以保障上游保护区生态产品的有效供给。其补偿方式主要是通过政府间的转移支付实施生态保护补偿，包括上级政府对下级政府的纵向财政转移和同级政府之间的横向财政转移。

从经济学角度，公共物品的供给需要依靠政府干预。千岛湖水及其新安江流域的产品属性具有公共物品和准公共物品属性，具有显著的非排他性和非竞争性，极易产生供给中的“搭便车”现象和消费中的“公地的悲剧”等问题。水生态保护是极具外部经济效应的活动，保护者的边际成本与收益不能够与社会的边际成本与收益相一致，使水生态保护供给不足。因此，“市场失灵”的存在使政府成为水生态保护的主导者。从法律职责角度，政府作为公共利益的代表，对环境负有保护责任。《中华人民共和国环境保护法》第七条规定：“县级以上地方人民政府环境保护行政主管部门，对本辖区的环境保护工作实施统一监督管理”“县级以上人民政府的土地、矿产、林业、水利行政主管部门，依照有关法律的规定对资源的保护实施监督管理。”第三十一条规定：“有关地方人民政府应当落实生态保护补偿资金，确保其用于生态保护补偿。”① 从产权界定的角度，在产权没有界定或不能完全界定的情况下，市场机制难以介入，也只能或至少部分是政府补偿。

根据行政级别划分，千岛湖水生态补偿机制的政府补偿主体将包括四级

① 《中华人民共和国环境保护法》由第十二届全国人民代表大会常务委员会第八次会议于2014年4月24日修订。

政府：

（1）中央政府。千岛湖是国家一级水体，位居我国大江大湖的水质之首。千岛湖是全国良好湖泊生态环境保护试点和国家江河湖泊生态保护重点支持湖泊。2016 年，淳安县被纳入国家重点生态功能区、首批国家级生态保护与建设示范区和全国生态文明建设试点县。千岛湖已成为国内旅游知名品牌，千岛湖景区荣获国家级重点风景名胜区、国家 5A 级旅游景区等。淳安县成功创建全球绿色城市、国家生态县、国家园林县城、国家有机产品认证示范区。[①] 因此，千岛湖的生态保护对于全国的生态建设和水资源保护都极具重要意义，千岛湖的生态补偿也需要中央政府的财政支持。

21 世纪以来，千岛湖生态公益林生态补偿已经有效实施，淳安县有生态公益林 249.74 万亩，其中国家级公益林 193.84 万亩，省级公益林 46.99 万亩，2016 年，淳安林业获得省财政奖励性转移支付 1.3 亿元，国家生态公益林补偿金 8428 万元。对于水资源的生态补偿，我国《水污染防治法》第八条规定："国家通过财政转移支付等方式，建立健全对位于饮用水水源保护区区域和江河、湖泊、水库上游地区的水环境生态保护补偿机制"。[②] 因此，千岛湖水生态补偿也需要国家财政支持，通过纵向财政转移为淳安提供生态补偿资金。

（2）浙江省政府。千岛湖是浙江省、杭州市的绿色天然屏障，是省级重点生态功能区示范区，其生态保护对全省的生态文明建设具有全局性、整体性意义。特别是浙江省是"省管县"的财政体制，因此，浙江省应是千岛湖生态补偿的主要补偿方，通过纵向财政转移支付为淳安提供生态补偿资金。从实践来看，2005 年，浙江省人民政府发布《关于进一步完善生态补偿机制的若干意见》，指出"建立和完善生态补偿机制，是推进生态省建设的一项重要措施""按照统筹区域协调发展的要求，依据生态补偿原理，多渠道多形式支持江河水系源头地区、重要生态功能区和欠发达地区经济社会发展，努力实现经济社会发展与生态环境保护的双赢。"[③] 随着对千岛湖环境保护要求的不断提升，省级财政对淳安县的补助力度也逐年增加，成为中央、省、市三级政府补偿中的主要主体。

---

① 2017 年淳安县政府工作报告 http://www.qdh.gov.cn/art/2017/3/8/art_1318169_6925512.html。

② 《中华人民共和国水污染防治法》由中华人民共和国第十届全国人民代表大会常务委员会第三十二次会议于 2008 年 2 月 28 日修订通过，自 2008 年 6 月 1 日起施行。

③ 《浙江省人民政府关于进一步完善生态补偿机制的若干意见》（浙政发〔2005〕44 号），http://www.zj.gov.cn/art/2005/9/12/art_12460_7925.html。

（3）杭州市和嘉兴市政府。杭州市区是千岛湖配水工程的主要受益区，也应该是主要的补偿方。首先，配水工程大大提升了杭州市的水源水质，使其从取用Ⅱ类有时Ⅲ类水质的原水升级为享用Ⅰ类的优质原水；其次，优质的水源提升了杭州市居民的幸福感。优质的饮用水保障了居民的用水安全，避免突发性水污染事件的发生，减少了因涉水问题产生的矛盾和事件，使用水居民的生活质量和生命质量都随之得到提升；再次，高品质的饮水保障和生活质量有利于杭州打造国际著名风景旅游城市和建设世界名城。

从2005年开始，杭州市人民政府向淳安进行财政转移支付用于千岛湖的生态保护，已从2006年的983万元上升到2017年的3000万元左右。尽管该补偿金额在逐年增加，但从淳安的环保投入来看，杭州市的财政转移只占很小的比例，淳安在杭州市级层面得到的生态补偿与其他县（市）差别不大。[①] 而在实施了千岛湖配水工程后，从直接的引水关系上，千岛湖从原来的备用水源地转变为水源地，杭州市的受益日益增加，而淳安县的发展日益受限。引水区与被引水区因水源保护和使用而进一步拉大了发展差距；从区域整体发展层面上，2013年杭州市委决定将淳安建成“美丽杭州”实验区，努力成为“绿水青山就是金山银山”的样本。[②] 因此，不论基于引水关系还是区域发展考虑，杭州市都需要再增加对淳安县的补助力度，使其在千岛湖生态保护不断升级的过程中，能够兼顾生态保护和经济发展。

嘉兴市地处太湖流域，属平原河网地带，水源地为河流型。在河网大多水质监控断面仅达到Ⅳ类水为主的现状下，嘉兴市饮用水源地水质是全省最差的。根据国务院原则同意的《嘉兴市城市总体规划（2003—2020年）（2017年修订）》，“规划将地表水作为城市主要水源，同时考虑区域引水，预留千岛湖引水线位，千岛湖引水线位西侧经杭州绕城，境内沿沪杭高速廊道—南郊河西段敷设，至中心城区接入贯泾港水厂。”[③] 因此，如果千岛湖引水至嘉兴，那么嘉兴将同杭州一样也是引水的受益区，当地居民的水源水质、用水安全、幸福指数等都将获得大幅提升。那么，嘉兴市也将是千岛湖生态补偿的补偿方，应根据引水量比例，向淳安县进行财政转移支付相应比

---

① 《关于建立千岛湖生态补偿和保护投入机制的建议》，http：//www. hzzx. gov. cn/taxd/content/2014 - 08/22/content_5415089. htm。

② 《杭州要将淳安建成“美丽杭州”实验区》，http：//hangzhou. zjol. com. cn/system/2013/12/23/019772912. shtml。

③ 《2017年国务院办公厅关于嘉兴市城市总体规划（2003—2020年）》（2017年修订），https：//www. tuliu. com/read - 64050. html。

例的千岛湖水生态补偿资金。

(4) 桐庐县和建德市政府。根据千岛湖配水工程计划，供水范围还涉及工程沿线的建德（包括乾潭镇、钦堂乡、杨村桥镇、三都镇及梅城镇等乡镇)、桐庐（包括江北老城、旧县、江南、富春江、窄溪镇、横村片、瑶琳片、分水镇等）部分地区。理论上讲，这些受水区的政府也需要通过横向财政转移向水源地支付生态补偿资金，根据其用水量比例分担各自的生态保护责任。

水生态环境中的公共物品特性决定了政府在水生态补偿中的责任地位。我国实行的水源地生态补偿方式也主要以政府投入为主，多以财政转移支付专项基金、生态建设工程等补偿模式执行。政府主导的补偿模式具有执行力高、容易实施的优势，但是这种补偿模式存在投入单一、补偿数额小、责权利不清晰的问题，不能很好地解决水源地发展和保护的矛盾，难以调动水源地保护生态环境的积极性。而且过分依赖于封闭单一的政府支出补偿模式，不利于形成开放的生态补偿主体体系。① 此外，政府作为一种制度安排，如同市场制度一样，同样是内生变量，其自身的运行以及向公众提供公共服务和公共物品也存在交易费用，也有政府失灵的风险。② 因此，一方面需要发挥政府对生态环境保护的主导作用，另一方面也需要引导受益者和社会公众的积极参与。

2. 用水户补偿

用水户补偿是指在水资源产权清晰、生态受益主体范围明确的背景下，由具体的生态效益享用者——用水户，如生活用水户、生产用水户、经营用水户，向水源地的保护者支付生态补偿资金。

2016 年国务院办公厅印发《关于健全生态保护补偿机制的意见》中明确提出生态补偿的基本原则之一是“权责统一、合理补偿。谁受益、谁补偿。科学界定保护者与受益者权利义务，推进生态保护补偿标准体系和沟通协调平台建设，加快形成受益者付费、保护者得到合理补偿的运行机制。”③ 我国《环境保护法》第三十一条也明确规定：“国家指导受益地区和生态保

① 刘晶、葛颜祥：《我国水源地生态补偿模式的实践与市场机制的构建及政策建议》，《农业现代化研究》2011 年第 5 期。

② 潘金：《我国生态环境补偿法律机制研究》，北京交通大学硕士学位论文，2008 年。

③ 《国务院办公厅关于健全生态保护补偿机制的意见》（国办发〔2016〕31 号），2016 年 5 月 13 日，http：//www. gov. cn/zhengce/content/2016 -05/13/content_5073049. htm。

护地区人民政府通过协商或者按照市场规则进行生态保护补偿。”① 因此在受益主体能够界定的情况下，补偿责任理应由受益者自身承担。从环境公平角度，流域范围内人人享有平等的资源利用和污染排放权力。但由于主体功能区定位的原因，水源保护区的排污强度远低于下游引水区。这在一定程度上相当于水源保护区的居民将自己的排污权让渡给了下游引水的居民，保障了下游居民的生产生活活动。从资源有偿使用角度，优质的水资源是上游水源保护区居民的保护成果，因此下游水资源使用者需要向上游供水者支付一定的报酬以取得水资源使用权。这种受益者付费体现了资源的稀缺性，避免“搭便车”而产生“公地悲剧”。此外，从区域协调发展角度，受益者付费促使流域上下游各利益主体之间明确其权利和责任，有利于建立流域上下游间生态效益和经济利益的共享机制，实现区域的协调共享发展。

根据用水性质，千岛湖生态补偿的用水户主体可包括居民、行政事业单位、企业；用水类别包括家庭用水、公共服务用水、工业生产用水及经营服务用水；用水性质直接性耗水和非直接性耗水。详见表 9 - 1。

表 9 - 1　　用水户水生态补偿的主体组成

主体类别	用水类别	用水性质	用水范围
居民	居民家庭用水	直接性耗水	居家生活的饮用、洗涤、冲厕、洗澡等用水
行政事业单位	公共服务用水	直接性耗水	党政军机关及其所属事业单位、教科文卫组织、传媒机构、社会团体和不以盈利为目的的中介服务机构的用水
企业	工业生产用水	直接性耗水	从事工业性产品生产或运用物理、化学、生物等技术进行加工和维持功能性活动所需的用水。种养业和农产品加工用水划归工业用水类别②
	经营服务用水	直接性耗水	指在流通过程中从事商品交换（含组织生产资料流转）和为客户提供商业性、金融性、服务性等有偿服务的用水
	其他经营用水	非直接性耗水	包括水上运输业、旅游业、娱乐业和用水发电行业的用水

① 《中华人民共和国环境保护法》由第十二届全国人民代表大会常务委员会第八次会议于 2014 年 4 月 24 日修订。

② 参考广东省物价局、广东省建设厅：《广东省城市供水价格管理实施办法》，2001 年 4 月 26 日。

用水户补偿是“受益者付费”原则在千岛湖生态补偿机制中的直接呈现，体现了市场化的补偿方式，使各利益相关主体之间享受其权利并承担相应责任，有利于形成上下游地区自然资源获取与惠益共享机制，同时也分担了政府环境保护的财政负担，有效解决生态环境保护资金不足问题。

3. 社会补偿

从可持续发展角度来看，水源保护区的生态保护和修复具有代际外部经济，是一种“功在当代，利在千秋”的行为。因此流域生态补偿也需要引导社会各方参与，拓展资金来源。如寻求一些国际组织和非政府组织等对水源涵养区的生态建设加以援助，唤起广大民众参与环境保护的意识和热情，鼓励社会各界对流域生态建设进行募捐和帮助。

从国际经验来看，社会补偿一般是与市场补偿结合来使用的。如厄瓜多尔 1998 年在基多市成立了流域水保护基金，用于保护上游的生态保护区。基金经费来自于对用水户征收的费用、捐款和国家财政支出，资金交由 Enlace Fondos 公司来运作，独立于政府部门。该公司设有理事会，成员来自地方社区、水电公司、保护区管理局、地方 NGO 以及政府部门，通过流域保护投资来改善水质、资助保护教育与培训等。再如，哥伦比亚的 Valle del Cauca 流域保护项目也是典型的市场补偿与社会补偿相结合的路径。资金来源于成员捐款，由流域保护的受益者向提供者支付费用，社区广泛参与、农民的大力支持确保了行动的可持续性。① 我国的水资源保护公益基金也逐渐兴起，2018 年 2 月 6 日，由阿里巴巴公益基金会、民生人寿保险公益基金会共同发起，万向信托作为受托人，大自然保护协会（TNC）作为保护项目设计与科学顾问的千岛湖水基金正式启动。② 这是国内首支为重要水源地保护建立的水基金，千岛湖水基金模式中创新性地结合了慈善信托，跨领域地将公益、科研、金融、商业有机结合在一起，吸纳农户、政府、企业、非营利组织及其他社会主体共同积极参与，让环境治理、产业投资、业务合作以此为平台形成合力，共同作用于生态治水的长期可持续发展。

社会补偿属于非直接利益关联者补偿，主要取决于公众环境保护意识和

---

① 彭光华、苏雄华：《比较法视阈下流域生态补偿的路径选择》，《老区建设》2017 年第 12 期。

② 《中国水源地保护慈善信托首个资助项目——千岛湖水基金正式启动》，《都市快报》2018 年 2 月 6 日。

责任。为此，需要发挥非政府组织的作用，按照社会治理体系构建原则，通过法律、经济、社会等手段，引导社会公众积极参与，吸引社会资本参与生态保护建设。

综上，千岛湖水生态补偿机制需要筹划建立由国家、省、市、县四级政府，以及引水区用水户、社会公众等共同出资的千岛湖水生态补偿资金体系，如图 9-1 所示。其中，杭州市和嘉兴市作为千岛湖配水工程的最大受益者，杭州市政府和嘉兴市政府应是各级政府中最大的补偿主体。除了政府补偿，还需要结合受益者的支付意愿和支付渠道，由市场主体——引水区的用水户支付补偿资金。此外，还需积极吸收社会补偿资金，呼吁社会各界对千岛湖生态建设进行募捐和帮助，既拓宽生态补偿融资渠道又促进生态补偿决策的科学化。

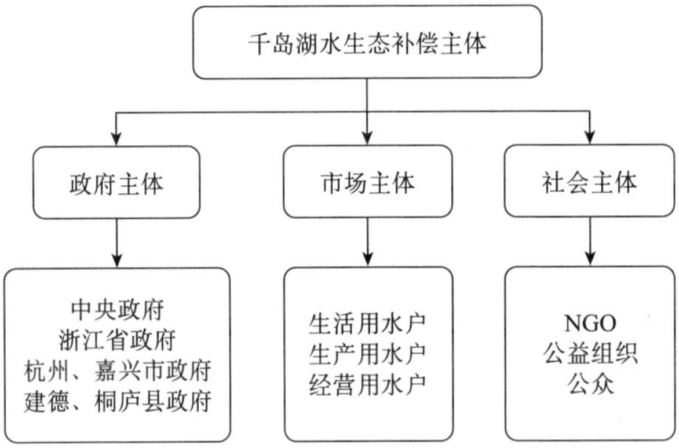

图 9-1　千岛湖水生态补偿主体结构组成图

二、按照“谁保护、谁受益”原则确定受偿主体

受偿主体指生态补偿资金的接受者，根据“谁受损，谁受偿”的基本原则，受偿主体需要根据利益相关者在流域生态保护中的受损情况确定。千岛湖生态保护是淳安县政府、企业、居民等多个主体共同努力的结果。为了保护千岛湖的生态环境，淳安县实行最严格的水环境标准，投入了大量的环境保护成本，“关、停、并、转、迁”系列不达标准的企业，严格限制准入门槛。成为正式水源地后，淳安县的发展空间进一步受限，已经放弃了很多经济发展机会。在这种高标准的保护下，淳安县也付出了很大代价，政府的税

收增速减缓甚至下降、企业的利润增长空间缩小甚至亏损、居民的收入增速下降，各主体均为保护千岛湖水生态环境而产生了不同的利益损失。因此，在完善千岛湖水生态补偿机制的过程中，一方面需要体现完整的补偿思想，即需要对每一类因保护千岛湖水生态环境而利益损失的主体给与补偿；另一方面也需要充分体现“谁保护，谁受益”的原则，不仅补偿他们直接的保护投入和损失，更重要的还要补偿放弃的机会成本损失，使得参与千岛湖水生态保护的政府、企业、居民能共同受益。

1. 补偿淳安县政府

政府是生态保护的引导者，为保护流域生态环境，水源地在经济社会发展过程中执行了比其他区域更加严格的环境标准。这种严格的环境保护不仅大大增加了保护区的环境财政投入，而且高标准的环境保护严重限制了当地的经济发展，企业的关停转和限制性准入使得淳安县的税源减少，税收严重缩水，并且丧失了大量发展机会。具体的损失表现如下：

在环保投入直接成本上，淳安县始终把生态保护作为最大的投入，2010—2018 年累计投入环保资金 96.71 亿元。如图 9－2 所示，淳安县的环保投入历年都处在杭州市县的前列。特别是 2014—2016 年淳安县的环保投入分别占当年地方财政收入的 81%、75.3% 和 73.3%。而随着配水工程的实施，环保标准将更为严格，后续仍需要巨大的环保投入维持污水处理、湖面清洁、湖水水质预警等，仅靠地方的财力根本无法满足如此巨大的环保投入需求。

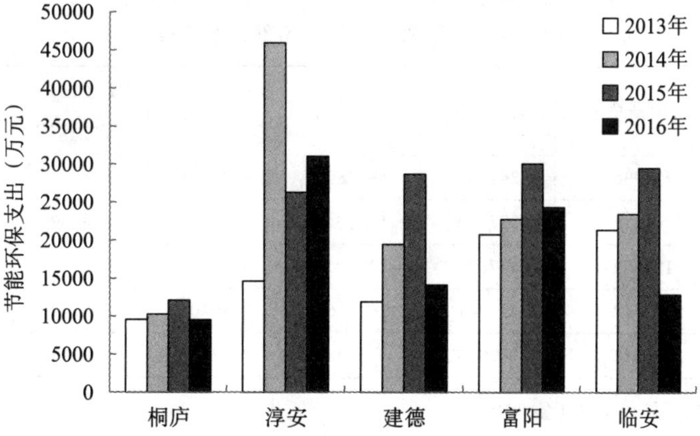

图 9－2　杭州市五个县市区的一般公共预算节能环保支出

数据来源：《杭州统计年鉴》2014—2017。

在经济发展机会成本上：千岛湖生态保护严重限制了淳安的经济发展，但与淳安相邻的建德市、桐庐县等地处于千岛湖下游，经济发展较快。如表9-2所示，淳安县的各经济指标基本处于杭州市各县市区的末梢。就政府的财政收入而言，2016年，建德和桐庐的财政收入分别达到38.87亿元和40.04亿元，而淳安县只有27.29亿元。其中，第二产业发展受阻，是政府税源减少的主要原因。不仅包括限制现存企业发展带来的税收损失，更包括限制了潜在进入企业而产生的潜在的税收损失。而这些损失背后的根本问题是使得淳安的经济发展受限，因生态保护而丧失的发展机会的损失更是巨大的。2015年浙江省水环境功能区划修编后，淳安县有97.95%的陆域面积处于饮用水水源二级保护区范围内，发展空间严重不足。为了保护千岛湖生态环境，淳安县放弃了诸多发展机会，尤其工业发展备受限制。在存量上，因环保标准的提高需要对相关企业进行关停，仅2010年后关停的20余家企业的产值就达50亿元以上，而这些产业都是淳安县的经济支柱和税收大户；在增量上，因为饮用水水源区的环保要求，使一些无污染的投资项目也无法引进和落地。从2003年开始，淳安县发改局每年都发布产业导向目录，而禁止类和限制类越来越多。仅近10年的招商引资中婉拒的投资项目就达300亿元。第二产业的招商引资比例不断下降，至2014年仅不足20%。而企业发展越来越重视全产业链，走集聚发展路子，而某一生产环节在淳安县不能落地就可能导致产业链上所有的环节成本增加，招商引资的优势不断弱化，增加了淳安产业发展的难度。

表9-2　　2016年杭州市两县两区一市部分经济指标　　单位：万元

县市	地区生产总值	第一产业	第二产业	第三产业	常住人口人均GDP	财政收入
桐庐	3733996	244840	1962825	1526331	8.8379	430440
建德	3504257	327496	1760048	1416713	7.8439	388730
富阳	7126504	447873	3299958	3378673	9.6996	971747
临安	5187612	422441	2605763	2159409	8.8232	647896
淳安	2356512	342939	810805	1202768	6.7454	272873

数据来源：《杭州统计年鉴2016》。

综上，为了保护千岛湖的一湖秀水，淳安人民付出了大量的努力，蒙受了大量损失。然而，作为浙江省的重点生态功能区示范区和“美丽杭州”试验区，淳安不仅要保护好生态环境，而且要加强经济的转型发展，尽快实现“绿色青山就是金山银山”的发展道路。而实现这一发展目标的重要基础是有健全的水生态补偿机制做保障，因此，要加大对淳安县的财政转移和政策扶持，补偿其为生态保护的成本投入和损失的机会成本。

2. 补偿淳安县企业

淳安县承受着远高于相邻县市的特殊严格的环保标准，其产业发展首先面临着严峻挑战。企业的利润损失主要来自两方面：一是为了减少污染而对部分企业进行的关停、搬迁和改造；二是由于提高环境标准而对企业发展带来的影响冲击。

长期以来因为特殊严格的环境保护，淳安自20世纪90年代起，已先后关停淘汰钢铁、化工、化肥、农药、焦化等高能耗、高污染企业40余家，关停拆除纸业、丝织、矿业、砖厂等20余家企业，对有污染物排放的企业要求其搬迁或进行技术改造。在成为正式水源地后，淳安县的产业范围选择更小，2012—2016年淳安县的第一产业和第二产业比重都呈下降趋势，如图9－3所示。淳安县无一家印染、农药、化肥、制革等重污染企业，是浙江省首个实现“一控双达标”的县，而水产业和旅游业等主导产业将在配水工程实施后受到了冲击。

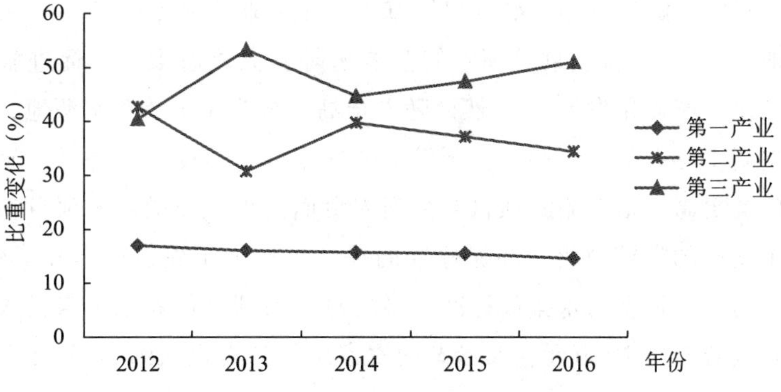

图9－3　淳安县近5年的三次产业结构比重变化趋势

数据来源：《杭州统计年鉴》2013—2017年版。

以“农夫山泉”和“千岛湖啤酒”为代表的水饮料产业是淳安县的主导产业，也是淳安县重点培养的块状经济。截至2017年底，全县水饮料企业实现主营业务收入79.87亿元，同比增幅26.11%。千岛湖的秀水是淳安最具地域特征的战略资源、最为突出的比较优势、最为宝贵的核心竞争力。但是，千岛湖配水工程实施后，淳安县的水产业面临着巨大挑战。从需求角度，受水区可以借此培养自己的水业，对淳安水饮料产品的原产地保护构成威胁。而且沿线受水区居民可以直接饮用千岛湖水，对天然饮用水的需求下降，也减少了淳安水饮料产业的市场份额；从供给角度，配水工程后，千岛湖最低死水位是86米，低于常年基本水位的99米，水位过低影响水质，直接影响水饮料产业生产。而又由于更严格的饮用水水源的保护要求，淳安县计划打造的大型水饮料基地项目无法启动，对水产业的日后发展都将产生深远影响。

千岛湖是国家5A级风景名胜区，旅游产业是淳安县的优势产业，也肩负着带动其他产业发展的使命，如淳安县努力探索的“体育+旅游”“农业+旅游”“工业+旅游”“文化+旅游”等产业发展模式。自2016年以来，淳安县以发展康美产业为重点方向，着力推动旅游发展模式从“景区旅游”向“全域旅游”转变。好的生态环境是旅游发展的基础，但旅游发展也是一种市场行为，现代旅游活动是一种综合性的社会经济活动，其要满足旅游者物质和精神等多方面的需求。因此，旅游的发展需要有核心的产品作为支撑，而旅游产品的竞争力需要项目支撑。2015年淳安县人民政府也指出要“重点培育旅游综合体、民宿民居、度假村落、精品度假酒店、主题特色酒店、主题乐园、露营基地、婚纱摄影基地、工农业旅游示范基地（旅游休闲体验基地）、大型会议会展场所、智慧旅游等新兴旅游项目，促进旅游精品化、集聚化、产业化发展”。[①] 然而随着千岛湖成为正式饮用水源地，淳安县的发展空间十分有限，旅游项目开发需要的空间严重受限。并且，旅游项目的准入门槛更高，很多旅游项目会被列入负面清单，新的旅游项目将很难落地。对于现有的宾馆酒店，环保标准的提高也增加了建设成本和运营成本。以农家乐为例，根据污水排放标准，平均每户沿湖民俗农家乐需投入污水处理设施建设资金约20万元，非沿湖的农家乐每户需投入约10万元。综合来看，发展空间受限、项目引进难度增加、投资成本提升，千岛湖旅游业发展的动力不足。

因此，健全千岛湖生态补偿机制需要对为千岛湖生态保护做出贡献的企

---

① 《淳安县人民政府办公室关于推进新兴旅游产业发展的若干意见》，（淳政办发〔2015〕102号），2015年9月28日。

业和为避免保护地区环境恶化而发展受到限制的企业进行相应的补偿。不仅需要补偿企业因达到更高的环保标准产生的直接利润损失，还需要补偿企业为环境保护而增加的投入成本和损失的机会成本。

3. 补偿淳安县居民

在特殊严格的保护要求下，淳安经济的发展空间相对狭窄、发展的成本相对昂贵，由此导致淳安县城镇居民和农村居民的收入水平越来越低于杭州其他区县。

工业是淳安县经济发展的短板，直接导致了城镇居民的就业困难，产生就业岗位损失。淳安县近一半的劳动力，约 12 万青壮年长期在外打工。2017 年淳安县城镇居民人均可支配收入 40269 元，是杭州市人均的 71%。

千岛湖流域的保护压力主要来源于农村，淳安县有 37 个乡镇都属于千岛湖集水区，因此整治集水区内农户的农业方式，治理农村环境问题是保护千岛湖水环境的重点。在畜禽养殖上，仅 2014 年淳安县就关停退养畜禽规模养殖场（户）220 家、生态化改造 64 家畜禽养殖企业；在渔业养殖上，仅 2009—2011 年，淳安县共清理拆除 918 个养殖户的 2417 亩网箱及相关设施。除此之外，由于对印染、缫丝等企业的搬移致使茧丝绸产业链发展受限，使蚕桑养殖受到严重影响，蚕桑面积和产值呈现断崖式下滑。全县桑蚕产量从 2012 年的 9.8 万担降至 2017 年的 0.3 万担。因此，水环境保护使农业活动也受到了严格限制，农民只得另谋生路。2017 年淳安县农民可支配收入 17721 元，只相当于杭州市农村居民人均可支配收入的 58%。

除了直接的收入损失，还需要对保护区居民的心理落差进行抚慰。千岛湖的保护还牵动着淳安人民的感情，60 年前为建湖而移民，60 年后为保水而受限。在要求严格保护生态环境的同时，必须同样尊重淳安 45 万人民的发展权利和幸福期盼，保障他们享有平等的生存权和发展权。千岛湖配水工程对于引水地区是一项惠及百姓的民生工程，但对于淳安百姓而言未必如此，生产成本提高，生活成本提高，相对收入下降，生活质量下降。面对着与周边地区日益拉大的差距，如果不给予保护者应有的补偿，不能妥善处理生态利益和经济利益直接的关系，淳安县将面临巨大的民意压力，影响淳安县的社会稳定，也不利于水源的保护（见图 9－4）。

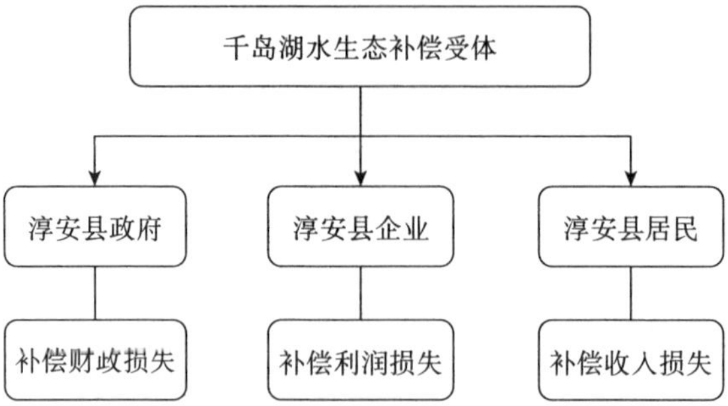

图9－4　千岛湖水生态补偿受体结构组成图

综上，如图9－4所示，千岛湖水生态补偿机制需要建立包括淳安县政府、企业、居民三类的受偿主体结构。受偿主体亟须由单一的补偿政府向多元受体结构转变，补偿资金应主要用于补偿各类主体为保护千岛湖水环境而产生的财政损失、利润损失和收入损失。其中，从补偿资金的分配比例来看，随着生态环境保护的持续推进，补偿政府的资金占比应逐渐降低，补偿居民的资金占比应逐渐增加。

三、按照“实际补偿金额趋近理论补偿金额”的原则确定补偿标准

补偿标准是指生态补偿的具体额度，是补偿时参照的条件，合理的生态补偿标准是确保生态系统持续发展的重要基础。为了提升千岛湖生态补偿标准的准确性，在理论分析上，需要全面考虑生态保护的正外部性；在机制设计上，需要纠正对于生态补偿的一些误区；在核算方法上，需要综合考虑所涉主体的经济价值和生态价值，采取多种核算方法降低不确定性；在补偿实施上，需要考虑补偿标准的准确性和持续性，建立动态性的补偿标准体系。

1. 内化生态保护正外部性

生态补偿机制的建立就是为了内化生态保护外部性，协调保护者和受益者之间的环境利益和经济利益关系。因此，生态保护补偿的标准需要以内化全部正外部性为依据，以保证实施生态补偿机制能够切实发挥平衡保护者与受益者之间的利益关系的作用。

从生态保护者视角，生态补偿需要内化的是其为保护生态环境所付出的成本，包括直接成本和机会成本。直接成本是生态保护者为了保护生态环境，投入的人力、物力和财力等成本，机会成本是生态保护者为了保护生态环境而牺牲的一系列发展机会所获得相应的收益。因此，千岛湖的生态补偿不仅要补偿淳安县政府、居民、企业对水源地保护的直接投入，还需要补偿他们在环境保护过程中付出的机会成本。对现存企业而言，其机会成本可分为三类：一是企业因关闭、停办所产生的损失；二是企业因合并、转产带来的利润损失；三是企业迁移过程中发生的迁移成本和新建厂房等发生的成本。对于水源地居民而言，包括因土地用途改变产生的种植业收入损失及水源地的生态保护措施和政策而带来的林业、牧业、渔业等产业的损失。对于政府而言，水源地在经济社会发展过程中执行了比其他区域更加严格的环境标准，导致大量企业（现存企业、潜在企业与迁移企业等）税收的损失。[①]

从生态受益者视角，生态补偿需要内化的是受益者享有的生态保护者提供的生态收益。生态受益者没有为自身所享有的他人提供的生态产品和服务付费，才使生态保护者的保护行为没有得到应有的回报，产生了正外部性。[②]受益者的生态收益来自于享用的生态系统服务功能。因此，可从生态系统服务的价值角度提出生态补偿的标准，即基于生态系统服务功能本身的价值或修正后的价值来确定生态补偿的标准。换言之，千岛湖的生态补偿要反映引水区受益者享用的水资源生态价值。

根据上述分析，生态补偿标准的依据可以来自生态保护者的成本和生态受益者的收益两方面。而这两方面的依据的核算结果，在补偿程度上，学术界的一般观点是，生态补偿标准应在保护者成本和受益者收益的区间范围内。[③] 如果补偿标准小于保护成本，水源保护区居民不愿意改变已有的土地利用方式，生态补偿理论上将无法达到生态保护行为的激励作用。而如果补偿标准大于生态系统服务价值，受益者没有消费者剩余当然也不愿意支付这一生态保护补偿费用。因此，生态补偿标准应以生态系统服务价值为上限，以生态保护成本为下限，如图 9 - 5 所示。

---

① 李彩红、葛颜祥：《可持续发展背景的水源地生态补偿机会成本核算》，《改革》2013 年第 11 期。

② 李国平、李潇、萧代基：《生态补偿的理论标准与测算方法探讨》，《经济学家》2013 年第 2 期。

③ 柳荻、胡振通、靳乐山：《生态保护补偿的分析框架研究综述》，《生态学报》2018 年第 2 期。

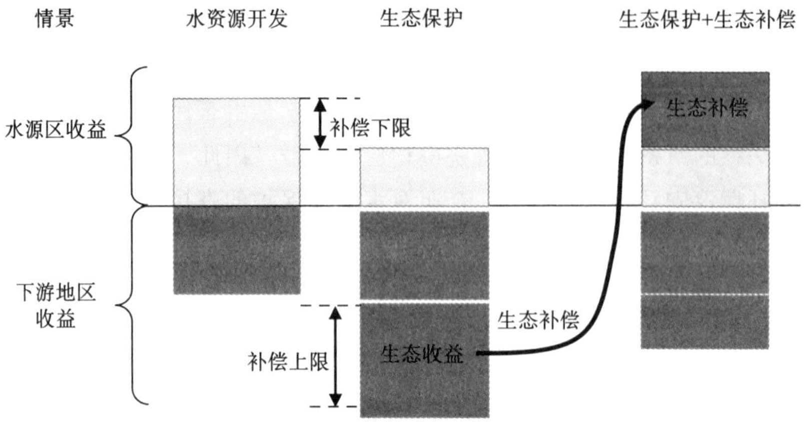

图 9-5　水源地生态保护补偿的框图模型

综上，生态补偿标准应能内化外部性，使得生态补偿的作用能体现在生产者和消费者的决策上，从而刺激励生态保护者的保护行为，达到保护水生态和水资源的目的。然而，从现阶段的调研情况来看，千岛湖生态补偿的补偿金仅能支付环境污染的治理和保护建设，尚无法对各利益受损主体在生态保护过程中的机会成本进行补偿。这样的补偿未能全部内化生态保护的正外部性，保护主体和受益主体的环境利益和经济利益也得不到合理分配，会影响整体区域经济的协调发展和生态保护的可持续性。

2. 纠正生态补偿中的一些误区

为了提升生态补偿的准确性，除了需要明晰生态补偿标准的理论体系，更必要的是需要纠正生态补偿机制的构建过程中的一些误区。

第一，生态补偿思想认识不到位的问题。在调研过程中发现下游受益者对生态保护的认识不到位，存在认为水源保护区的生态保护是天经地义的，不需要下游出钱补偿的思想观点。这种想法的产生，一是由于我国已经颁布的《环境保护法》和《水污染防治法》等法律条文明确要求河湖流域上游地区进行环境保护。因此上游地区长期以来的环境保护行为，在很多下游公众眼里被认为是一种环保责任，是理所当然的，而与他们无直接关系。然而，这些环境保护的法律规定就是为了保护流域的环境资源和全体居民，尤其是下游居民的根本利益而实施的。因此，需要加强对生态补偿和环境保护的宣传教育，尤其是要纠正下游的生态受益者不能片面地看待生态保护行为；二是由于我国还没有在国家层面出台生态补偿方面的法律法规，对下游生态受益者应承担相应的补偿义务暂无强制性的要求，使利益群体对承担生态保护的责任和生态补偿的义务缺乏准确认识。因此，需要加快我国生态补偿的法律制度建设，以此促进生态补偿和生态保护的共同发展。

第二，生态补偿策略上的“应付问题”。有的政府官员认为，生态补偿有所体现就可以了。新世纪以来，各地区、各有关部门有序推进生态保护补偿机制建设，取得了阶段性进展。但总体看，生态保护补偿的范围仍然偏小、标准偏低。[①] 补偿实施力度不够，使一些生态保护者还处于“只有生态效益，但没有经济效益”的尴尬处境。造成这一现状的原因，一方面是缺少严格的补偿管理体制，使补偿责任并没有和受益者的自身利益相关联，补偿主体的主动性不强，补偿力度不到位。因此需要加强对补偿主体的监督管理，提高补偿主体的积极性；另一方面是对足额生态补偿必要性的认识不足。受益区需要以生态保护补偿助推环境综合治理与生态建设，水源保护区需要以生态补偿资金为基础寻找生态经济增长点。因此，足额的生态补偿才是保护环境和保护生产力的关键，才能促使“绿水青山”保护者和“金山银山”受益者间的利益均衡。

第三，生态补偿金额计算方法被忽视的问题。生态补偿标准一直被理论界认为是研究的热点和难点。这主要是由于生态补偿标准的计算依据可以有多个角度的，且各个角度的核算方法又不统一。如可以根据生态保护的成本计算，也可以根据生态保护的效益计算，也可以根据补偿主体和受偿主体的个人意愿计算等。然而，这并不意味着生态补偿难以测算，相反，生态补偿是可以测算的，并且正是因为不同角度的生态补偿测算结果相互验证，才能提高补偿标准的准确性。因此需要加强对生态补偿计算方法的重视，以科学的计算为基础，设定生态补偿标准体系，提高补偿的科学性。

第四，生态补偿主体和受偿主体的地位不平等问题。千岛湖的资源和环境效益是有价的，为了保障环境效益的持续发挥，必须付出经营它们所付出的代价，因此收取生态补偿费是天经地义的事情。然而生态补偿实施过程中常常出现主体地位不对等的情况。这种现象一方面是由于双方经济地位的不对等导致。由于生态保护区的经济发展常常落后于生态受益区的经济水平，而经济落后地区的话语权较弱，在一定程度上影响保护区对受益区提出补偿要求；另一方面是由于双方的行政级别不对等导致，尤其是当下级政府作为

---

① 《国务院办公厅关于健全生态保护补偿机制的意见》（国办发〔2016〕31 号），2016 年 5 月 13 日，http：//www. gov. cn/zhengce/content/2016 －05/13/content_5073049. htm。

受偿方要求上级政府给与补偿时，难度更大。对此，有必要在省级层面设立类似于“千岛湖水资源生态补偿督查组”之类的组织，由第三方负责协调、维护各主体的正当权益，并定期组织抽检生态补偿工作，促进保护者和受益者的良性互动的体制机制不断完善。

3. 提高生态补偿核算准确性

生态补偿标准的提高，一方面在于核算内容的确定（生态保护的全部外部性），另一方面也有赖于核算方法的科学准确。正如国务院《关于健全生态保护补偿机制的意见》指出的“加快建立生态保护补偿标准体系，根据各领域、不同类型地区特点，以生态产品产出能力为基础，完善测算方法，分别制定补偿标准。”[①] 从内化外部性的角度，水源地生态保护补偿标准的核算依据包括保护者的直接成本、机会成本和受益者的生态收益。从实施生态补偿的国际经验，补偿者的支付能力和受偿者的受偿意愿也需纳入补偿标准考虑范围。因此，从不同的补偿主体视角，生态保护补偿标准可包括的核算方法见表 9－3。

表 9－3　　基于不同补偿主体视角的各生态补偿核算方法

<table>
<tr><th>补偿主体</th><th>补偿依据</th><th>核算方法</th><th>局限性</th></tr>
<tr><td rowspan="3">保护者</td><td>直接成本</td><td>市场定价法</td><td>主要依托于对当地生态建设与保护措施的了解程度和资料的收集、掌握情况，并且需要避免保护成本出现重复统计的情况[②]</td></tr>
<tr><td>机会成本</td><td>机会成本法</td><td>主要受参考依据的影响，无法体现对保护地区提供的生态环境价值</td></tr>
<tr><td>受偿意愿</td><td rowspan="2">意愿调查法</td><td rowspan="2">主观性较强，问卷设计和调查过程中容易造成各种偏差，包括信息偏差、支付方式偏差、投标起点偏差等</td></tr>
<tr><td rowspan="2">受益者</td><td>支付意愿</td></tr>
<tr><td>生态收益</td><td>生态系统服务价值法</td><td>同一种生态系统服务在不同的社会和经济环境也会表现出不同的价值，消费者信息的缺乏也会导致生态系统服务价值评估出现大量误差</td></tr>
<tr><td>保护者—受益者</td><td>水权交易</td><td>水资源价格法</td><td>需要有水资源可以进行市场化交易的前提条件</td></tr>
</table>

① 《国务院办公厅关于健全生态保护补偿机制的意见》（国办发〔2016〕31 号），2016 年 5 月 13 日，http://www.gov.cn/zhengce/content/2016－05/13/content_5073049.htm

② 刘菊、傅斌、王玉宽等：《关于生态补偿中保护成本的研究》，《中国人口·资源与环境》2015 年第 3 期。

（1）直接成本，根据市场直接定价法计算，对水源地生态保护的各项费用进行加总。这种核算过程较为简洁并容易理解，关键在于确定直接成本的核算范围。如有的学者将直接成本分为生态保护与建设投入、水环境治理与保护投入和其他成本投入三大类，① 有的学者认为将其分为建设成本和管理成本两类。② 而对核算范围的界定不一致也是增加计算结果不确定的主要原因。此外，水源地生态保护的支出具有动态性特征，也会增加的核算结果的不确定性。

（2）机会成本，是指"为得到某种东西而需要放弃的东西"，与直接成本核算相比，机会成本核算的不确定性较大，其核算的关键是确定选择机会成本的最佳载体。如在表 9－4 所列的研究案例中，以相邻地区或所属地区的平均水平为参照的差别法进行核算是一般机会成本的研究思路。此外，从排污权角度来看，上游地区由于环境管制而放弃的"排污权"，即是其为了更高的环境标准而放弃的机会成本。因此在某种意义上，排污权就是发展权，这部分机会成本也可以视作下游需要向上游支付的生态补偿金额。

表 9－4　　　基于机会成本的流域生态补偿研究案例

序号	生态补偿案例	基于机会成本的补偿思想	文献
1	丹江口库区水土保持生态补偿	水土保持建设前后因土地利用方式转变而产生的机会成本	①
2	武夷山饮用水源保护区生态补偿	水源保护区建设生态公益林而损失的建设耕地和商品林的机会成本	②
3	大伙房水库生态补偿	以辽宁省平均经济发展水平作为参照标准，核算与补偿区的人均可支配收入差值，作为补偿依据	③
4	闽江流域生态补偿	以相邻三明市作为参照，以两县市的城镇居民人口可支配收入和农民人均纯收入的差额计算得出南平市的发展权的限制损失，作为补偿值	④

① 段靖、严岩、王丹寅等：《流域生态补偿标准中成本核算的原理分析与方法改进》，《生态学报》2010 年第 1 期。

② 张韬：《西江流域水源地生态补偿标准测算研究》，《贵州社会科学》2011 年第 9 期。

续表

序号	生态补偿案例	基于机会成本的补偿思想	文献
5	浙江飞云江流域生态补偿	上游区域的经济发展受到污水排放量的影响，通过计算“损失的排污权”乘以“排污权价格”得到上游地区应获得的补偿标准	⑤
6	南水北调中线工程生态补偿		⑥

资料来源：①闫峰陵、罗小勇、雷少平等：《丹江口库区水土保持生态补偿标准的定量研究》，《中国水土保持科学》2010年第6期。

②赵旭、杨志峰、徐琳瑜：《饮用水源保护区生态服务补偿研究与应用》，《生态学报》2008年第7期。

③冷雪飞：《大伙房水库上游地区生态补偿标准研究》，《中国环境管理》2015年第5期。

④林秀珠、李小斌、李家兵等：《基于机会成本和生态系统服务价值的闽江流域生态补偿标准研究》，《水土保持研究》2017年第2期。

⑤魏楚、沈满洪：《基于污染权角度的流域生态补偿模型及应用》，《中国人口·资源与环境》2011年第6期。

⑥李国平、王奕淇、张文彬：《南水北调中线工程生态补偿标准研究》，《资源科学》2015年第10期。

（3）生态收益，通常采用生态系统服务价值法评估。生态补偿的目的之一就是对生态系统本身的生态功能进行补偿，从经济学角度来看，两者是一种类似“投入—产出”的关系，即通过科学的生态补偿投入可以提升生态系统服务功能，从而产出所需的生态效益。[1] 因此，以生态系统服务价值作为补偿标准的核算依据在国内外广为应用，如表9－5。

对比已有研究可以发现，各生态补偿案例的标准核算中选取的生态系统服务类别并不统一，使补偿标准缺乏可比性。再加上各类生态系统服务所适用的非市场价值评估方法也并不统一，致使依据生态系统服务价值的生态补偿结果存有争议。但是，生态系统服务价值法的意义是以货币形式去衡量人类所享用的来自生态系统服务的价值，并非在于对生态系统服务进行交易定价。因此，人们常常以生态系统服务价值评估思想作为生态补偿的理论基础，而生态补偿标准还需要结合保护区的发展机会成本、相关主体意愿等因素综合确定。

（4）受偿意愿/支付意愿，即通过受访者的“陈述偏好”来揭示相关环

① 王振波、于杰、刘晓雯：《生态系统服务功能与生态补偿关系的研究》，《中国人口·资源与环境》2009年第6期。

表 9－5　　　基于生态系统服务价值的流域生态补偿研究案例

序号	生态补偿类型	选取的生态系统服务类别	资料来源
1	厦门莲花水库生态补偿	水库的涵养水源服务功能	①
2	昆明市松华坝水源区生态补偿	水源涵养林的涵养水源功能	②
3	渭河甘肃段流域生态补偿	水源涵养、土壤保持、水质净化	③
4	洪都拉斯 Jesus de Otora 流域生态补偿	木材供给、土壤保持、气候调节	④
5	尼瓜多尔 San Pedro del Norte 流域生态补偿	木材供给、水质净化、气候调节	

资料来源：①徐琳瑜、杨志峰、帅磊等：《基于生态服务功能价值的水库工程生态补偿研究》，《中国人口·资源与环境》2006 年第 4 期。

②和丽萍：《饮用水源区生态补偿机制研究——以昆明市松华坝水源区为例》，《生态经济》2012 年第 2 期。

③吴娜、宋晓谕、康文慧等：《不同视角下基于 InVEST 模型的流域生态补偿标准核算——以渭河甘肃段为例》，《生态学报》2018 年第 7 期。

④Kosoy N., Martinez－Tuna M., Muradian R. et al.. Payments for environmental services in watersheds: Insights from a comparative study of three cases in Central America. Ecological Economics, 2007, 61 (2－3), 446－455.

境质量变动对其的影响。从福利经济学角度分析，生态保护补偿机制可看作为一种卡尔多—希克斯改进，即在社会资源配置过程中，如果那些从资源重新配置过程中获得利益的人所增加的利益足以补偿在同一资源重新配置过程中受到损失的人的利益，那么通过受益人对受损者的补偿可以达到双方均满意的结果。[①] 人类因环境变化带来的利益或损失可根据为保护和改善环境质量的社会偏好而度量，通过意愿调查法对个人的支付意愿（WTP）或受偿意愿（WTA）来揭示。因此，相关利益者的支付意愿和受偿意愿可作为生态补偿核算的另一种重要依据。但是，采用该方法的前提是假设被调查者知道自己的个人偏好，并且愿意诚实地说出他或她的意愿，因此补偿意愿的获取常常带有主观性和不确定性。

（5）水权交易，引水区通过向水源地购买水权来实现生态补偿。这是通过水资源市场实现水资源在各个用水主体之间的资源配置。通过用水资源价格与水量相乘，得到水资源价值。应用这一方法的重要前提是有水权交易市场和平台。对于千岛湖配水工程，输水量和利益方都很明确，可以建立千岛湖的水权交易市场，实现引水区对供水区的补偿。

通过上述分析，可以发现不同视角下的补偿标准已经有一些公认的评估方

① 沈满洪、陆菁：《论生态保护补偿机制》，《浙江学刊》2004 年第 4 期。

法，问题在于不同评估技术获知补偿结果与生态补偿标准之间的关系。尽管各类技术方法有各自局限和不确定性，但各方法相互印证而得的补偿区间使得补偿的准确性很高。从补偿实践来看，尽管与理论计算值还有差距，但随着实践的补偿力度的增加，实际补偿标准会逐渐接近于基于科学测算的理论结果。

4. 建立动态补偿机制

生态补偿是一个长期的，连续的，动态的过程，其补偿标准不应是个固定不变的值，在补偿机制设计和实践中应充分考虑其动态性特点。

从测算理论上，生态补偿标准不是一个固定值，而是介于生态保护成本和生态系统服务增值之间的区间；就生态保护成本而言，一方面，保护成本是随着市场价格动态而变化的；另一方面，对于持续时间长的生态补偿项目，其保护成本的核算必须考虑通货膨胀因素。因此必须考虑保护成本的动态性特点以更好地反映保护成本的实际情况；[①] 就生态系统服务而言，一方面，生态系统为人类提供的生态服务强度，随着时间而呈动态变化。不同的生态服务类型其时间动态性是不一样的，在时间维度上，有的是一次性实现，有的是多次性实现，有的是连续性实现，有的是离散性实现，其提供的服务强度曲线随群落本身和环境而不断地变化。[②] 另一方面，生态价值也具有递增规律。由于人们对自然资源的需求无限性与生态系统能够供给的自然资源的有限性之间的矛盾，使自然资源的稀缺性程度不断提高。同时随着经济水平和技术效率的不断增长，提高了生态资源的利用率，每个单位的环境容量的价值也是递增的。因此生态价值呈现增值趋势。[③]

从补偿实践上，生态补偿标准也需要根据不同时间段生态补偿目标的差异进行调整的动态演化。使其能够根据补偿效果、补偿者意愿、保护区的经济发展等情况的变化而变化。如有研究认为不同开发地区的经济发展水平不一致，存在一定差异，经济发展水平落后的地区对环境的需求程度较低，而经济发达地区则对环境的需求较高。因此生态补偿标准体系需要引入一个经济调整系数，具体可由当地人均 GDP 及消费水平指数进行修正。[④] 也有研究提出建立基

---

① 刘菊、傅斌、王玉宽等：《关于生态补偿中保护成本的研究》，《中国人口·资源与环境》2015 年第 3 期。

② 李士美、谢高地、张彩霞等：《森林生态系统服务流量过程研究——以江西省千烟洲人工林为例》，《资源科学》2010 年第 5 期。

③ 沈满洪、高登奎、王颖：《生态经济学》（第二版），中国环境出版社 2016 年版。

④ 黄菲、史虹：《我国水电开发生态补偿的模式探究及应用》，《水利经济》2015 年第 3 期。

于恩格尔系数与皮尔生长曲线模型的生态补偿系数，来反映不同社会经济发展水平下人们对生态系统服务价值的认知程度和进行补偿的支付意愿。[①]

综上，千岛湖水生态补偿机制需要建立以科学计算为基础的动态生态补偿标准体系。根据数据测算，千岛湖 2017 年水生态补偿金额应为 11.11 亿—28.40 亿元。考虑到生态价值递增规律、通货膨胀等因素，千岛湖水生态补偿标准将在此基础上，呈动态的递增趋势。

四、按照多样化原则建立受益者对保护者的补偿方式

生态补偿方式是生态补偿主体对生态补偿对象实施补偿的途径与形式，它体现了生态补偿主体与对象之间的一种权利义务关系。[②] 补偿方式是生态补偿得以实施的最终落脚点，它关系着生态补偿制度的最终成效。为了提高生态补偿效率，将千岛湖生态补偿工作落到实处，在补偿主体上，应充分发挥政府和市场共同的主导作用；在补偿手段上，需要采取货币和非货币、直接和间接的多种补偿方式，因地制宜地开展补偿工作。

1. 完善政府主导的补偿方式

（1）完善补偿资金的来源渠道和分配管理。淳安县实际得到的千岛湖生态补偿资金来自中央政府、浙江省政府和杭州市政府等三级政府，其中主要来自浙江省政府的财政转移支付。而从已有的千岛湖生态补偿实施过程来看，拓宽资金筹集渠道是亟须面对的迫切问题。根据淳安县财政局统计，淳安县得到的千岛湖生态补偿资金主要包括省级和市级的纵向补助。而随着千岛湖配水工程的实施，在省市原有的财政补助上，引水区的政府需要向淳安县政府支付补偿金，是主要的补偿主体。

基于资金补偿的政府主导型千岛湖水生态补偿示意图如图 9－6 所示。在财政转移支付上，淳安县的千岛湖生态补偿基金可兼有纵向和横向财政转移支付。浙江省财政和杭州市财政的生态补偿资金通过纵向财政转移支付淳

① 董彭旭：《填海工程的海洋生态补偿机制研究——以福建沙埕港为例》，厦门大学博士学位论文，2013 年。

② 王娜娜、武永峰、胡博等：《基于环境保护正外部性视角的我国生态补偿研究进展》，《生态学杂志》2015 年第 11 期。

安县。桐庐县、富阳区等受水区与淳安县属同一行政级别，可以通过横向财政转移支付方式直接对淳安县进行生态补偿，或者将生态补偿资金“上解”给杭州市财政，再以纵向财政转移支付给淳安县。嘉兴市与淳安县没有隶属关系，可以通过横向财政转移支付的方式对淳安县进行生态补偿。[①] 除了一般财政转移支付，受水区政府还可以通过专项资金制度进行生态补偿。专项资金制度在资金来源渠道与资金数量上具有稳定性和可操作性，实行专款专用。通过有效的监管制度能够保证基金以少聚多，使项目运作有较为充裕的资金支持。专项资金制度也是政府各部门开展生态补偿的重要形式，如国土、林业、水利、农业、环保等部门均制定和实施了一系列计划建立专项资金，对有利于生态保护和建设的行为进行资金补贴和技术扶助（见图 9－6）。[②]

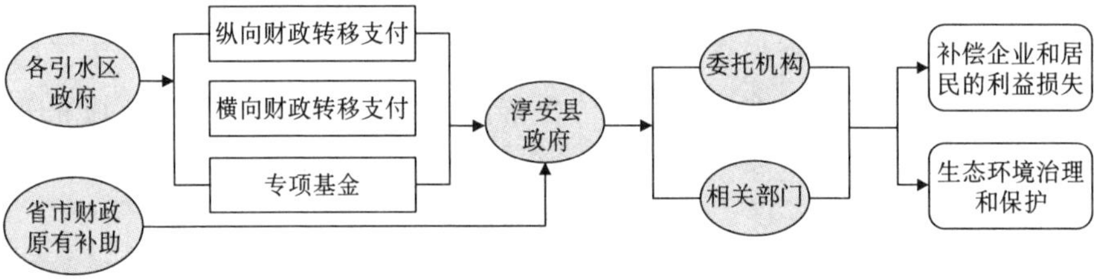

图 9－6　基于资金补偿的政府主导型千岛湖水生态补偿示意图

在补偿资金分配上，淳安的生态补偿资金一方面用于生态环境的保护支出，是对水生态环境的直接投入，如淳安县实施的肥药双控、统防统治、水土保持等各项环保项目；另一方面用于水生态保护者的补偿支出，尤其是对因水生态保护而利益损失的村民进行补偿。具体的补偿工作可以由相关部门主导开展，也可以委托第三方进行管理。

（2）推进政府补偿方式的多元化。《国务院办公厅关于健全生态保护补偿机制的意见》明确指出“鼓励受益地区与保护生态地区、流域下游与上游通过资金补偿、对口协作、产业转移、人才培训、共建园区等方式建立横向补偿关系。”[③] 因此在开展千岛湖水生态补偿工作时，除了资金补偿，政府还

① 沈满洪、魏楚、谢慧明：《完善生态补偿机制研究》，中国环境出版社 2015 年版，第 255—257 页。

② 张虹：《生态补偿法律制度的完善和实施机制的构想》，兰州大学硕士学位论文，2006 年。

③ 《国务院办公厅关于健全生态保护补偿机制的意见》（国办发〔2016〕31 号），2016 年 5 月 13 日，http://www.gov.cn/zhengce/content/2016-05/13/content_5073049.htm。

需要主导推进多种补偿方式，以提升淳安县的自我发展能力，包括：

①实物补偿：以土地、粮食等实际物品的方式对受影响人群进行补偿的方式。通过补偿保护者的生产要素和生活要素，提高他们的生态保护和建设能力，以此达到生态补偿的目的。在一定情况下，实物补偿方式是一种必需的方式，不能由其他补偿方式完全替代。

对于淳安县而言，因为千岛湖的生态保护致使当地发展空间受到严格限制，淳安经济社会发展水平与周边县市的差距越来越大。因此，在千岛湖配水工程通水在即之际，“以生态资源换发展空间”是淳安人民的迫切需要。飞地补偿（也称异地开发），即通过给予淳安县行政范围以外的‘一块地’让保护者可以迁入、建设、开发，以此实现补偿。其实质是补偿的发展空间—土地资源，是对水源保护区所损失的发展权的补偿。这种补偿方式不仅可以在经济上实现补偿，还对移民、生活、就业等有一定贡献。但是异地开发实施的难度较大，最主要的问题是其突破了开发区属地管理的体制，由此造成的财权、事权、属地权的冲突。[①] 而这种冲突只靠保护区和引水区政府难以协调，需要有上级政府协调。淳安的“飞地补偿”是将位于杭州大江东产业集聚区的江东杭千开发区作为淳安县异地发展工业的平台，以开发区的税收作为对淳安的补偿。这种“飞地补偿”的运作模式实际上是经济（资金）补偿的变形，而对于淳安的发展困境，“飞地补偿”更需要实现对淳安发展空间意义上的补偿。

②项目补偿：引水区（杭州和嘉兴）可以通过向淳安县输送一些无污染的高科技企业项目和环保企业项目，以实现对保护区的补偿。项目实施除了直接促进项目实施区的生态环境保护外，还可以引导社会资本投入到生态保护与建设中，具有“种子资金”的作用。[②] 以项目支持的形式帮助水源保护区居民建立替代产业，促进当地的产业转型和经济发展，增加千岛湖保护区的发展能力，形成造血机制与自我发展机制，使外部补偿转化为自我积累能力和自我发展能力。

③技术补偿：通过对保护区开展智力服务，促进当地的经济发展。具体来看，可通过开展就业培训，如对淳安城镇和乡村开展多层次、多形式的劳动职业技能培训，提升居民的职业技能；提供技术咨询和指导，如为淳安县

---

① 葛颜祥、王蓓蓓、王燕：《水源地生态补偿模式及其适用性分析》，《山东农业大学学报（社会科学版）》2011 年第 2 期。

② 沈满洪、魏楚、谢慧明：《完善生态补偿机制研究》，中国环境出版社 2015 年版，第 65 页。

提供先进的环境保护技术、清洁生产技术；提供人才支持，千岛湖水源保护区的生态建设，特别是在水污染防治、垃圾处理、农业污染治理等方面，需要一些高水平的专业技术人才提供支持。通过技术补偿来扫除当地环境保护的技术障碍，既能有效的提升环境保护效率，又能提升保护区人力资本和自我发展能力。但是，如何让高水平人才留在保护区，为保护区长久发展提供智力保障，还需要有配套的工作生活环境和物质条件为保障。

④政策补偿：指中央和地方政府通过实施差异性的区域政策，促进保护区经济发展和提升居民生活质量。政策补偿是政府实施生态补偿的重要辅助手段。例如，在对政府受体的补偿层面，上级省市政府可通过对淳安县实行税收优惠、扶贫和发展援助弥补其发展机会成本的损失。淳安县就可以利用补偿政策和制度资源，根据辖区内的资源、环境、人口、经济状况确定发展方向，制定有利于当地生态环境建设和经济发展的创新型政策，促进发展并筹集资金。此外，在对个人受体的补偿层面，尤其对因环境保护失去经济来源的利益人群，可以在医疗保险、养老保障等方面实施援助，从而更好地满足受偿者的实际需求。

⑤对口合作：以建设特色产业园区或产业合作项目为载体，在产业对接、人才培养、科学研发等方面推动保护区和引水区的对口合作。通过合作，帮助保护区提升造血机制，使外部补偿转化为自我积累能力和自我发展能力，最终实现区域生态保护和社会经济的共同发展。淳安县不仅是杭州市区的饮用水源地，也是“美丽杭州”实验区，需要杭州市带动淳安发展。例如，依托淳安的优质生态资源，在水产业、旅游业、绿色农业、休闲娱乐、文创产业等方面进行合作创新，推动区域整体的绿色发展。

2. 建立市场化补偿方式

市场主导型生态补偿是指市场交易主体在规定的生态环境标准、法律法规的范围内，利用市场行为来改善生态环境。市场化生态补偿机制运行的关键在于构建一个能够连接利益相关者的市场，使补偿的主体之间进行直接联系，双方在明确生态补偿的价格基础上，通过交易市场实现生态补偿。具体而言，这种补偿模式是将生态环境要素的权属、生态系统服务功能、环境污染治理的配额等投入市场，通过一对一交易、市场贸易、生态标记等方式开展的生态补偿,[1] 是一种较为自由的补偿实现方式。

2015 年《中共中央关于制定国民经济和社会发展第十三个五年规划的建议》中已提出“建立健全用能权、用水权、排污权、碳排放权初始分配制度，创新有偿使用、预算管理、投融资机制，培养和发展交易市场。”[2] 2016 年《国务院办公厅关于健全生态保护补偿机制的意见》再次指出“发挥市场机制促进生态保护的积极作用，使保护者通过生态产品的交易获得收益，建立用水权、排污权、碳排放权初始分配制度，探索建立水权、排污权、碳排放权交易制度。建立统一的绿色产品标准、认证、标识等体系，完善落实对绿色产品的财税金融支持和政府采购等政策。”[3] 可见健全生态补偿机制，市场化的生态补偿不可缺少。

实施千岛湖配水工程后，千岛湖水生态补偿的受益者和受损者利益关系相对明确，比较容易发挥市场的调节作用，可以借此机会作为试点建立市场化的水生态补偿方式。为此，第一，要赋予生态保护区和生态受益区独立的、对等的市场地位，这是建立生态补偿市场的首要前提。[4] 完善千岛湖生态补偿机制即需要对水源保护区与引水区的权利义务有科学界定，保护区同样有发展的权力，不能只侧重对保护区单方面的行政管控和环境管制。只有建立在双方自愿协商的基础上，反映了双方的意愿，生态补偿才能真正地有助于提升生态保护的积极性。第二，在交易标准的设定上，要赋予生态保护区和生态受益区平等的生产权和发展权。值得说明的是，千岛湖已实行了最严格的环境保护规定，淳安县的节能减排已趋于现有技术条件下的极限。而基于流域范围内享有平等的生产权和发展权的考虑，用能权、用水权、排污权、碳排放权的交易起点需要以全省的平均数或中位数为参照标准，各地区根据各自的环境保护要求，低于该起始点的地区不能新增排放和能耗，但低于参照标准的部分可以用于交易；高于参考标准的地区的能耗和排放份额需要从市场交易中获取。第三，生态补偿价格（包括水资源价格、排污权和排放权交易价格等）要反映市场供求关系，受市场供求规律调节。第四，在制

① 谢高地、曹淑艳：《生态补偿机制发展的现状与趋势》，《企业经济》2016 年第 4 期。

② 《中共中央关于制定国民经济和社会发展第十三个五年规划的建议》，2015 年 10 月 29 日中国共产党第十八届中央委员会第五次全体会议通过，http：//cpc. people. com. cn/n/2015/1103/c399243—27772351. html。

③ 《国务院办公厅关于健全生态保护补偿机制的意见》（国办发〔2016〕31 号），2016 年 5 月 13 日，http：//www. gov. cn/zhengce/content/2016 －05/13/content_5073049. htm。

④ 席鹭军：《生态补偿机制要突出市场化特征》，《中国环境报》2018 年 1 月 15 日。

度保障上，政府需要为市场发挥作用创造条件，为保障市场交易的顺利实施，需要制定交易规则，对市场进行规范和管理。在上述条件形成的基础上，保护者和受益者双方按需在交易市场上进行交易，如图9-7所示。

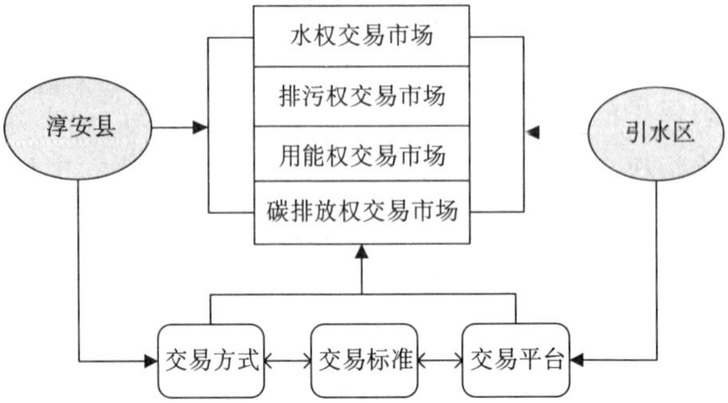

图9-7 市场主导的千岛湖水生态补偿机制示意图

综上所述，千岛湖水生态补偿机制需要建立包含政府主导型和市场主导型的多元生态补偿方式。需要同时发挥政府主体和市场主体的主导作用。政府补偿的直接性、强制性和高效性以及易监督的特点对环境保护发挥重要作用，但随着市场经济的发展，其高成本及缺乏激励的局限性也日益显现。利用市场手段，通过引水区和保水区的生态交易，更能实现生态利益在地区间的合理分配。在补偿方式运用上，资金补偿还是千岛湖水生态补偿的主要方式，需要在资金筹集、分配、流向等方面加强管理，提高资金补偿的效力。同时，需要根据淳安县的实际特点和需求，更多采用实物补偿、政策补偿、技术补偿等"造血型"的补偿方式。如图9-8所示。

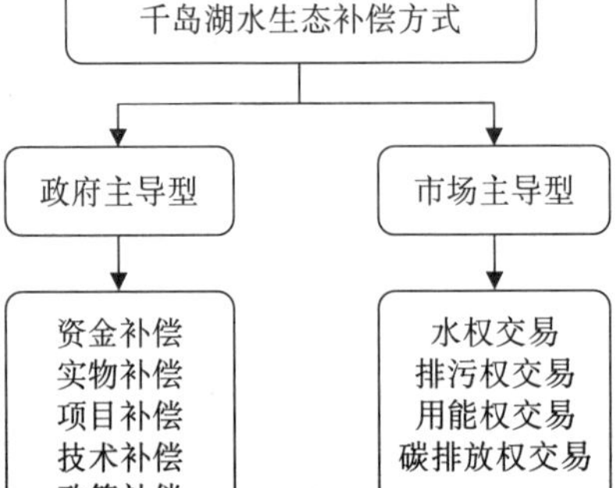

图9-8 千岛湖水生态补偿的各种方式示意图

第十章
完善千岛湖水生态补偿机制的若干相关问题

完善千岛湖水生态补偿机制，除了回答谁补偿、补给谁、补多少、怎么补等一般问题外，还要回答流域上下游关系处理问题、生态补偿与其他补偿的关系问题、不同类型的生态补偿的关系问题、生态保护与绿色发展的关系问题等。本章就此进行阐述。

一、流域协调问题：需要统筹黄山、淳安和建德关系

新安江流经安徽和浙江两省、黄山和杭州两市，休宁、屯溪、歙县、淳安、建德五县市。[①] 千岛湖是新安江水力发电站拦坝蓄水而成的人工湖。库坝高 108 米，相应水面积 580 平方公里，总库容 178.4 亿立方米。2008—2017 年，千岛湖年平均水位 101.07 米，平均最高水位 104.93 米，平均最低水位 97.58 米。1981—2011 年，平均年入库水量为 106.34 亿立方米；最大

① 事实上，新安江发源地及上游地区还包括宣城市绩溪县的一部分。绩溪县地处黄山山脉和西天目山山脉结合带，是长江水系与钱塘江水系分水岭，但对新安江水量的贡献和水质的影响较小，未参与新安江流域跨省生态补偿试点。

年入库水量 179.87 亿立方米；最小年入库水量为 55.73 亿立方米。其中，黄山市来水约占 60%，黄山市集雨面积为 6002 平方公里；淳安县集雨面积为 4427 平方公里，淳安县境内 99.5% 降水汇集于千岛湖；建德市境内约有 13 平方公里的集雨面积，占 1‰。[①] 因此，黄山市、淳安县和建德市是千岛湖配水工程所涉及的受偿主体。

饮水思源，当杭州市决定每年从千岛湖引 9.78 亿立方米的水供杭州市区（杭州主城区、萧山区、富阳区和余杭区东苕溪以东地区）及工程沿线的建德、桐庐部分区域的 806 万常住人口饮用并进而引水到嘉兴时，所有的供水方都应是利益相关者，包括黄山市、淳安县和建德市。流域协调问题需要统筹黄山、淳安和建德关系，需要在现有生态补偿框架基础上构建多层级水生态补偿机制，包括新安江流域跨界生态补偿机制、杭州市生态补偿机制、嘉兴市生态补偿机制和千岛湖配水工程专项生态补偿机制。

第一，通过新安江流域跨界生态补偿机制协调与黄山的关系。新安江流域跨界生态补偿机制已试点两轮六年，第三轮试点工作已经启动。这对全国而言具有重要的政策示范意义，对黄山而言具有重要的现实意义。首先，新安江流域跨界生态补偿机制可以让上游的安徽省黄山市获得实实在在的补偿资金，可以满足上游政府生态保护的利益诉求；其次，新安江流域跨界生态补偿机制构建了中央—省—市三级协调机制，可以扭转上游地区在横向生态补偿谈判中的弱势地位；最后，新安江流域跨界生态补偿机制为构建杭黄都市圈和为黄山融入浙江大湾区建设提供了契机，可以为黄山市的“绿水青山”谋求更大的转化空间。

第二，通过杭州市生态补偿机制协调杭州与淳安的关系。杭州市生态补偿机制自 2005 年以来也已经运行了十多年，“保护优先、合理补偿；保持水质，稳中向好；地方为主，中央监管；监测为据，以补促治；多元合作，互利共赢”的补偿原则使杭州市生态补偿制度建设走在全国前列，也为淳安县带来了实实在在的千万元的补偿资金。2017 年，杭州市拨付给淳安县的各类生态补偿资金约为 8000 万元。在“省管县”财政体制之下，淳安县从杭州市所获得的生态补偿资金已相对优厚。淳安县从杭州市获得的生态补偿资金在各县市区中虽然一直保持最高份额，但与各县市区的发展机会结合起来看，这样的高比例依然无法满足淳安县对杭州市的期许。如何将各县市区发

① 数据由淳安县水利局提供，2018 年 7 月 9 日。

展的机会成本纳入杭州市生态补偿资金，或者是做大该机会成本的比重，是杭州市在生态补偿中处理好市县关系的关键。

第三，通过探索建立千岛湖配水工程专项生态补偿机制协调淳安与建德的关系。在千岛湖成为杭州市正式饮用水源之前，淳安县所获得的补偿资金主要是由于其实施的生态建设工程、环境治理工程、新安江水电站工程；在千岛湖成为杭州市正式饮用水源之后，配水工程或水权交易都呼唤千岛湖配水工程专项生态补偿资金。如果设立千岛湖配水工程专项生态补偿机制，协调淳安和建德的关系可以按照湖区面积原则或者集雨面积原则分配。虽然千岛湖配水工程中淳安和建德的利益纷争源于取水口之争，但千岛湖配水工程中淳安所面临的发展约束不仅仅局限于取水口，湖区面积原则或集雨面积原则无法刻画两个城市由于配水工程所带来的发展机会不均等，建议在湖区面积原则或集雨面积原则的基础上附加“机会成本”原则。

二、市场补偿问题：需要理顺政府与市场的作用关系

政府在主导着一系列中国生态补偿实践。在淳安县生态补偿的实践中，政府依然发挥主导作用。中央政府、浙江省政府、杭州市政府、嘉兴市政府、黄山市政府和淳安县政府之间的关系是千岛湖生态补偿机制完善过程中必须要率先处理的关系。与此同时，“九龙治水”是中国水问题的体制根源。“九龙治水”具体表现为水利部门管水的数量，环保部门管水的质量。“水利不上岸，环保不下水”是对中国水治理问题的形象描述。在淳安，“九龙治水”现象也存在。环保部门负责水质、水利部门负责水量、住建部门负责污水处理、农办部门负责农村污水处理，由此卖水方只能是高于各局（办）的淳安县人民政府。国务院及地方机构改革的推进，部分解决了“九龙治水”问题，但仍需要政府统筹协调。由此可见，生态补偿实践过程中会面临突出的“政府失灵”问题，如何发挥市场在资源配置中的基础性地位是深化生态补偿机制淳安实践的重中之重。

市场化生态补偿机制不单是指主体的市场化，重点也不是市场主体的参与程度，关键是补偿方式的市场化。从方向看，生态补偿包括纵向补偿和横向补偿，由于横向补偿所包括的补偿方与受偿方地位相对平衡故被认为最能够体现市场化生态补偿机制；从定位看，生态补偿包括“输血式”补偿和

“造血式”补偿，由于“造血式”补偿所可能具有的内在激励使得它更受市场化补偿机制偏爱；从手段看，生态补偿包括单一的货币补偿和产业补偿（含信息、产业和人才等方式），水权、排污权和碳权的市场交易和“飞地补偿”等新模式也被纳入市场化的生态补偿机制之中。

如果说旅游业发展能够体现出“一湖秀水”的经济价值，那么旅游业的富民之路便可被认为是一种市场化的生态补偿之路。2002—2017 年，淳安县接待游客人数从 107.95 万人增至 1540.6 万人；1982—2017 年，淳安县旅游经济总收入从 3.5 万元增至 157.7 亿元，其中 2016 年淳安县旅游经济总收入为 120 亿元。按 45 万人口计算，2016 年人均旅游经济总收入为 2.7 万元；剔除交通（以 2016 年交通运输、仓储和邮政 9.2 亿元计）和餐饮（以 2016 年住宿和餐饮业 7.5 亿元计）两大成本，如果二次分配取人口权重，那么旅游业视角市场化的人均补偿资金为 2.3 万元，约为人均旅游经济总收入的 85%。[①] 此处的估算只是尝试解释市场化的生态补偿可以有新思路，生态保护所带来的产业红利也应该是其中一种重要的价值转化思路，旅游收入只能算是千岛湖生态改善以后的内部收入的增加。

因此，千岛湖水资源生态经济价值的实现需要有内外兼修的新思路，需要妥善处理好政府与市场之间的关系。一方面，在未来一段较长时期内，政府依然会主导生态补偿的地区实践。因此，在处理当地政府与国家电网关系时应以千岛湖功能变化为依据收归管理权限，至少是水资源的调度权限。满足下游地区生态用水的基础上提高下游居民对上游来水水量和水质的满意度是水资源调度的关键。在处理当地政府与居民关系时应以提高居民获得感为标准配置补偿资金，至少让淳安人民在配水工程补偿中有实质性的获得。生态补偿最终要解决人的问题、发展空间的问题、基础设施建设的问题以及淳安人民的生活问题，脱贫、小康和富裕是淳安人民的美丽愿景。在处理当地政府与市场的关系时应以市场化为原则提高补偿标准，至少可以局部试点市场化补偿标准。虽然政府在制度创新和利益再分配等环节具有绝对控制权，但市场所能带给当地政府的生态红利十分可观。

另一方面，在特定产业和资源领域，努力创新市场化生态补偿机制。首先，推进产业富民，让生态旅游和生态农业在“大水缸”和“大花园”建设中使淳安居民的获得感更强。旅游业是淳安的支柱产业，旅游业也是被认

---

① 《淳安统计年鉴 2017》。旅游人数和旅游收入等数据由淳安县旅委提供，2018 年 7 月 9 日。

为能够给居民带来直接收益的一类产业。好山好水是淳安最强的旅游资源，让好山好水所带来的旅游业发展直接富民能够提高百姓获得感，也可以缓解生态补偿资金在政府、企业和居民之间的分配不均。生态农业是另一类有优势、可发展但被束缚的产业，在坚守环境保护底线的前提下让生态农业富民是另一出路。其次，实行水权交易，深化区域排污权和碳权等生态产品交易机制，使生态产品的经济价值在市场中实现增值。淳安的生态优势十分明显，好山好水的经济价值也十分巨大，如何实现“绿水青山就是金山银山”是现阶段淳安政府和居民面临的最大课题。“卖水”是在千岛湖配水工程通水在即需要立马推进的工作。从长远来看，当全国的排污权市场或碳市场能够稳定运行时，区域排污权和碳权等生态产品的交易机制同样能够给淳安带来可观的收益。再次，完善“飞地补偿”模式，发挥市场的造血功能，实现从“输血型”补偿向“造血型”补偿的转变。这一转变实际上是要变纯粹的财政转移支付为能够带动淳安经济“飞得起”的“招商引资”新模式。这就要求发挥江东淳千（扶贫）开发区的区位优势，在“引进来”的同时作为淳安在杭州开发区的桥头堡撬动淳安当地经济的全面发展。

三、多元补偿问题：需叠加居民生态支付的补偿机制

淳安县 2017 年共获中央、省、市和各类专项生态补偿资金约 7 亿元，各类补偿主体支付金额的叠加使淳安获得的生态补偿资金在县域层面位居全国前列。其中，淳安县在 1993—2017 从国家电网共获得政府专项资金约 2 亿元，其中近三年（2015—2017 年）年均获得此项专项资金约 2400 万元。[①] 杭州市环保口生态补偿资金在 2006—2008 年年均约 5000 万元，在 2009—2015 年年均约 6000 万元，2016 年 1.55 亿元，2017 年为 2 亿元，2018 年年初预算为 1.8 亿元，其中给淳安县的生态补偿占杭州市年度生态补偿资金的 1/5 - 1/4。杭州市林水口生态补偿资金以水利工程建设为主，2015—2017 年淳安县共获得 2 亿元补偿资金，约占全市的 1/5。[②] 从中可以发现，淳安从杭州市环保口和林水口获得的年度生态补偿资金约 1.2 亿元。剔除国家电网

① 淳安县财政局提供，2018 年 7 月 9 日。

② 杭州市财政局和林水局提供，2018 年 7 月 9 日。

和杭州市生态补偿资金，淳安县从浙江省获得的生态补偿资金约5.56亿元（7－0.24－1.2）。根据估算结果，淳安县生态补偿资金在中央—浙江—杭州三级主体间的比例为3∶79∶18。浙江省级层面的高占比自有“省管县”财政体制的内在根源，提高中央政府和杭州市政府的占比是淳安县获取更多生态补偿资金的重要出路，也是实现多元补偿的必然选择。

多元补偿主要是指补偿主体多元，即补偿资金的来源主体可以多个。多元补偿主体可以指不同层级政府，如中央政府、浙江省政府和杭州市政府等；也可以指同一地方政府的不同部门，如林水口的工程补偿和环保口的治理补偿等；还可以指排污企业或受益居民等。多元补偿可以有效解决生态补偿资金不足问题，“众人拾柴火焰高”，更多的补偿主体意味着更多的生态补偿资金。多元补偿能够完善生态补偿资金的来源结构，单一的补偿主体会使得其他主体选择“搭便车”行为，一个合理的生态补偿资金来源本就应该包括政府、市场和社会公众；多元补偿能够提高生态补偿资金的使用质量等，多元补偿意味着多主体参与监管，不同主体也会关注自身补偿资金的使用去向。因此，千岛湖水生态补偿主体可在政府主体之上再叠加电网和居民等“受益主体”，有必要构建需叠加居民生态支付的多元生态补偿机制。当然，叠加居民的生态支付是推进多元生态补偿的创新举措，这取决于“受益主体”是否愿意支付。推进多元水生态补偿机制需要注意以下几个环节：

第一，加强政府调控，明确多元补偿中的政府定位。这政府调控依然是完善千岛湖水生态补偿机制的关键。调水量抑或调水价是政府调控的最直接手段。但是，水量或水价只能控一种，决不能价量齐控。基于水量的调控举措在配水工程中应加强使用。管理体制和政策也是政府调控的重要选择。调管理体制是指调整国家电网（鲁能集团）等主体的收益权，这会涉及国家电网是否还依然为千岛湖水生态补偿的主体。调政策如调整水资源费收费标准或调整水资源费的征收办法，这会影响不同层级政府的参与度。调“蛋糕”大小还是调分配原则是政府调控的又一重要选择。调“蛋糕”大小是指做大还是做小生态补偿资金的大盘子，这会影响多元补偿主体的定位，即政府到底希望有多少类主体参与。调分配原则是指如何分配生态补偿资金，分配原则对于淳安到底能够获得多少补偿资金非常关键。

第二，让生态支付成为生态补偿资金的必要组成部分。水兼具纯公共物品、俱乐部物品和私人物品的多样属性，只要条件许可它便可进入市场交易，但交易的前提是水权明确。在千岛湖配水工程实施后，水资源在用水户之间的分配变得可能，用水量等信息的获取不再困难，基于“谁受益谁补偿”原则的生态支付就变得可能。此时，明晰水权的关键在明确用水量。在明晰水权的基础上需要进一步明确水资源收益权，即水价中的利益分成在不同主体间是如何安排的。为了获得好水，杭州和嘉兴居民确实愿意多支付水价，但额外支付是否全归淳安所有需要协商，这是一项具体工作。

第三，在阶梯水价制度框架下体现水资源的优质高价。供求法则是水权交易所遵循的基本原则。虽然从技术上明晰水权已不再是难题，但引水之后居民是否使用或多大程度上使用与“农夫山泉”原水一样的自来水取决于均衡的供给量和需求量。过低水价会使得居民用水无度，浪费严重，与水生态补偿制度设计初衷相悖；过高的水价可能会导致用水户福利水平下降，也与水生态补偿制度设计初衷不符。根据市场规律设定的阶梯水价制度是现行的且被普遍接受的一种制度安排。为了“好水”不被浪费，千岛湖配水工程中可以考虑在阶梯水价制度框架下附加“优质高价”原则，即进一步提高第二或第三阶梯水价。水价的提高自然而然能够在一定程度上增加生态补偿资金。

四、综合补偿问题：需要厘清补偿边界完善补偿框架

生态补偿对应生态服务支付，早期的相关研究关注生态服务价值的测度并讨论该价值的实现需要在不同主体之间的制度安排。人作为生态补偿实践中最重要的主体，人与人之间的制度安排是生态补偿制度地区实践的重中之重。人与人之间的生态补偿制度安排表现为以下几类：一是由于生态环境保护的原因而引发的保护者与受益者之间的补偿与被补偿关系；二是由于生态环境破坏的原因而引发的破坏者与受害者之间的赔偿与受偿关系；三是由于强生态环境资源约束而引发的高生态环境资源禀赋地区需要上级政府的转移支付，这一转移支付包括工程补偿和移民补偿等。

淳安县生态补偿的多年实践表明，淳安县所获得的生态补偿是综合的，包括扶贫补助资金、水利工程补偿、生态工程补偿和生态保护补偿。扶贫补助资金包括国家和地方两类：国家扶贫资金是指中央为解决贫困地区人口的温饱问题、支持贫困地区社会经济发展而安排的专项资金；地方扶贫资金主要用于促进区域经济协调发展、缩小贫富差距而由地方财政筹集的专项补助

资金。水利工程补偿是指水利工程所有者和经营者，基于水利工程的建造对自然环境和社会环境所造成的影响，对相关居民所造成的损失进行的补偿。生态工程补贴主要是指中央政府、地方政府拨付给下级政府的专项用于改善生态环境状况，支持污染防治、生态建设、环境修复和生态环境质量监控等项目建设，以及鼓励生态省、生态市、生态县和生态乡镇创建工作的资金，包括生态工程补贴和生态保护补偿。[①]

综上所述，千岛湖生态补偿机制多年实践主要关注两类补偿：一类是保护性补偿，这与淳安县水生态保护的县情密不可分；另一类是上级转移支付，这与淳安县水生态保护的强生态环境资源约束密不可分。鉴于此，淳安县拥有多样化的外源性转移支付和生态补偿支付是理所当然的，而且淳安县应得的生态补偿资金应该是多样化转移支付与生态补偿支付的综合。2012 年开始实施的新安江流域生态补偿试点工作为千岛湖地区试行污染赔偿类型的生态补偿制度提供了区域样本。当然，在这一样本中位于下游的淳安仅可能是被污染，要求补偿是淳安的自然诉求。

总之，淳安县实现综合补偿，一方面需要厘清保护性补偿、破坏性赔偿和上级财政转移支付的边界，为淳安能够争取到更多生态保护奖惩资金提供学理依据。首先，需要区分上级转移支付和保护性补偿的边界。上级转移支付一般包括保护性补偿，即由于淳安县在生态保护工作中的显著成效而给予的奖励性资金。这里需要明确上级转移支付中的非保护性补偿，譬如移民补偿和工程补偿等。非保护性补偿是淳安县生态补偿资金的重要组成部分，但不是核心部分，核心应该是生态服务价值部分。其次，需要区分破坏性赔偿和上级财政转移支付的边界。这里主要是指上级财政转移支付的资金是否来自赔偿资金。如果该上级财政转移支付资金来自破坏性赔偿，那么该转移支付也是一部分生态服务价值，只不过它是惩罚性资金，是负外部性的一种货币化。最后，需要区分保护性补偿和破坏性赔偿的边界。淳安县拥有一湖秀水不是坐享其成得来的，保护是根本；同时一湖秀水面临着上游来水水质威胁，如何就“破坏性赔偿”提出淳安方案是淳安积极融入新安江跨流域生态补偿试点的应尽义务。耦合生态补偿和生态赔偿机制是流域生态补偿实践的重要方向。

另一方面，需要完善千岛湖水生态补偿框架，在理清补偿边界的基础上

---

① 沈满洪、魏楚、谢慧明：《完善生态补偿机制研究》，中国环境出版社 2015 年版。

明确生态补偿资金来源，为淳安争取到更多的生态补偿资金开辟渠道。生态补偿一般具有通用框架，无外乎于补偿主体、补偿客体、补偿标准、补偿方式等。完善千岛湖水生态补偿框架则是指在纵向和横向生态补偿制度框架中将各类补偿主体和补偿客体按照一定的标准和方式联系在一起。在纵向和横向一体化的补偿体系中，千岛湖水生态补偿的主体包括政府、企业和居民三类，政府包括中央政府、浙江省政府、杭州市政府、嘉兴市政府（远期）、黄山市政府（可能），企业主要是指用水企业，包括新安江水电站和沿湖企业等，居民包括杭州市居民和嘉兴市居民（远期）。千岛湖水生态补偿的客体也包括政府、企业和居民三类，政府包括淳安县政府、建德市政府，企业包括淳安和建德的水资源和水环境保护单位，如污水处理厂等，居民包括淳安县城镇居民和农村居民、建德市城镇居民和农村居民。补偿标准是基于补偿资金总量既定原则下的成本—收益按比例分担原则，该比例应该统筹水质和水量。各类主体之间的补偿方式可以是纵向财政转移支付、横向财政转移支付、水价加成、提高水资源费等多种方式的综合。

五、绿色发展问题：生态补偿可以与其他财政支持政策并存

杭州市下辖 10 个区、2 个县和代管 1 个县级市，淳安县的诸多经济发展指标在 13 个区（市、县）中排倒数第一名。2017 年，淳安县实现生产总值 255 亿元，仅约占杭州市生产总值的 2%；财政总收入 30.9 亿元，仅约占全市的 1%；固定资产投资 173.9 亿元，约占全市的 3%；社会消费品零售总额 91 亿元，约占全市的 1.6%；它们与 13 个区（市、县）的平均水平（7%—8%）相距甚远。淳安县城镇居民人均可支配收入 40195 元，杭州市城镇居民人均可支配收入 56276 元，仅约为全市的 71.4%；淳安县农民人均可支配收入 17705 元，杭州市农民人均可支配收入 30397 元，仅约为全市水平的 58.2%；居民人均可支配收入偏低，农村居民可支配收入相对更低。[①] 如果要求生态补偿机制满足政府、城镇居民和农村居民的共享发展诉求，那是不可能的；如果 7 亿元年生态补偿资金依然是杯水车薪，那么内外兼修的市场

① 《2018 年淳安县人民政府工作报告》与《2017 年杭州市国民经济和社会发展统计公报》。

化补偿机制势在必行，“保护优先，绿色发展”是千岛湖功能变化后淳安县的最终出路。

绿色发展不否定既有的生态补偿实践，不否定多元化的补偿主体，不否定市场化的补偿方式，但绿色发展有更深层次的内涵。绿色发展就是“要科学布局生产空间、生活空间、生态空间，扎实推进生态环境保护，让良好生态环境成为人民生活质量的增长点。”[①]“绿色发展是生态文明建设的必然要求，代表了当今科技和产业变革方向，是最有前途的发展领域。人类发展活动必须尊重自然、顺应自然、保护自然，否则就会受到大自然的报复。这个规律谁也无法抗拒。要加深对自然规律的认识，自觉以对规律的认识指导行动。不仅要研究生态恢复治理防护的措施，而且要加深对生物多样性等科学规律的认识；不仅要从政策上加强管理和保护，而且要从全球变化、碳循环机理等方面加深认识，依靠科技创新破解绿色发展难题，形成人与自然和谐发展新格局。”[②]“坚持绿色发展是发展观的一场深刻革命。要从转变经济发展方式、环境污染综合治理、自然生态保护修复、资源节约集约利用、完善生态文明制度体系等方面采取超常举措，全方位、全地域、全过程开展生态环境保护。”[③] 习近平关于绿色发展的多次论述均突出了生态环境保护的重要地位，但绝不是不发展。2015 年的论述强调在“科学布局生产空间、生活空间、生态空间”基础上绿色发展，2016 年的论述强调“从政策上加强管理和保护”“依靠科技创新”等方面破解绿色发展难题，2017 年的论述强调“转变经济发展方式”。因此，淳安县走绿色发展之路既是挑战也是机遇，是创新思路也是根本出路。淳安县绿色发展首当其冲的任务是需要做好重新定位、需要变革体制机制、需要构建制度保障。

第一，以“大水缸”保障“大花园”。淳安县在即将正式成为杭州市饮用水源后的定位问题十分突出，一系列围绕定位的规划和计划将会对淳安形成严苛约束。“大水缸”和“大花园”是淳安成为饮用水源地后的两大关键定位。这就要求淳安必须确保“大水缸”的质量，确保“大花园”的品质。为此，淳安县必须坚决贯彻落实习近平总书记重要批示精神，坚决把千岛湖临湖地带综合整治工作抓实抓细抓到位。“大水缸”为“大花园”提供了必

---

① 习近平：《在华东七省市党委主要负责同志座谈会上的讲话》，《人民日报》2015 年 5 月 29 日。

② 习近平：《为建设世界科技强国而奋斗》，人民出版社 2016 年版，第 12 页。

③ 习近平：《在陕西考察工作时的讲话》，《人民日报》2017 年 6 月 24 日。

要的生态环境要素，但也带来了极大的挑战。具体地，需要以“大水缸”战略推动淳安县深绿色发展，为“大花园”建设提供生态支持和资金保障；需要以“大水缸”战略推动千岛湖水生态补偿机制深化，为“大花园”建设提供制度支持和体制保障；需要以“大水缸”战略推动淳安县全面融入杭州都市圈建设，为“大花园”建设创造外部需求和提供市场保障。

第二，以“新变革”保障“新定位”。尝试调整水环境功能区规划，设立千岛湖特别生态功能区和逐步推进撤县设区等体制创新保障“大水缸”和“大花园”的新定位。尝试推进水权交易、碳权交易和排污权交易等市场机制创新保障“大水缸”和“大花园”的新定位。继续完善生态补偿机制、充分发挥飞地功能、加强特定产业扶持以实现淳安县绿色发展的准市场体制机制创新，保障“大水缸”和“大花园”的新定位。这就需要以政府体制变革为突破口，着力解决“大水缸”建设过程中的体制与机制障碍，尤其是多层级—多管理部门—多参与主体之间的利益纠纷；需要以市场机制变革为突破口，着力解决“大水缸”建设过程中的“绿水青山”转化难问题，尤其是那些游离在市场体制之外的生态产品，如水权、碳权、用能权等；需要以政府和市场机制混个创新为突破口，分阶段推进淳安县功能定位的转型，应着力解决“大水缸”建设过程中率先会碰到的生态补偿难题，尤其是市场化的补偿方式和补偿资金问题。

第三，以“好制度”保障“好生态”。不稳定预期所带来的保护与发展的不确定性非常大，持续加大的环境政策风险使得政府治理面临考验。进一步完善生态补偿制度和构建适合淳安发展的绿色制度体系是保障淳安“好生态”的关键，也是实现淳安“好生态”“可持续”的关键。这就需要进一步巩固新安江流域生态补偿机制创新的先发优势，基于多元化、市场化的生态补偿制度构建，为淳安县在生态文明制度建设中一枝独秀奠定制度基础；需要进一步梳理生态文明制度的淳安实践，基于制度的互补性、替代性或前置性等关系研究，结合大部制机构改革方案，有序推进“多规合一”工作，对于“多规合一”过程中碰到的“打架”情形要及时予以纠偏；进一步提炼生态文明制度建设的淳安模式，基于“命令控制型”“市场选择型”和“公众参与型”的制度分类研究，在明确淳安县生态文明制度建设短板的基础上完善生态文明制度体系。

第三篇

新安江流域跨界生态补偿机制研究

“绿水青山就是金山银山”是习近平生态文明思想的核心观点。生态补偿是实现绿水青山价值转化的重要机制。中央多次强调要建立和完善生态补偿机制，特别强调要建立和完善横向生态补偿机制。中共中央、国务院印发的《生态文明体制改革总体方案》指出：“制定横向生态补偿机制办法，以地方补偿为主，中央财政给予支持。”新安江流域跨界生态补偿是全国第一个试点，十分具有代表性。

新安江流域上下游因“要保护与不保护”“要补偿与不补偿”“以河为标准与以湖为标准”的争议而引发冲突。在中央有关部门的协调下浙皖两省的谈判协商成功，达成并实施了两轮六年（2012—2017 年）的跨界生态补偿协议，2018 年又签署了第三轮（2018—2020 年）生态补偿协议。新安江流域跨界生态补偿是全国首个跨界流域生态补偿案例。跨界生态补偿方案的创新性在于：实现上下级补偿与上下游补偿的结合，实现生态保护补偿与环境损害赔偿的耦合，实现上下游共同参与的水质监测机制。

新安江流域跨界生态补偿的两轮试点绩效显著，黄山市生态环境保护力度明显加大，新安江出境水质达到考核标准并稳定改善，生态经济呈现出良好发展态势，生态文化形成浓厚的社会氛围。新安江流域跨界生态补偿协议之所以能够顺畅达成并运行，是由上游生态保护比较优势决定的必要性与下游经济发展比较优势所决定的可能性共同决定的，是由上下游共同的生态补偿制度需求与上级生态补偿制度供给的均衡所决定的。因此，具有坚实的生态经济学、环境经济学、制度经济学的理论支撑。

新安江流域跨界生态补偿试点是中国特色的生态补偿机制创新，形成许多成功经验：坚持思想引领，真正落实“绿水青山就是金山银山”的理念；坚持规划先行，切实按照规划设定的保护目标和功能定位作为补偿基础；坚持综合协调，通过中央政府部门的综合协调确保跨界流域生态补偿协议签署和履约；坚持联动协作，努力保障生态补偿机制在浙皖两省之间顺畅运行；坚持系统治理，把山水林田湖草视作生命共同体进行整体性保护；坚持保护优先，依靠生态补偿机制大力推进水源保护地的绿色发展；坚持公众参与，形成生态保护补偿机制实施的群众基础。

当然，该制度也需要在提高补偿标准、调整资金结构、实施多元补偿、给予多元受偿等方面进一步完善。

第十一章 新安江流域生态环境保护从冲突到合作的演变

新安江流域上下游因“要保护与不保护”“要补偿与不补偿”“以河为标准与以湖为标准”的争议而引发冲突。在中央有关部门的协调下浙皖两省的谈判协商成功达成了两轮六年（2012—2017 年）的跨界生态补偿协议并有效实施，现已进入第三轮的生态补偿实践。该案例具有两个特征：一是全国首例跨界流域生态补偿；二是案例故事发生和发展的曲折性。因此，选择该案例分析具有代表性。

一、新安江流域自然地理与人口经济特征

新安江发源于安徽省黄山市休宁县境内海拔 1629 米的六股尖，是浙江省最大的入境河流。新安江流域总面积 11452.5 平方公里，其中安徽境内流域面积 6736.8 平方公里，占流域总面积的 58.8%；新安江干流总长 359 公里，其中安徽省境内 242.3 公里，占 67.5%；皖浙省界断面（街口镇断面）多年平均径流量为 65.3 亿立方米，占千岛湖多年平均入湖总量的 68% 以上。千岛湖是新安江水电站建成蓄水后形成的全国最大淡水人工湖。千岛湖集水面积 10442 平方公里，正常水位 108 米时，库容 178.4 亿立方米，水域面积

580平方公里，其中98%在浙江省淳安县境内。新安江流域多年平均天然径流量（地表水资源量）126.7亿立方米，其中年均入千岛湖水量115.2亿立方米。[①]新安江由歙县街口镇流入浙江省淳安县境内，至建德市梅城镇与兰江汇合始称桐江，至桐庐县桐庐镇与分水江汇合，始称富春江（其中桐庐县段称桐江）。富春江流经富春县（现富阳市）至闻家川与浙江省的衢江汇合后，方称钱塘江。新安江流域及其下游的示意图见图11－1，图中的虚线就是千岛湖配水工程。

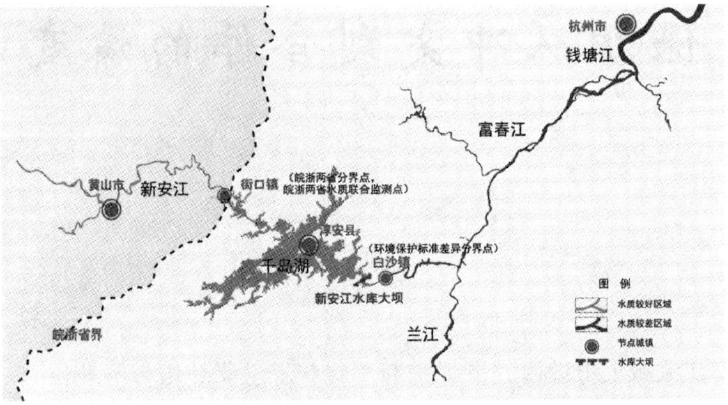

图11－1　新安江流域及其千岛湖配水工程示意图

新安江流域安徽境内覆盖黄山市七个区县和宣城市绩溪县。新安江流域下游为富春江和钱塘江，浙江境内基本上为杭州市下辖各个县市区。为了统计数据的可获得性，新安江流域上下游人口经济分别以黄山市和杭州市的统计数据替代。2017年末，杭州市常住人口946.80万人，户籍人口753.88万人。2017年杭州市地区生产总值（GDP）12556亿元，杭州全市常住人口人均GDP为134607元，按国家公布的年平均汇率折算，为19936美元。2017年末黄山市常住人口138.4万人，户籍人口148.46万人。2017年黄山市地区生产总值645.7亿元，黄山全市常住人口人均GDP为46742元，按国家公布的年平均汇率折算，为6923美元。[②] 由此可见，杭州市常住人口多于户籍人口，黄山市户籍人口多于常住人口，杭州市属于人口净流入市，黄山市属

① 国家发展改革委：《关于印发千岛湖及新安江上游流域水资源与生态环境保护综合规划的通知》，发改地区〔2013〕2679号，2013年12月31日。

② 此处人均GDP系名义值，未平减的原因主要是黄山市GDP平减指数不完整。名义值能够更有区分度地显示两市在过去十年里经济发展水平的差异。

于人口净流出市。从新安江流域上下游比较可知，杭州市的人均 GDP 始终高于黄山市，2017 年杭州市的人均 GDP 是黄山市的 2.88 倍。2006—2017 年杭州市与黄山市人均 GDP 比较见图 11 -2。

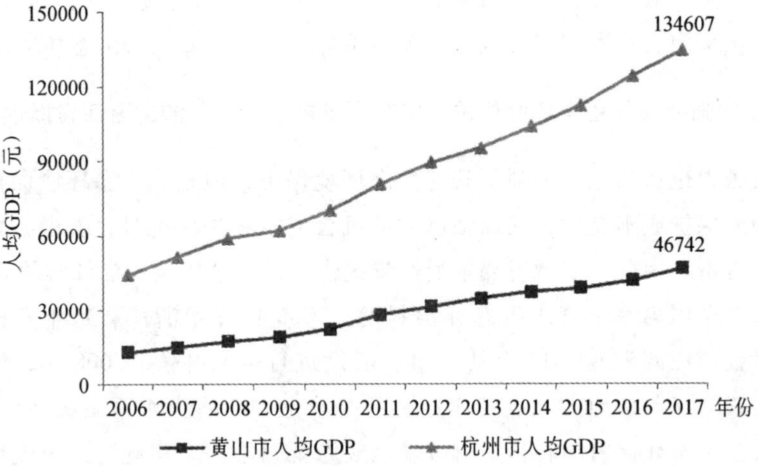

图 11 -2　上游黄山市和下游杭州市 2006—2017 年人均 GDP 对比

数据来源：1. 黄山市统计局：《黄山统计年鉴 2017》，2017.10，准印证号：皖 HS -2017 -026 号；2.《2017 年黄山市国民经济和社会发展统计公报》，http：//www.huangshan.gov.cn/About/show/2658309.html；3. 杭州统计局：《杭州统计年鉴 2017》，http：//wap.hzstats.gov.cn/tjnj/nj2017/index.htm；4.《2017 年杭州市国民经济和社会发展统计公报》，《杭州日报》2018 年 3 月 8 日。

二、新安江流域生态保护的冲突与合作

1. 千岛湖湖区水体富营养化：浙江省要求新安江上游的安徽省加强保护

跨界流域水生态保护往往因“上游保护，下游受益”而动力不足，甚至会出现“上游污染，下游遭殃”的现象。以“绿水青山金腰带”著称的千岛湖，1998 年首次遭遇蓝藻袭击，2000 年部分湖面出现蓝藻急剧增加及繁殖异常情况。而新安江安徽段年出境水量达 60 多亿立方米，占千岛湖年均入库水量的 60% 以上。因此，上游的水生态保护状况直接决定了下游的水环境质量。例如，2001—2007 年，浙皖交界断面水质以Ⅳ类水为主，2008 年变成Ⅴ类水，个别月份总氮指标曾达到劣Ⅴ类，水体总氮、总磷指标上升趋

势明显；与此同时，千岛湖入境水质2001—2008年期间呈缓慢恶化趋势，湖内水质营养状况一度为中营养水平，甚至有向富营养水平加剧之势。新安江水环境保护刻不容缓。面对这种状况，浙江省的理性反应就是：强烈要求新安江上游安徽省加大生态环境保护力度，竭尽全力避免一江污水向东流。国家环保部门、水利部门等也高度关注千岛湖及其新安江水生态环境保护。

2. 加强新安江生态环境保护：安徽省要求新安江下游的浙江省提供补偿

安徽省也认为应该加强新安江生态环境保护，但是，生态环境保护既需要巨额的保护成本支出，又面临巨大的机会成本丧失。况且，安徽省并非经济发达省份。因此，安徽省要求浙江省提供生态补偿资金。浙江省早在2005年就出台全国第一个省级生态补偿制度。2006年开始浙江省每年安排2亿元，对钱塘江源头地区10个县（市、区）进行生态补偿。2008年，浙江省在完善钱塘江源头地区试点工作经验的基础上，对八大水系源头地区45个市县实施生态环保财力转移支付政策，成为全国第一个实施省内全流域生态补偿的省份。而这些生态补偿均局限于浙江省省内。同样属于新安江下游的淳安县可以获得生态补偿资金，而占千岛湖集雨面积60%以上的黄山市等却拿不到生态补偿资金。安徽省认为这不合情理，要求浙江省提供生态补偿，实现生态保护与生态补偿的义务与权利的对等。

3. 新安江流域建立跨界生态补偿机制：浙皖之间出现交界断面水质标准之争

面对浙皖两省的争议，中央相关部门积极作为。2004年11月，全国人大环资委对新安江流域生态保护和污染防治相关工作进行了调研，提出建立流域生态共建共享示范区的理念。2006年全国人大环资委联合安徽省人大代表团和部分浙江省人大代表，向全国人大十届四次会议提出了“关于建立新安江流域生态共建共享示范区的建议”，该议案被十届全国人大常委会确定为当年12个重要督办的一号议案。2007年，国家发改委、财政部、环保部等初步明确将新安江流域作为跨省流域生态补偿机制建设试点的意向。中央有关部门的意见总体上得到浙皖两省的认可。但是，由于新安江浙皖交界的街口镇河段属于新安江的“江”与千岛湖的“湖”的过渡水域，在选取新安江交界处水质评价指标的基准标准时双方又出现分歧。安徽省认为河流水质的Ⅲ类水能够作为饮用水源，应该选用河流水质的Ⅲ类水作为评判基准。

浙江省认为千岛湖是一个湖泊，应该以湖泊Ⅱ类水水质作为评判基准。由于河流水质标准中不包括湖泊水质标准中评价的总氮指标，而总氮正是水体富营养化的重要指标，也是评价湖泊水质的重要指标之一，对湖泊生态安全的影响重大。由此出现是以“河”为标准还是以“湖”为标准的争议。经过协商双方达成一致意见：以水质保持稳定基础上的稳定改善为目标。

4. 中央部门协调下的上下游谈判：促成全国首个流域跨界生态补偿机制试点

21 世纪之初，千岛湖配水工程就提上议事日程。由于两个方面的原因而被搁置：一是嘉兴市不属于钱塘江流域，不鼓励跨流域引水，而应立足于嘉兴市自身的治水；二是担忧杭州市到千岛湖引水会放松对富春江及钱塘江的水环境保护，反而引起水危机。但是，杭州市自来水水源的危机问题难以解决，最终决定还是到千岛湖引水。2014 年配水工程动工，计划 2019 年配水工程通水。千岛湖即将成为真实的水源。千岛湖配水工程付诸实施，对千岛湖和新安江流域的水资源和水环境安全提出了更高的要求。流域亟待探索新安江流域上下游环境共保共享的协调机制。2011 年 2 月，千岛湖及新安江流域生态保护工作迎来重大机遇，党和国家领导人习近平、李克强等先后作出重要批示，要求浙江、安徽两省要着眼大局，从源头控制污染，走互利共赢之路，避免重蹈先污染后治理的覆辙。

根据中央要求，财政部、环境保护部于 2011 年 3 月印发了《关于启动新安江流域水环境补偿试点工作的函》，2011 年 10 月，财政部、环保部牵头组织的全国首个跨省流域生态补偿机制试点——《新安江流域水环境补偿试点实施方案》颁布。安徽和浙江两省签订新安江流域水生态保护补偿协议。

三、新安江流域跨界生态补偿试点的具体方案

新安江流域水生态保护补偿试点实施方案确定 2012—2014 年为第一轮、2015—2017 年为第二轮。具体方案如下：

一是设立新安江流域水生态补偿资金。安排补偿资金第一轮为每年 5 亿元、第二轮为每年 7 亿元，其中中央财政每年出资 3 亿元，浙江与安徽两省第一轮每年分别出资 1 亿元、第二轮每年 2 亿元。补偿资金专项用于新安江

流域产业结构调整和产业布局优化、流域综合治理、水生态保护和水污染治理等方面。

二是明确纳入补偿范围的水质项目。补偿项目为《地表水环境质量标准》中高锰酸盐指数、氨氮、总氮、总磷 4 项指标。

三是确定上下游资金补偿办法。按照《地表水环境质量标准》，以四项指标常年年平均浓度值（2008—2010 年 3 年平均值）为基本限值，测算补偿指数资金。补偿指数测算公式如下：

$$P = k_0 \times \sum_{i=1}^{4} k_i \frac{C_i}{C_{i0}}$$

式中：P 表示街口镇断面的补偿指数；k_0表示水质稳定系数，考虑降雨径流等自然条件变化因素，k_0取值第一轮为 0.85、第二轮为 0.89；k_i表示指标权重系数，按四项指数平均，k_i取值 0.25；C_i表示某项指标的年均浓度值；C_{i0}表示某项指标的基本限值。

若 $p \leqslant 1$，浙江省 1 亿元资金拨付给安徽省；若 $p > 1$ 或新安江流域安徽省界内出现重大水污染事故（以环境保护部界定为准），安徽省 1 亿元资金拨付给浙江省。不论上述何种情况，中央财政资金全部拨付给安徽省。

四是监测断面及采样要求。监测断面以安徽和浙江两省跨界的街口国控断面作为考核监测断面，由中国环境监测总站组织安徽和浙江两省开展联合监测。以鸠坑口国家水质自动监测站（与街口镇断面位置相同）的监测数据作为参考。采样要求上，安徽和浙江两省监测人员须在采样断面同时采集水样，进行相同的前处理，然后分成两份样品，双方各取一份样品进行测试分析。如发生水污染事故，经一方提议，双方应及时进行应急监测。如果自动监测站数据出现明显异常，经一方提议，双方应进行加密监测。监测时间及频次为手工监测每月一次，自动监测每日六次。两省监测数据实现共享，按规定时间报送中国环境监测总站。

上述生态补偿协议，是一个全新的创造！其创新性主要体现在下列几点：一是实现上下级补偿与上下游补偿的结合，以上下级补偿带动上下游补偿；二是实现生态保护补偿与环境损害赔偿的制度耦合，做到正面激励与负面约束的完美结合；三是实现上下游共同参与的水质监测机制，水质监测结果好就给予生态保护补偿，水质结果差就实施环境损害赔偿；四是坚持问题导向和目标导向的结合，针对饮用水的水质需要确定以高锰酸盐指数、氨氮、总氮、总磷 4 项指标作为监测对象。

在两轮试点的基础上，皖浙两省就新安江流域跨界生态补偿的第三轮方案也于2018年11月达成一致意见，再次签约。第三轮试点为期仍然为三年(2018—2020年)，浙江、安徽每年各出资2亿元，并积极争取中央资金支持。当年水质达到考核标准，浙江支付给安徽2亿元；水质达不到考核标准，安徽支付给浙江2亿元。相较于前两轮补偿方案，第三轮的补偿方案有下列几个不同点：第一，在水质考核中加大总磷、总氮的权重，氨氮、高锰酸盐指数、总磷、总氮四项指标权重分别由原来的各0.25调整为0.22、0.22、0.28、0.28；同时，相应提高水质稳定系数，由第二轮的0.89提高到0.90。第二，在货币化补偿的基础上，两省还将探索多元化的补偿方式，推进上下游在园区、产业、人才、文化、旅游、论坛等方面加强合作，进一步激励上游水生态保护和水环境治理的积极性。第三，财政部试图退出中央补偿，以更大力度体现横向补偿，而两省仍不放弃争取中央补偿。

第十二章 跨界流域水生态补偿机制建设的基础与假说

新安江流域跨界生态补偿有其现实基础。如果没有建设新安江水电站就不会有千岛湖，如果没有千岛湖引水工程就不会有跨界生态补偿。而且，这种跨界生态补偿有其经济学理论支撑。据此，可以在分析新安江流域跨界生态补偿试点为何发生及如何发生等问题之前先提出理论假说。

一、新安江主体功能变迁为跨界生态补偿奠定现实基础

历史上，新安江是黄金水道，其主要功能是航运功能和灌溉功能。正是这条黄金水道成就了徽商传奇。由于战争因素，新安江流域的生态环境也曾经有过起起落落，但总体上维持在良好的状态。新中国成立以来，新安江主要功能定位的变迁主要经历四个阶段：

第一阶段（1955—1983 年）：发电与防洪为主要功能。新安江水电站是中国第一座自行设计、自制设备、自己施工建造的大型水利发电站，是中国水利电力事业史上的一座丰碑。新安江水电站始建于 1955 年，建成投产于 1960 年，至 2017 年已安全稳定运行 57 周年。新安江水电站建成后，绿色低碳的水电源源不断地输向华东电网，有力地促进了国民经济的发展，满足了

上海、杭州等大城市的用电需求。因此，这个时期，新安江水库的首要功能是发电功能。同时，新安江大坝有效解决了大坝以下地区的防洪问题。

第二阶段（1984—2003 年）：旅游、发电与防洪为主要功能。新安江水库建成 20 年后，人们突然发现，一个全新的生态系统——千岛湖生态系统已经形成，千岛湖水在中国大江大湖中位居优质水之首，为国家 I 类水体，不经任何处理即达饮用水标准，被誉为“天下第一秀水”。1984 年 12 月 15 日，浙江省地名委员会正式将新安江水库命名为“千岛湖”。2001 年，千岛湖风景区被评为首批中国 5A 级旅游区。千岛湖是“两江一湖”（富春江、新安江、千岛湖）国家级重点风景名胜区的主要组成部分，是中国 5A 级旅游区。因此，千岛湖及新安江的旅游功能成为主导功能。而发电与防洪功能依然十分重要。

第三阶段（2004—2018 年）：旅游与备用水源为主要功能。随着高速公路和高铁等基础设施的不断完善，旅游产业蓬勃发展，旅游产业成为新安江所在的黄山市和淳安县的支柱产业。同时，杭州市这座近千万人口的城市的 80% 以上的饮用水水源来自钱塘江珊瑚沙取水口。为解决杭州市饮用水安全，2003 年浙江省成立了新安江引水工程前期工作领导小组，但未果。2003—2013 年十年间，钱塘江流域威胁水源安全的事故高达 44 起。随着杭州市水源面临环境污染和咸潮的威胁，嘉兴市难以在短时期内解决地表水污染等问题的出现，千岛湖引水工程于 2010 年底被再次提上议事日程。《浙江省国民经济和社会发展第十二个五年规划纲要》提出“加快千岛湖引水工程等研究前期工作”，因此千岛湖备用水源功能不言而喻。同时，随着其他能源的快速发展，发电功能主要转化为调峰功能，因此，已经不再是主要功能。

第四阶段（2019 年—）：饮用水源与旅游为主要功能。千岛湖引水工程计划 2019 年 6 月建成通水。从此千岛湖将成为千万人口的“大水缸”，新安江将成为千万人口的“大水源”。因此，千岛湖引水工程的建成和通水，使千岛湖和新安江均成为真实的饮用水源。在水源地，工业、农业、服务业的产业经济发展及居民和公共生活均受到严格的管制。这样，主要功能调整为饮用水源和旅游。引水工程实施后对包括黄山市和淳安县在内的水源区的环境保护的要求会更高，环境保护的范围会更广，环境保护的投入会更大，以确保饮用水源安全。千岛湖引水工程是对新安江流域生态保护成就的充分肯定，同时对新安江流域未来生态保护提出了更高要求。

正是千岛湖从备用水源到正式水源的功能转变，使千岛湖及新安江水生态保护显得日益重要和日益紧迫。而新安江水电站以上生活着200万人口，没有生态补偿机制的激励，面临很大的水质风险。因此，千岛湖及新安江备用水源及饮用水源地功能的确立为跨界流域生态补偿奠定了现实基础。

二、生态补偿机制的建设具有丰富的经济学理论支撑

包括跨界生态补偿机制在内的生态补偿机制在经济学理论中不乏理论支撑。无论是生态经济学、环境经济学还是制度经济学均对此作出过精彩的论述。

1. 生态经济学理论基础

生态经济学是由生态经济系统、生态经济产业、生态经济消费、生态经济价值、生态经济科技、生态经济制度等基本范畴构成的。生态经济学研究表明，人们的生态经济活动必须遵循生态经济协调发展规律、生态产业链接规律、生态需求递增规律、生态价值增值规律等基本规律。[①] 在考察跨界流域保护和发展的过程中，应该在把握生态需求递增规律、生态价值增值规律、生态产业链接规律的基础上，谋求流域上游与下游、生态与经济的协调发展。跨界流域生态保护补偿机制既是这些规律的集体运用，又是这些规律正常运行的必要条件。

2. 环境经济学理论基础

环境经济学的理论基石是外部性理论。当存在生态保护正外部性时，会导致生态保护供给的不足；当存在环境污染负外部性时，会导致伴随环境污染的经济产出的过度。实现外部性内部化，有两种思路：一是按照庇古理论，在存在正外部性时给以补贴，补贴率就是外部收益；当存在负外部性时予以征税，税率就是外部损害。这样就可以做到私人最优和社会最优的一致。[②] 二是按照科斯理论，政府通过界定产权和保护产权、制订规则和维护

① 沈满洪等：《生态经济学》，中国环境出版社（第二版）2016年版，第25—34页。

② ［英］庇古著，金镝译：《福利经济学》，华夏出版社2007年版，第104—112页。

秩序，鼓励水资源保护者和受益者之间的自愿协商或交易。[①] 跨界流域生态保护补偿就是庇古理论的成功运用，如果把生态补偿的具体形式转换成上下游之间的水权交易或水污染权交易，那么就是科斯理论的具体运用。

3. 制度经济学理论基础

制度是实现资源配置优化的保障。制度缺失或制度不佳可能导致零和博弈；有效的制度设计和制度实施可能通过改变报酬矩阵中的收益变量导致非零和博弈。因此，在流域生态保护活动，制度是重要的，人的因素是重要的。制度设计的过程中需要注意三个方面：一是正式制度与非正式制度要相互匹配。如果两者不匹配，或者是在正式制度缺乏的情况下非正式制度无法落地，或者是缺乏非正式制度的润饰下正式制度无法运行。二是一个正式制度与其他正式制度的合作。在具有制度互补性的前提下，不同制度的耦合使用可以产生更佳的制度绩效，甚至产生两个制度“1 + 1 > 2”的效果。三是正式制度的实施需要实施机制的保障。制度是自变量，制度绩效是因变量，它们都是内生变量。没有制度实施机制这一外生变量，制度也是难以运行的。流域生态保护活动中，就是要通过制度设计和制度实施，做到从零和博弈转向非零和博弈，实现资源配置的优化。

三、新安江流域跨界生态补偿机制建立的理论假说

1. 理论假说之一：流域上下游主体功能定位的差异性催生了跨界生态补偿机制创新

跨界流域生态保护补偿机制是与流域上下游主体功能定位紧密相关的制度安排。人的生存权和发展权是平等的，但是，流域上下游的主体功能定位是不同的。这就要求，越是限制开发和禁止开发的区域，越要给予生态补偿；越是重点开发和优化开发的区域，越要承担生态补偿责任，为其他地区提供生态补偿资金，从而实现流域生态经济的协调发展。反之，如果面对上

---

① ［美］罗纳德·哈里·科斯著，盛洪、陈郁译校：《论生产的制度结构》，上海三联书店1994年版，第141—196页。

游“越生态保护，越经济贫困”而下游“越经济富裕，越生态需求递增，越要求上游保护”的困境而没有制度创新，出现的结局必然是上下游的“零和博弈”。

这个理论假说有三个要点：

第一，流域上下游主体功能定位的差异性决定跨界流域生态补偿的必要性，流域上游往往是限制开发区和禁止开发区，流域下游往往是重点开发区和优化开发区，由此形成了流域上下游功能定位的差异性和比较优势的差异性。

第二，流域上下游主体功能定位的差异性决定了经济发展水平的差异性和生态环境保护的差异性。流域上游往往生态优势明显，流域下游往往经济优势明显。流域上下游的生存权和发展权是共同的，这样就可能形成以经济优势换取生态优势的交易可能，也有可能以生态优势换取经济优势的交易可能。

第三，限制开发区域和禁止开发区域往往以生态保护的实际成本和放弃开发的机会成本获取生态环境保护绩效，重点开发区域和优化开发区域往往以经济开发的实际成本和一定程度上放弃生态保护的机会成本获取经济发展绩效。因此，给予生态补偿由强到弱的顺序是：禁止开发区域——限制开发区域——优化开发区域——重点开发区域。

2. 理论假说之二：“以质论价”的经济规律促成了生态保护补偿与环境损害赔偿机制的耦合

生态保护补偿机制是与生态环境质量紧密相关的。随着流域主体功能定位的变化，生态环境保护的要求也不断变迁。这就要求建立质与量并举的生态补偿机制。“以质论价”是市场经济的基本规律。在上下游的生态补偿探索中正好可以体现这一原则。生态保护越好，补偿力度越大；生态保护一般，补偿力度一般；出现生态损害，不仅没有生态补偿，而且要实施负生态补偿。如果建立生态保护补偿与环境损害赔偿耦合的机制，可以带来比单一机制绩效加总更佳的效果。这是外部性内部化理论的具体运用。如果正式制度与意识形态倡导的是一致的，生态保护补偿与环境损害赔偿是激励相容的，环境监测等实施机制是能够保证正式制度的实施的，那么，这一制度必然是有效的制度。

这个理论假说有三个要点：

第一，生态环境保护的要求越高，需要投入的生态保护成本越大，所放弃的经济发展机会成本也越大。因此，生态保护补偿要坚持按质论价原则：生态质量越好，补偿力度越大；生态质量越差，补偿力度越小乃至没有补偿和负补偿。

第二，随着流域主体功能定位的变化，生态补偿的诉求也会发生变化。日益严格的生态环境保护要求，会加剧生态保护区域生态补偿的诉求。上下游差异化的生态环境保护要求，更会加剧上游地区的生态补偿诉求。

第三，制度与制度之间既存在着替代关系，又存在着互补关系。存在替代关系时，需要根据制度实施条件和制度绩效进行优化选择；存在互补关系时，需要根据制度实施条件和制度绩效进行耦合强化。互补的制度组合所产生的制度绩效比单一制度绩效的简单加总更佳。

3. 理论假说之三：中国特色制度体系保障了生态补偿机制创新所需要的制度基础

生态保护补偿机制的建设是与制度供给基础紧密相关的。生态补偿制度供给越完备，补偿实施越顺利；生态补偿制度供给越欠缺，补偿实施越困难。在中国体制下，除了国家法律法规之外，领导人的讲话和批示，国务院和有关部门的规范性文件，都是制度供给的组成部分，这构成中国特色的制度体系。而且，制度实施机制也是一个重要的变量。

这个假说有三个要点：

第一，流域跨界生态补偿需要有制度保障尤其是法律制度保障。生态补偿法律制度越完备，生态补偿的实施越顺利；缺乏必要的法律制度，往往会导致高额的交易成本。

第二，制度是由正式制度、非正式制度和实施机制三个方面构成的。在正式的法律制度缺乏的情况下，规范性文件和领导人讲话也可能成为法律制度的一个弥补，有时甚至发挥主导作用，从而促成生态补偿制度的实施。

第三，生态补偿制度的实施需要一系列制度和机制的保障，例如，水质监测的信息披露、生态保护的公众参与、环境污染的公众举报、机制完善的专家参与、机制实施的媒体宣传等。实施机制与正式制度的匹配可以铲除补偿制度实施的障碍。

第十三章 新安江流域跨界生态补偿机制的发生机理

新安江流域跨界生态补偿机制试点的发生既有其必要性又有其可能性，既有制度需求又有制度供给。本章结合前面提出的理论假说，按照“必要性、可能性；制度需求、制度供给”的框架进行经济学意义上的实证分析。

一、上下游主体功能定位的差异性决定了跨界流域生态补偿的必要性

新安江向来是一条美丽的河流，但采取特殊严格的生态环境保护的起因是新安江水库建设。由于新安江水库的建成和运行，大坝上游地区（黄山市和淳安县）减缓了工业化进程，于是逐渐形成了美丽的千岛湖人工生态系统。由于人工生态系统的独特性使得千岛湖和新安江成为国家级风景旅游区，因此要求大坝上游地区实施更加严格的生态环境保护。为了保障杭州市、嘉兴市等地饮用水源的安全性，杭州市、嘉兴市实施千岛湖配水工程，由此使千岛湖成为“大水缸”，新安江成为“大水源”，这就要求大坝上游地区实施极为严格的生态环境保护。所以，在主体功能定位中，黄山市的大部分地区成为限制开发区和禁止开发区，只有局部地区是重点开发区和优化

开发区。与此对应，杭州市是东部最发达省份之一的浙江省的省会城市，嘉兴市是每个县市均曾经是全国百强县的发达地区。市场化改革、国际化推进、工业化发展、城市化建设，使杭州市日益成为国际化大都市，逐渐形成杭州都市圈，成为经济最发达城市之一。杭州市在生态文明建设方面同样走在全国前列，被习近平总书记誉为“生态文明之都”，要求建设成为“美丽中国的样本”。但是，杭州市的自来水取水口为转塘地区的珊瑚沙，取水口的上游有杭州市、金华市、衢州市和安徽省的黄山市。水源安全始终是杭州市的心头之患。嘉兴市属于太湖流域，长期以来自来水原水水质不如人意。经过“五水共治”后，嘉兴市地表水水质有了明显改善，但是，与千岛湖水质相比存在天壤之别。多轮动议千岛湖引水工程建设并历尽曲折，但最终付诸实施。由此决定，上游黄山市是水源保护区和限制开发区；下游杭州市及太湖流域的嘉兴市是水源受水区和优化开发区。上游水源保护区为下游水源受水区提供优质水源属于大道之行，下游杭州市及嘉兴市的优化开发区向上游限制开发区提供生态补偿资金也属理所当然。上下游主体功能定位的差异性决定了跨界流域生态补偿的必要性。

二、上下游比较优势的差异性决定了跨界流域生态补偿的可能性

上游黄山市是经济欠发达的特殊严格的生态保护区，下游是缺生态水源的经济特别发达的长三角南翼城市，下游需要到上游引水。流域跨界生态补偿的一个重要前提是上下游生态环境和经济发展存在显著差异。如果上下游生态环境相差无几，就不需要实施引水工程；如果上下游经济发展相差无几，就不可能下游补偿上游。表 13 - 1 为 2017 年黄山市与杭州市生态环境及经济发展若干指标比较。从中可见，黄山市的生态优势十分明显但经济发展相对落后，杭州市的经济优势十分明显但生态环境有待进一步改善。从饮用水源看，杭州市现状取水口的源水为Ⅲ类，新安江河流基本达到Ⅱ类，经过千岛湖净化后千岛湖中心湖区的水质达到Ⅰ类，为直饮水标准。千岛湖配水工程的取水口正是Ⅰ类水体的金竹牌。水是生命之源，水是不可替代品。对于经济发达的杭州市（谈判中实际由浙江省支付）适当支付生态补偿资金，获取像“农夫山泉”一样的源水，这是值得的。但是，假如说杭州市的

经济发展水平与黄山市相差无几，那么，黄山市要寻求生态补偿就几乎不可能了。好在浙江省及其杭州市具备支付能力。如果拿黄山市与嘉兴市做一比较，那么两市生态环境指标的反差就更大。而嘉兴市与杭州市相比，城镇居民人均可支配收入嘉兴市略低，农村居民人均可支配收入嘉兴市略高。因此，嘉兴市到千岛湖引水的积极性更高，嘉兴市民愿意为此支付生态补偿费的意愿也更强。2017 年黄山市与杭州市、嘉兴市生态环境及经济发展若干指标比较见表 13－1。

表 13－1　2017 年黄山市与杭州市生态环境及经济发展若干指标比较

一级指标	二级指标	黄山市	杭州市	嘉兴市
生态环境指标	森林覆盖率（%）	82.9	66	平原河网地区
	空气日优良天数占比（%）	98.1	74.5	72.6
	新安江河流/钱塘江河流水质状况	新安江河流总体水质为Ⅱ类	钱塘江河流总体水质为Ⅲ类	全市 8 个饮用水水源地Ⅲ类 7 个，Ⅳ类 1 个。
经济发展指标	地区生产总值（亿元）	7645.7	12556	4355
	人均地区生产总值（常住人口，元）	46742	134607	93964
	城市居民人均可支配收入（元）	30821	56276	53057
	农村居民人均可支配收入（元）	14034	30977	31436

数据来源：《2017 年杭州环境状况公报》，《杭州日报》2018 年 6 月 5 日；《2017 年杭州市国民经济和社会发展统计公报》，《杭州日报》2018 年 3 月 8 日；《2017 年黄山市环境状况公报》，http：//zw.huangshan.gov.cn/OpennessContent/show/1069916.html；《黄山市 2017 年国民经济和社会发展统计公报》，http：//www.tjcn.org/tjgb/12ah/35372.html；《嘉兴市 2017 年国民经济和社会发展统计公报》，http：//www.tjcn.org/tjgb/11zj/35562_3.html；《嘉兴市 2017 年环境状况公报》，http：//www.jepb.gov.cn/News/256。

由此，第一个理论假说和第二个理论假说的部分观点得到证明。

三、下游对优质水的需求与上游对生态价值的转化需求决定了新安江流域跨界生态补偿的制度需求

从浙皖两省的谈判代表看，总是从理性人角度出发，想方设法为本省争取更多的利益、支付更少的成本。这是完全可以理解的。但是，从两省的全

局角度看，建立跨界流域生态补偿机制实际上是具有内生动力的。对于浙江省而言，千岛湖已经确立为杭州市的水源，投资百亿元的千岛湖配水工程正在实施，在这种背景下，千岛湖引到杭州市的水必须是“农夫山泉”，绝不可以是受污染的水。而千岛湖入湖水量的60%以上来自安徽，安徽省出境水质的好坏直接决定了千岛湖水质的好坏。因此，以1亿元、2亿元的生态补偿代价保障“农夫山泉”档次的原水，这是多么合算的交易！杭州市有的领导曾表态，如果需要的话，补偿资金可以由杭州市承担。杭州市的居民说，从钱塘江取水做自来水源水变成千岛湖引水做自来水源水，愿意支付生态补偿费用。从课题组在杭州市和嘉兴市开展的支付意愿调查显示，杭州居民愿意支付生态补偿资金，嘉兴居民愿意支付更高的生态补偿资金。可见，人们对优质水源的需求是多么强烈！对于安徽省而言，把千岛湖确定为千万人口的杭州市的水源后，有生态补偿机制要保护黄山市的生态环境，没有生态补偿机制也得保护黄山市的生态环境。既然如此，当然“补偿”策略比“不补偿”策略更加合算。而且，通过生态补偿机制可以撬动更多资源，用于黄山市的生态环境保护，就有能力把黄山市建成成为“美丽中国的黄山样本”——“黄山大花园”。同时，通过黄山市生态环境保护，可以倒逼经济转型升级。通过生态补偿总体上扭转了“上游有心无力，下游有力无心”的困境。

四、多年来中央与地方的生态文明制度创新保障了新安江流域跨界生态补偿试点的制度供给

一方面，“两山”论断的理论指导。早在2005年，时任浙江省委书记的习近平同志在浙江安吉调研时就提出了“绿水青山就是金山银山”的“两山”论断，到中央工作后，习近平同志把“两山”论断扩充为三个重要论断：“我们既要绿水青山，也要金山银山。宁要绿水青山，不要金山银山，而且绿水青山就是金山银山。”① “两山”重要思想是习近平生态文明思想的核心内容，已经载入党章。生态保护补偿机制实质上就是“绿水青山”变成

① 魏建华、周亮：《习近平：宁可要绿水青山 不要金山银山》，中国青年网，http://www.youth.cn，最后访问日期：2013年9月7日。

"金山银山"的转化机制。"两山"重要思想为新安江流域跨界生态补偿机制试点提供了理论遵循。而且，习近平同志对新安江流域生态保护情有独钟。早在浙江工作期间，习近平同志就十分关心千岛湖水资源保护工作，他的蹲点联系村就是千岛湖所在的淳安县枫树岭镇下姜村；到中央工作后，习近平同志于2011年2月就新安江与千岛湖水资源保护工作作出了重要批示："千岛湖是我国极为难得的优质水资源，加强千岛湖水资源保护意义重大，在这个问题上要避免重蹈先污染后治理的覆辙。我认为这份调研报告所提建议值得重视，是否可由发改委牵头研究提出千岛湖水资源保护的综合规划；由环保部牵头对新安江上下游污染防治的协调管理进行研究并提出意见。浙江、安徽两省要着眼大局，从源头控制污染，走互利共赢之路。"① 在谈判处于胶着状态时，习近平同志的批示打开了浙皖两省谈判代表的思路，迅速达成了一致意见并签约。2018年7月26—27日，安徽省委宣传部和中共黄山市委主办的"'习近平生态文明思想的新安江实践'理论研讨会"在黄山市举行。这充分传递了黄山人民对习近平生态文明思想的实践自觉。可见，中国式制度体系——非正式制度在改革的特定阶段可以发挥引领性的作用。

另一方面，跨界生态补偿的制度准备。关于生态补偿的独立的国家法律虽然尚未出台，但是生态补偿的国家制度则积累良多。早在20世纪90年代，我国就开始探索生态补偿机制，自下而上的自主探索为国家出台生态补偿制度奠定了实践基础。下面列举新安江流域跨界生态补偿试点前国家出台的若干代表性制度和文件：② 2005年12月印发的《国务院关于落实科学发展观 加强环境保护的决定》指出："要完善生态补偿政策，尽快建立生态补偿机制。中央和地方财政转移支付应考虑生态补偿因素，国家和地方可分别开展生态补偿试点。"2006年3月全国人大发布的《国民经济和社会发展第十一个五年规划纲要》明确："按照谁开发谁保护、谁受益谁补偿的原则，建立生态补偿机制。"2006年10月，党的十六届六中全会发布的《中共中央关于构建社会主义和谐社会若干重大问题的决定》写道："完善有利于环境保护的产业政策、财税政策、价格政策，建立生态环境评价体系和补偿机制，强化企业和全社会节约资源、保护环境的责任。"2007年5月国务院印发的《节能减排综合性工作方案》指出："健全矿产资源有偿使用制度，改

① 中共黄山市委理论学习中心组：《争当践行"两山"理论的样板区——习近平生态文明思想的新安江实践》，《安徽日报》2018年7月25日。

② 靳乐山：《中国生态补偿：全领域探索与进展》，经济科学出版社2016年版，第73—77页。

进和完善资源开发生态补偿机制。开展流域生态补偿试点工作。”2007 年 10 月 15 日党的十七大报告要求：“实行有利于科学发展的财税制度，建立健全资源有偿使用制度和生态环境补偿机制”。2008 年修订通过并于 2008 年 6 月 1 日起实施的《中华人民共和国水污染防治法》第七条规定：“国家通过财政转移支付等方式，建立健全对位于饮用水水源保护区区域和江河、湖泊、水库上游地区的水环境生态保护补偿机制。”2010 年 4 月开始，国家启动生态补偿立法工作，由国家发改委牵头起草《生态补偿条例》。2011 年印发的《国民经济和社会发展第十二个五年规划纲要》指出：“鼓励、引导和探索实施下游地区对上游地区、开发地区对保护地区、生态受益地区对生态保护地区的生态补偿。积极探索市场化生态补偿机制。加快制定实施生态补偿条例。”2011 年国务院印发的《关于加强环境保护重点工作的意见》明确：要加快建立生态补偿机制和国家生态补偿专项资金，扩大生态补偿范围。上述可见，在新安江流域跨界生态补偿试点之前，我国独立的完整的生态补偿法律还没有出台但正在制定，生态补偿已经被纳入《中华人民共和国水污染防治法》等国家法律之中，规范性文件多次强调了生态补偿。国家鼓励流域跨界生态补偿试点、国家支持流域跨界生态补偿探索。从试点和探索的先行性和示范性角度看，这项工作不仅具有生态意义和经济意义，而且具有政治意义和社会意义。跨界生态补偿的制度准备既提供了政策导向，又提供了决策依据。可见，中国式制度体系的必备部分——法律、法规、规章和规划等均已有据可依。

我国先期出台的生态补偿相关法律、法规、规章、规划是正式制度安排，“两山”重要思想、中央领导批示等是非正式制度安排。正式制度与非正式制度是完全相融的。再加上，上下游水质联合监测等实施机制的落实。实施机制是能够保证生态补偿制度实施的。制度体系需要正式制度、非正式制度和实施机制耦合。在新安江流域跨界生态补偿试点中，三个要素是齐全的，可见制度供给基本完备。同时，新安江流域下游因为千岛湖配水工程的实施具有内在制度需求，上游因为新安江流域特殊严格的生态环境保护也具有内在的制度需求。制度供给与制度需求的均衡使得新安江流域跨界生态补偿试点顺畅运行。

第十四章 新安江流域跨界生态补偿机制试点的基本经验

两轮六年试点，新安江出境水质考核指标全部达标，各方生态补偿资金全部到位，取得了显著的效益：一是生态效益——新安江出境水质稳定好转。2018 年 4 月 12 日，由环保部环境规划院编制的《新安江流域上下游横向生态补偿试点绩效评估报告（2012—2017）》通过专家评审。该报告显示，根据浙皖两省联合监测数据，2012 年至 2017 年，新安江上游流域总体水质为优，千岛湖湖体水质总体稳定保持为Ⅰ类，营养状态指数由中营养变为贫营养，与新安江上游水质变化趋势保持一致。[①] 二是经济效益——黄山市生态经济化和经济生态化呈现良好态势，经济质量进一步提升，绿色惠民政策初露端倪。一方面，抓经济生态化。黄山市为了保障一江清水向东流，婉拒了数以百亿计的资源消耗高、污染风险大的项目，大力发展绿色循环低碳经济。另一方面，抓生态经济化。结合资源禀赋，黄山市着力做好“茶”文章、“水”文章和“游”文章。三是社会效益——生态文明理念不断深入人心。生态补偿只是生态文明制度之一，但是由此引发的放大效应却是巨大的。一是公众的生态文明理念不断深化。根据复旦大学民调结果，新安江流

① 环保部环境规划院：《新安江流域上下游横向生态补偿试点绩效评估报告（2012—2017）》（内部资料）。

域跨界生态补偿的民众知晓率高达96%；[①] 二是跨界生态补偿制度试点具有示范效应，新安江生态补偿制度被写入中央文件，为全国其他跨界流域生态补偿制度的建立提供了示范；三是由于跨界生态补偿的成功实践，各级媒体开展了数以百计的宣传报道，产生了广泛的社会影响。因此，从中不乏成功的经验可以总结和借鉴。

一、坚持思想引领，自觉践行习近平总书记“绿水青山就是金山银山”重要论断

生态补偿机制的建设和完善是从实践上升到理论再以理论指导实践的螺旋上升的过程。习近平同志指出：“我们既要绿水青山，也要金山银山。宁要绿水青山，不要金山银山，而且绿水青山就是金山银山。”[②] 生态补偿机制实质上就是“绿水青山”变成“金山银山”的转化机制。“两山”论断为新安江流域跨界生态补偿机制试点提供了理论指针。“绿水青山就是金山银山”从提出以来一直是属于非正式制度的“意识形态”，直到党的十九大“两山”论断写入党章，转化为正式制度。在中国特定制度背景下，即使是非正式制度，也具有强大的感召力和影响力。而且，习近平同志对新安江流域生态保护情有独钟。早在浙江工作期间习近平同志就十分关心千岛湖水资源保护工作，他的蹲点联系村就是千岛湖所在的淳安县枫树岭镇下姜村；到中央工作后，习近平同志于2011年2月就新安江与千岛湖水资源保护工作作出了重要批示：“千岛湖是我国极为难得的优质水资源，加强千岛湖水资源保护意义重大，在这个问题上要避免重蹈先污染后治理的覆辙。……，浙江、安徽两省要着眼大局，从源头控制污染，走互利共赢之路。”[③] 在谈判处于胶着状态时，习近平同志的批示打开了浙皖两省谈判代表的思路，迅速达成了一致意见并签约。新安江流域的干部群众真正学懂、弄通、做实了“绿水青山就是金山银山”重要论断。“两山”论断引领了新安江流域跨界生态补偿

① 吴江海：《新安江试点给我们带来什么?》《安徽日报》2018年4月23日，第11版。

② 魏建华、周亮：《习近平：宁可要绿水青山 不要金山银山》，中国青年网，http：//www. youth. cn，最后访问日期：2013年9月7日。

③ 中共黄山市委理论学习中心组：《争当践行“两山”理论的样板区——习近平生态文明思想的新安江实践》，《安徽日报》2018年7月25日。

试点，新安江流域跨界生态补偿试点证明了“两山”论断。

二、坚持规划先行，上下游主体功能定位的差异性决定了跨界流域生态补偿的必要性

生态保护以生态规划为依据，生态规划以主体功能为依据。由于杭州市千岛湖配水工程纳入计划，饮用水功能上升为千岛湖的第一功能。主体功能的演变要求环境保护标准的提高，也要求生态保护规划的调整。根据主体功能规划，黄山市的大部分地区成为限制开发区和禁止开发区，与此对应，杭州市是作为最发达省份之一的浙江省的省会城市，属于优化开发区。杭州市的水安全风险倒逼实施千岛湖配水工程。由此决定，上游黄山市是水源保护区和限制开发区；下游杭州市是水源受水区和优化开发区。上游水源保护区为下游水源受水区提供优质水源属于大道之行，下游优化开发区向上游限制开发区提供生态补偿资金也属理所当然。上下游主体功能定位的差异性决定了跨界流域生态补偿的必要性。与主体功能区规划相对应，《千岛湖及新安江上游流域水资源与生态环境保护综合规划》于2013年12月由国务院正式批复实施。该规划对水生态保护的范围更广、要求更严、力度更大。《综合规划》提出了“建设跨省流域生态文明建设共建共享先行区域、长三角地区重要战略水源地”的战略定位。由于千岛湖60%以上的入库水量来自安徽省，因此，水资源、水生态、水环境保护就成为黄山市等水源地的重要责任。根据国务院批复的规划，黄山市牵头编制了《安徽省新安江流域水资源与生态环境保护综合实施方案》，重点围绕水资源保护、水污染防治、水生态修复等做出了明确具体的安排。国务院批复的规划和黄山市政府的实施方案成为新安江生态保护的法律依据。

三、坚持综合协调，中央政府部门的综合协调成为跨界流域生态补偿协议签署和履约的压舱石

纯粹上下游的谈判，可能谈成，也可能谈崩。处于更高层级的“协调者”是不可忽缺的。在上下游生态补偿协议谈判的过程中，也曾经历了波

折，发生了一系列观点的争锋。浙江省代表认为，“上游来水乃自然来水，从来都是坐享其成，为何如今就要生态补偿了？”“即使要补偿，浙江省虽然用了这个水，但已经以税赋形式上交中央财政了，为何不是中央财政来补？”“如果上下游都要生态补偿，会导致高昂的交易成本，以长江流域为例，上海补江苏、江苏补安徽、安徽补湖北、湖北补重庆、重庆补四川、四川补青海，补到何年何月？”安徽代表则认为，“人人都有生存权和发展权，轮到安徽省要工业化的时候偏偏就限制工业化了？”“拿人家的手软，宁可不要浙江省的1亿元生态补偿金。”“与其接受浙江省的生态补偿资金，还不如发展好自己的工业经济。”“水源保护区在黄山市，为何还要安徽省出生态补偿资金啊？”这些观点从一定角度看均不无道理。如果谈判代表只从各自眼前利益出发进行交流，补偿协议也许难以达成。这时，中央职能部门——财政部和环保部发挥了重要的牵头、协调、仲裁的作用，很好扮演了“娘舅”的角色，促使两轮生态补偿协议的签署和履约。自从确定新安江流域跨界生态补偿试点以来，财政部和环保部从补偿方案的制订、补偿价格的谈判、补偿标准的确定、跨界水质的检测、补偿资金的支付等方面均发挥了重要的“协调者”的角色。皖浙两省虽然讨价还价时意见十分强烈，但是最终充分尊重中央部门的仲裁和协调意见。

四、坚持联动协作，努力保障生态补偿机制顺畅运行

跨界流域生态补偿机制是一个新生事物，需要各方联动协作。这种联动主要体现在上下级政府联动、上下游政府联动和政府与公众联动上。首先，上下级政府联动。跨省流域生态补偿往往离不开中央政府的协调，否则容易陷入扯皮和推诿状态。中央政府尤其是财政部和环保部以有为姿态参与工作并发挥了重要的“娘舅”作用。浙皖两省省内也建立了省市县三级协调机制。黄山市成立了由市委书记和市长担任组长的新安江流域综合治理领导小组和生态补偿机制试点工作领导小组，专门设立新安江流域生态建设保护局，与财政局合署办公，有力推动了试点工作开展。其次，上下游政府联动。在新安江流域生态补偿中，建立了上游与下游共同检测、相互验证、相互监督的检测机制，建立了流域上下游的互信合作。在2016年长三角主要领导座谈会上，浙皖两省党政主要领导共同签署了新安江流域上下游横向生

态补偿协议，进一步明确了各自的责任和义务，建立了“环境责任协议制度”。坚持上下游定期协商，完善皖浙两省联合监测、汛期联合打捞、联合执法、应急联动等横向联动工作机制。推进流域水环境污染防治监管平台及水质监测中心建设，加强流域环境监管力度，监测点位由原来的 8 个增加到 44 个，基本实现全覆盖，流域饮用水源地监测由原来的 29 项增加到 109 项。持续深化与杭州市多层面的互动合作，2015 年两市就巩固新安江生态补偿机制成果、建立联席会议制度等签署了深化合作交流协议。2017 年 10 月，皖浙两省财政厅厅长专程深入黄山调研，就延续试点、深化合作进一步达成共识；12 月，皖浙两省财政厅、环保厅就延续试点向财政部和环保部作了专题请示。

五、坚持系统治理，把山水林田湖草视作生命共同体

习近平总书记指出，山水林田湖草是一个生命共同体。生态保护必须系统治理，不可零敲碎打，以水为例，不可就水论水，必须打破“水利不上岸，环保不下水”之类的“九龙治水”格局。据此，黄山市按照水上和岸上并举、点源与面源并举、城市与农村并举的方针，全面启动生态保护补偿机制试点和新安江综合治理，深入实施“10 个全覆盖”和“10 个强力推进”。“10 个全覆盖”就是村级保洁、河面打捞、农药集中配送、规模化畜禽养殖污染整治、网箱退养巩固提升、重点河道综合治理、采砂洗砂治理、重要支流水草治理、增殖放流、沿河服务行业污水处理。“10 个强力推进”就是创办黄山水论坛、月潭水库建设、生态保护脱贫工程、生态农业建设、园区基础设施建设、企业转型升级、城镇垃圾污水处理、农村生活污水处理、生态林业建设、重点区域环境整治。水上治理，持续推进河面打捞、河道疏浚、增殖放流、采砂治理等 20 项重点工作，取缔采沙场 98 家，累计拆除网箱 6379 只，全面完成禁养区 124 家畜禽养殖场的关闭搬迁；岸上治理，在安徽省率先建成农药集中配送体系，深入推进有机肥替代化肥行动，2016 年全市农药使用量下降 19.8%。点源治理，累计关停淘汰污染企业 170 多家，整体搬迁工业企业 90 多家，投资 57.78 亿元加快黄山循环经济园区建设，实现供热、脱盐、治污“三集中”；面源治理，建立覆盖流域所有乡镇的“组收集、村集中、乡镇处置”垃圾处理体系，聘用农村保洁员 2791 名，

创新设立垃圾兑换超市 24 家。城市治理，实现城市雨污分流、纳管截污，做到“企业污水处理——园区污水再处理——城市污水处理厂最终处理”的链条式治理，城镇生活垃圾处理率达到 100%，城镇污水处理率达到 93.4%；农村治理，强化城乡垃圾污水治理，建成村级污水处理站 226 个，改造入河排污口 102 个，对 16 条主要河道 600 多条支流定期整治，规范清理河道采砂场 125 个，完成农村改水改厕 23 万户，农村生活垃圾处理率达 80%，农村卫生厕所普及率 90% 以上，森林覆盖率达到 82.9%，被授予“国家森林城市”称号。系统治理使得整个黄山市成为一个“大花园”。

六、坚持保护优先，大力推进水源保护地的绿色发展

没有生态保护就没有生态补偿，没有足够好的生态保护也没有生态补偿。对于水源地而言，生态保护处于优先地位。在此前提下又要谋求发展。这就必须贯彻“绿水青山就是金山银山”理念，既要积极探索生态经济化，又要大力推进经济生态化。黄山市努力做到“两化”并举。一方面，抓经济生态化。黄山市为了保障一江清水向东流，婉拒了一大批资源消耗高、污染风险大的项目，宁可放弃数百亿元的投资机会，也绝不以牺牲环境为代价追求短期收益。黄山市九大开发区，土地资源的开发利用率还不到 50%。其原因就是“宁要绿水青山，不要金山银山”。为了推进绿色发展，黄山市还积极谋划新安江生态经济示范区建设、大力发展绿色循环低碳经济，积极培育绿色食品、文化旅游、大健康、智能制造、新材料等产业集群，努力使经济发展与新安江生态保护要求相一致。另一方面，抓生态经济化。着力做好“茶”文章，推进茶叶种植生态化、加工清洁化改造，茶叶综合产值突破 130 亿元，出口约占全国 1/10，带动茶农人均增收 4700 多元；着力做活“水”文章，发展“山泉流水养鱼”，泉水鱼市场价格比普通鱼平均高出 3 倍，实现了“草鱼变金鱼”，探索了山区精准脱贫的新路子，同时引进和培育康师傅矿泉水、六股尖山泉水等一批项目，打造百亿水产业；着力做足“游”文章，大力发展全域旅游、乡村旅游，乡村旅游约占全市旅游的 2/3，全市 690 多个村庄七成以上有游客接待，超过 10 万农民从事以旅游为主的第三产业、人均年收入超万元。黄山市作为皖南山区城市，2017 年户均存款达 4.6 万元，居安徽省前列，这与绿色化转型发展密不可分。

七、坚持公众参与，形成生态保护补偿机制实施的群众基础

生态保护补偿是手段，生态环境保护是目的。生态环境保护缺乏公众参与是不堪设想的。黄山市在发动公众参与方面采取了一系列创新性举措。其一，实施农药集中配送。为了控制农药可能带来的面源污染，政府全面推行了统一采购、统一配送、统一标识、统一零差价销售、统一信息化管理、统一回收与处置、统一财政补贴等“七统一”的农药集中配送制度，在安徽省乃至全国率先实施，实现所有乡镇全覆盖，高效低残留农药使用率从2014年的50%提高到80%，农民购买农药成本降低40%，废弃农药包装物回收率95%以上，促进了农业生产方式转变；其二，创新设立“垃圾兑换超市”。发动村民捡拾矿泉水瓶、塑料袋等垃圾，就近兑换食盐、肥皂等生活必备品，平均每个超市收集垃圾效率相当于3名农村保洁员工作量，实现了“村民得实惠转观念、政府花小钱办大事”双赢，促进了农民生活方式转变。

第十五章 新安江流域跨界生态补偿机制的完善对策

新安江流域跨界生态补偿试点已经迈出了可喜的第一步和第二步。但是，要健康地迈出第三步和第四步，仍然需要解决体制机制方面存在的问题，并进一步完善政策。

一、提高补偿标准，尽力体现上游生态保护机会成本

新安江流域生态补偿第一轮平均每年5亿元（中央财政每年3亿元、浙皖两省每年各1亿元）补偿给黄山市，第二轮平均每年7亿元（中央财政平均每年3亿元、浙皖两省每年各2亿元）补偿给黄山市，第三轮平均每年4亿元（浙皖两省每年各2亿元，中央财政未落实）。虽然第二轮比第一轮有所增加，但第三轮又显著减少了。如何测算生态补偿的标准是一个难题，因而以往的生态补偿标准往往依靠“拍脑袋”决定。但是，生态补偿的标准是可以测算的，机会成本法等市场价值法、旅行费用法等替代市场法、支付意愿法等假想市场法等均可测算，而且不同方法的测算结果总体是一致的和可以相互检验的。既然如此，就应该以科学测算作为依据，尽可能接近理论测算值。虽然生态补偿的实际金额往往会小于理论测算金额，但是对黄山市生

态补偿标准明显需要进一步提高。

二、调整出资比例，充分考虑生态产品的物品属性

第一轮的生态补偿方案，中央财政每年出 3 亿元，浙皖两省每年各出 1 亿元；第二轮的生态补偿方案，中央财政每年平均出 3 亿元，浙皖两省每年各出 2 亿元；第三轮的生态补偿方案，中央财政试图退出。补偿资金的出资比例应当根据新安江水生态产品的物品属性来定。新安江水兼具公共物品、私人物品、准公共物品的属性，因此，补偿资金应该是多方补偿的混合结构。就新安江水的公共物品属性而言，中央政府应该给以补偿，但其出资比重可以下降；就新安江水的准公共物品属性而言，安徽省政府也应该给以补偿，虽然其比重可以是最低的；就新安江水的私人物品（杭州市千岛湖配水工程实施后饮用水就是私人物品）属性而言，浙江省政府或居民应该是主要补偿主体。从出资比例的角度看，中央政府出资比例可以适当下降，但绝对值可以不变，例如保留每年 3 亿元；安徽省政府出资比例可以适当下降，但绝对值可以保持稳定，例如，每年补偿 2 亿元；按照“谁受益，谁补偿”的原则浙江方出资比例和绝对值均应增加，浙江省政府、杭州市政府和千岛湖水用水户应该共同作为出资主体。另外，需要准确把握“绿水青山就是金山银山”的重要论断的精神实质。“绿水青山”既有可转化为货币价值的部分，这就是生态补偿的价格、水权交易的价格等所显示的事物资本；“绿水青山”也有不可转化为货币价值的部分，这就是绿水青山本身所具有的自然资本的价值。自然资本部分总体上需要政府提供保护。

三、坚持按质论价，生态补偿金额与水资源质量优劣关联

新安江的水生态保护要求与千岛湖的功能定位是密切相关的。20 世纪 80 年代，千岛湖被确定为国家级风景旅游名胜区，新安江水库的发电主体功能被千岛湖的旅游主体功能所替代；21 世纪初的近 20 年，千岛湖逐渐成为杭州市等下游地区的备用水源，水源功能已经上升为主体功能；2019 年以后

千岛湖真正成为事关杭州市1000万人口饮水安全的饮用水源，并进而惠及嘉兴市400多万人口的高质量饮水。对水源地的生态保护要求是极其苛刻的。为此，上游地区需要进行更加强有力的生态保护，需要付出更大的生态保护机会成本。只要上游地区提供了更加优质的出境水，下游就应该提供更大力度的补偿资金。生态补偿机制实施中体现“保护补偿，损害赔偿，优质高价”原则是天经地义的。

四、采取多元补偿，调动各种资源支持生态保护

跨界流域水资源、水生态和水环境是公共物品、私人物品、准公共物品属性的混合物，单一投入机制难以保障生态补偿需求，需要建立多元投入的保障机制。在新安江流域生态补偿中至少可以有三种类型的补偿。

1. 政府补偿

生态保护、生态服务、生态产品往往具有公共物品属性。在产权难以界定的情况下，主要依靠政府补偿。对于新安江流域而言，政府补偿应该体现两个结合：

上下级政府补偿相结合——需要继续坚持。在跨界生态补偿推进的阶段，中央政府不宜退出，两省的自由谈判会导致交易成本大幅度上升，中央政府部门协调下的两省谈判会容易得多。中央政府不仅不可退出“协调”“主导”等角色，而且中央财政的引导性补偿资金也不可退出。

上下游政府补偿相结合——需要加强力度。上游政府补偿主要体现公益性，下游政府补偿主要体现受益性。就浙江省而言，政府补偿完全可以延伸到杭州市政府、嘉兴市政府乃至下一级政府。在2015年杭州市人民代表大会通过的《杭州市第二水源千岛湖配水供水工程管理条例》中就明确写道：“建立公平公正、权责一致、奖惩与生态保护目标完成情况相挂钩的千岛湖水环境生态保护补偿机制”。

2. 市场补偿

在水资源的数量、质量和使用者均明确的前提下，完全可以建立市场补偿机制。例如，在2019年杭州市千岛湖配水工程竣工通水后，用水户及其

用水量均是十分明晰的，完全可以按照“谁受益，谁补偿”的原则采取市场补偿的模式。用水户的水价不仅要考虑制水成本、治污成本等，还要考虑生态成本，即包含生态补偿成本。

3. 社会补偿

新安江是不可多得的“百里画廊”，千岛湖是十分秀美的人工湖泊。通过绿色非政府组织募集资金支持新安江生态保护也是一种可能的选择。要争取各种基金、贷款等服务于上游地区生态保护。要争取各种非政府组织设立绿色基金等支持新安江生态建设与环境保护。

五、落实多元受偿，激发各个生态保护主体的积极性

新安江流域生态保护是各个主体共同努力的结果。按照“谁保护，谁受偿”的原则，应该对生态保护作出贡献的各个主体均予以补偿。一是补偿作为保护者的政府。由于特殊严格的生态保护，新安江上游地方政府财政收入受到影响，因此应该给以补偿。补偿政府的部分用于生态环境工程建设是名正言顺的。二是补偿作为保护者的居民。由于水源地生态保护的严格要求，使上游地区居民无法做到“在山靠山，在水靠水”，25 度以上的坡地全部退耕、网箱养鱼全部退养等。对这些居民理所当然要给以补偿。三是补偿作为保护者的企业。由于特殊严格的环境保护，原来政府批准可以达标排放的企业，排放标准提高了，治污成本提高了，因此也需要对他们进行补偿。随着上游地区生态建设与环境保护工程建设的逐步到位，补偿政府的资金主要是保障这些环节基础设施的运行，因此，补偿政府的比重可以逐渐下降。与此对应，补偿居民的占比需要不断加大。

六、加强区域合作，建立黄山市经济开发区共同开发机制

新安江流域生态补偿资金对于拥有 160 万人口的黄山市而言只是杯水车薪。如果上游地区的生存和发展问题得不到有效解决，新安江生态保护的长

效机制就难以建立。实施新安江流域跨界生态补偿机制以来，杭州市和黄山市农村居民人均纯收入之比从2012年的1.86:1扩大为2017年的2.16:1。可见，黄山市得到的补偿远少于失去的机会成本。因此，还需要跳出生态补偿谋划生态保护。《国务院办公厅关于健全生态保护补偿机制的意见》明确要求，“结合生态保护补偿推进精准脱贫”。因此，不仅需要输血功能的生态补偿，更需要造血功能的生态补偿。对于跨省的杭州市和黄山市而言，可以进行制度创新。杭州市用地指标十分紧张，而黄山市九大开发区有50%以上的土地尚未开发。可以考虑黄山市的开发区中划出一定的土地，由杭州市和黄山市按照生态效益、经济效益和社会效益综合效益最大化原则进行共同开发、共同招商、共同管理、共同受益。具体形式可以是股份制，按照股份比例确定各自的责权利；也可以是分工制，根据比较优势确定各自责权利；还可以是援助制，纯粹为了上下游的生态保护合作，由杭州市帮助黄山市做好开发区的建设。在合作或帮扶的过程中，确保“一江清水向东流”。另外，在杭州都市圈建设中，已经把黄山市纳入进去了。接下去，可以在产业合作、人才合作、文化合作、旅游合作等方面多做文章。

七、延长补偿时间，建立新安江流域跨界补偿的长效机制

千岛湖引水工程是民生大计和长久之计。因此，新安江及千岛湖水环境保护不是权宜之计，不是临时机制，而需要建立长效机制。从已有的三轮生态补偿试点方案看，均为三年一期，交易成本极为高昂。为了节约上下级和上下游的交易成本，也为了给上游地区的做法和居民吃上“定心丸”，应该谋求生态补偿周期的延长，例如参照生态公益林补偿政策，把补偿周期延长到8年一轮。

附录

我与美丽浙江研究*

沈满洪

我的博士研究生导师史晋川教授写了一篇《我与温州模式研究》，内容是对浙江省市场化改革走在前列的温州“一个点”的研究；应浙江省社科联之约，模仿导师的写法，写一篇《我与美丽浙江研究》，内容是对浙江省市场化进程中生态文明建设的“一条线”的研究。

贵人相助，为“半路出家”者成就学业

我本科学的是化学专业，获得了理学学士；第二学位学的是思想政治教育专业，获得了法学学士学位。于是，相当长一段时间从事高校思想政治工作，先后担任院系团总支书记、校团委副书记等职。在即将离开共青团岗位的1992年，据时任杭州大学经济系主任史晋川说，原杭州大学校长沈善洪力荐我就任经济系党总支副书记，于是，我29岁就走上了高校中层干部的岗位。工作不久，经济系党总支书记李庚锦老师关切地问我：“你这么年轻，将来学业上有没有考虑？例如是否准备在职读研。”我回答：“我没有想过，也不敢想。如果我读研究生，李老师你不是就更辛苦了。”李老师回答：“我辛苦一点不要紧，你们年轻人的前途更要紧。”这样，立马坚定了我攻读在职研究生的决心。经过一段时间旁听课程和复习准备，1994年顺利考上了杭州大学旅游管理专业西方经济学方向的研究生。

考上研究生后面临两个问题：一是选择导师，二是选择方向。当时杭州大学经济系从事西方经济学研究的年轻教授有三位：史晋川、金祥荣和张旭

---

* 本文系作者应浙江省社会科学界联合会“纪念改革开放四十周年”特邀撰写并发表在微信公众号“浙江社科”上的文章。

昆。三位教授都是当时在全国颇有名气的学者。由于史晋川和金祥荣均是班子成员，而我也是班子成员，于是一致决定让我跟随没有担任行政职务的张旭昆教授读研。如何确定我的研究方向？三位教授均认为，环境经济学是一个新兴方向，而当时杭州大学经济系没有从事这方面研究的学者，建议我利用本科学化学的优势，从事环境经济学方向的研究，要求我将来在浙江省学界成为本领域的“第一块牌子”。我想：“好高的要求啊！”

1992 年是一个特殊的年份。联合国环境与发展委员会发布了《21 世纪议程》，邓小平南方谈话确立了经济体制改革的方向——社会主义市场经济。两者的交集正是强调以市场经济手段保护生态环境。国务院 1994 年发布的《中国 21 世纪议程》同样也是强调以经济手段保护生态环境。基于这些文件和讲话依据，在征得导师张旭昆教授同意的前提下，我就确定了论文选题《环境经济手段研究》。写论文期间，张老师在德国做访问学者，还专门为我带回来最新的权威的环境经济学文献综述。张老师回国后还带领我们弟子参加中华外国经济学说研究会的年会，让我体会到学术之魅力、学者之魅力、有学术之学者之魅力。硕士论文答辩后，从学位论文中提炼出来的论文《论环境经济手段》于硕士研究生毕业当年的 1997 年就在《经济研究》上顺利发表。感谢张旭昆教授！张老师是引领我学术探索的第一位导师——硕士研究生导师。

当时的杭州大学经济系有明确的学术分工，例如，张旭昆教授主要从事经济思想史研究，课题研究相对少；而金祥荣教授则主要从事政府经济学研究，课题研究机会很多。于是，金祥荣教授便主动邀请我参加桐庐县委委托的重大项目“桐庐县经济社会发展思路与对策研究”。第一次调研一星期，第二次调研一星期，第三次调研又是一星期，几乎跑遍了桐庐县的各个乡镇、主要部门和代表性企业。每次调研结束，时任县委书记项勤都要邀请课题组成员吃饭。但是，饭前要求每人汇报调研心得。在与县委书记面对面的交谈中学会了思考，在多次课题组研讨会的“头脑风暴”中学会了研究。这个项目得到桐庐县委的高度评价，也培养了我这个会做课题研究的年轻学者。金祥荣教授给我上过课，但没有名份上的导师称号，不过我在赠送金祥荣教授的拙著《水权交易制度研究》上题写了“不是导师，胜似导师”的赠言。感谢金祥荣教授！金老师是指引我课题研究的第二位导师——课题研究导师。

硕士研究生毕业后的第二年，便迎来了 1998 年的浙江大学四校合并。

根据组织安排，我考入了浙江大学研究生院，担任党委研究生工作部副部长兼研究生管理处副处长。接触了众多的新浙江大学的高层次人才后，日益感到自己学识和学历的不足。于是决心考博。在学校不同意我脱产考博到复旦大学学习的情况下，选择了报考浙江大学史晋川教授的在职博士生。史晋川、姚先国、金祥荣、金雪军、张小蒂、宋玉华、赵伟、罗卫东等一大批教授的精彩课堂让人受益匪浅。史晋川教授“不要到处挖坑，定要深入打洞”的学业指导让人终身难忘。在史老师的指导下，我利用四年时间按时完成了学业，顺利通过了博士学位论文《水权交易制度研究——中国的案例分析》的答辩，成功获得了经济学博士学位。博士论文同名专著还获得浙江省哲学社会科学优秀成果一等奖。感谢史晋川教授！史老师是指导我学术创新的第三位导师——博士生导师。

博士研究生毕业后，就真正开始“独立门户”。但研究方向始终是资源与环境经济学、生态经济理论与政策、生态文明建设战略与制度等，而且始终围绕“美丽浙江”这一美丽的事业开展研究。从开始读研至今已经整整经历了25个年头。25年来，先后主持了国家社科基金重大招标项目等各类课题60余项，在《经济研究》等期刊发表学术论文200余篇，独著或主笔专著30余部，获得省部级科研成果奖15次，其中一等奖3次，20多件成果要报得到省部级以上领导肯定性批示。由于组织的关怀，荣获了国家“万人计划”哲学社会科学领军人才、全国文化名家暨“四个一批”人才、教育部新世纪优秀人才、浙江省有突出贡献的中青年专家等。

回顾学术历程，有几点深刻体会：第一，人生需要贵人相助，沈善洪校长、李庚锦书记等就是我的“贵人”。第二，学术方向的凝练，既要呼应时代潮流，又要符合学科需要，还要利用比较优势。第三，学科交叉可以在多个层面展开，其中之一便是学者自身的学科交叉，理学学士、法学学士、经济学硕士、经济学博士，这样的学科交叉有利于学者的成长。第四，导师组是一个好制度。在学业生涯中有三位导师的真传，真是学术人生之幸！第五，作为一个行政学业“双肩挑”人员，学术研究需要自律也需要他律。原杭州大学党委书记郑造桓、原浙江理工大学党委书记费君清等领导时而提醒我“勿忘学术”，常常激励我学业上的奋进。

理论创新，为应用研究开辟广阔道路

理论研究是对策研究的基础，对策研究是理论研究的转化。没有扎实的理论研究基础，对策研究会缺乏理论支撑和说服力。我的理论研究大致上经历了“综合→分化→再综合→再拓展”的四个阶段。

第一阶段是做综合研究。在硕士学位论文基础上申请了国家社科基金一般项目“生态建设及环境保护的经济手段研究”，最终成果是专著《环境经济手段研究》。该专著对环境经济手段做了分类：一类是侧重于政府干预的“庇古手段”，以著名福利经济学家庇古的名字命名，如资源税、环境税、碳税和生态补偿、循环补助、低碳补贴等；另一类是侧重于市场机制的“科斯手段”，以著名新制度经济学家科斯的名字命名，如水权交易、林权交易等自然资源产权制度，排污权交易等环境资源产权制度，碳权、碳汇交易等气候资源产权制度。《环境经济手段研究》相当于研究环境经济制度的一本原理性专著。该专著截至2019年初，被引用次数达到579次。

第二阶段是做分化研究，我的博士学位论文《水权交易制度研究——中国的案例分析》以及在课题报告基础上出版的专著《绿色制度创新论》《排污权交易机制研究》《排污权监管机制研究》《完善生态补偿机制研究》《低碳发展论》《中国工业节水战略研究》等均是对具体的“庇古手段”和“科斯手段”逐一进行深入研究的成果。在国家社科基金重大招标项目“健全水资源有偿使用和生态补偿制度及实现机制研究”最终成果基础上形成的《中国水制度研究》更是一个“深挖洞”的聚焦性成果。

第三阶段是做再综合研究，国家社科基金重点项目“生态文明建设与区域经济协调发展战略研究”、浙江省社科基金重大招标项目“生态文明制度建设研究”等及其同名专著均是代表性成果。在深入研究各个具体制度（手段）的基础上，对不同的制度之间的关系进行比较分析，提出了不同生态文明制度之间的互补关系和替代关系，基于制度的可替代性要进行优化选择，基于制度的互补性要进行耦合强化。而且在综合的基础上形成代表性的教科书《资源与环境经济学》（第二版）《生态经济学》（第二版），均为被引教材，有的还被评为浙江省“十三五”优秀教材。

第四阶段是做再拓展研究，由于到宁波大学工作，需要彰显宁波大学学科建设的“海洋化”特色，于是我便带头转向海洋生态文明建设研究。为此，组建中国生态经济学会海洋生态经济专业委员会、筹建东海研究院、策划港口经济协同创新中心、主编《海洋生态经济学》等。我主持的国家社科基金重大招标项目“海洋生态损害补偿制度及公共治理机制研究——以中国东海为例”、浙江省文化工程第二批项目之一的“从海洋经济强省到海洋强国建设”等便是代表性研究项目。从此，研究领域从陆地跨向了海洋，形成陆地生态经济学与海洋生态经济学并举的格局。这一阶段属于正在进行时。

25 年的学术生涯的主要创新性成果大致如下：

（1）在环境经济手段研究领域，率先提出了环境保护的庇古手段和科斯手段，并基于边际管理成本和边际交易成本的概念构建了环境经济手段的优化选择模型及其选择方法。该模型是我国大多数《环境经济学》或《资源与环境经济学》教科书引用的重要环境经济学模型。

（2）在水资源经济学研究领域，率先提出了由一级水权市场、二级水权市场和三级水权市场构成的中国多层次水权交易制度框架，并提出了水权交易函数、水权交易费用函数等。基于中国水资源形势提出了包括水资源需求保障、水资源供给保障和水资源交易保障在内的水资源安全保障体系。

（3）在生态经济学研究领域，率先提出了生态需求递增规律和生态价值增值规律，与传统的生态经济协调发展规律、生态产业链接规律等形成完整的规律体系。在综合前人研究成果的基础上构建了生态系统、生态产业、生态消费、生态价值、生态科技、生态制度等范畴所构成的生态经济学篇章的框架。

（4）在生态文明战略研究领域，率先提出了由生态文化、生态产业、生态消费、生态资源、生态环境、生态科技、生态制度七个要素构成的生态文明体系。率先提出了生态产业主导化、绿色消费时尚化、生态资源高效化、生态环境景观化，生态城乡特色化等生态文明建设的目标性战略；并提出了绿色科技创新自主化和生态文明制度体系化等手段性战略。

（5）在生态文明制度研究领域，系统构建了生态文明建设的管制性制度、选择性制度和引导性制度的分类，据此提出了生态文明制度矩阵和制度工具箱，并按照制度的相互关系提出了生态文明制度的替代性关系和互补性关系，基于生态文明制度的替代性要注重制度的优化选择，例如碳税制度与碳权制度的比较，基于生态文明制度的互补性要注重制度的耦合强化，例如生态保护补偿制度与环境损害赔偿制度的组合。

在学术研究中，我深刻地体会到：第一，学术创新必须建立在文献综述的基础上，做得好文献综述未必一定有学术创新，做不好文献综述不可能有学术创新。第二，只要甘于读万卷书（阅读），只要甘于坐冷板凳（思考），只要甘于行万里路（调研），百思必有灵感，必有其解，必有收获。第三，学科交叉是一把金钥匙，在学科交叉处往往具有极好学术成长性，可以挖掘丰富的学术金矿，甚至可能开辟一个学术领域。

正是有了资源与环境经济学等方面的理论积累，才有可能做好美丽浙江建设的对策研究。

咨政建言，为美丽浙江建设贡献智慧

浙江省是市场化改革的先行区。浙江省也是率先遭遇“成长中的烦恼”的省份。正因此，浙江历届省委省政府以“一任接着一任干”“功成不必在我”的精神推进生态文明建设。浙江生态文明建设呈现出战略深化的明显轨迹：“绿色浙江建设→生态省建设→生态浙江建设→美丽浙江建设→诗画浙江建设”。这一轨迹，一方面表现为以“绿水青山就是金山银山”重要论述为指导坚持“一张蓝图绘到底”的政策连贯性，始终坚持“绿色”和“美丽”主线；另一方面又表现为生态文明建设的内涵和层次的递进性，绿色浙江建设主要侧重于生态建设和环境保护，生态省和生态浙江建设则上升到生态文化建设、生态经济发展和生态环境保护的综合建设，美丽浙江和诗画浙江建设除了强调生态环境安全的基本需要外突出了生态环境审美需要等高层次的需要。

浙江省生态文明建设战略不断深化的进程，正是我的学术研究不断深化的过程。浙江生态文明建设战略的每一次深化均给予我难得的机遇，每一次参与浙江生态文明建设战略、规划、制度、政策的制定、实施、评估和总结，都是极好的学习机会、研究机会和收获机会。例如，2003 年参与制定《浙江生态省建设规划纲要》、2006 年主持浙江省第一期文化研究重大工程项目“绿色浙江——生态省建设创新之路”、2008 年主持浙江省人民政府重大调研项目“排污权交易机制研究”、2009 年主持省委重点项目“生态文明建设若干理论研究”、2012 年主持杭州市人民政府重大项目“美丽杭州建设的思路与举措研究”、2016 年主持浙江省第二期文化研究重大工程项目“生态文明建设的浙江样本”，等等。这些机会的有效利用，一方面服务于浙江的地方党委和政府，另一方面提升了自己的学术水平和政策水平，均是于公于私“双赢”的工作。

对策研究是理论研究的延伸和转化。有些对策性课题的立项本意就是政策创新和设计。我在广泛参与美丽浙江研究的过程中，完成了从理论研究工作者到政策研究工作者的拓展，多次参与浙江省委书记、省长、杭州市委书记、市长主持召开的专家咨询会，20 多件成果要报得到省部级以上领导的肯定性批示。代表性的成果如下：

第一，关于美丽浙江建设。党的十八大报告首次提出“建设美丽中国”。党的十八大后，习近平总书记与时任浙江省委常委、杭州市委书记黄坤明谈话时指出：“杭州和西湖风景秀丽、文化灿烂，应该成为人民的天堂，旅游的胜地。杭州山川秀美，生态建设基础不错，要加强保护，尤其是水环境保护，使绿水青山常在。希望你们更加扎实地推进生态文明建设，努力使杭州成为美丽中国的样本”。于是，我迅速投入美丽杭州建设研究之中。我撰写的《建设美丽杭州的思路与对策研究》得到原省委常委、杭州市委书记黄坤明的肯定性批示并被吸收到他的讲话之中（2013）。党的十八届三中全会关于全面深化改革的决定，明确提出了生态文明体制改革的任务。于是我便迅速结合浙江实际，开展对策研究，撰写成果要报。《以体制机制改革推进“美丽浙江”建设》得到原副省长熊建平的肯定性批示（2013）。《推进体制机制制度改革 加快建设美丽中国样本》得到原杭州市市长张鸿铭的肯定性批示（2013）。在浙江生态文明建设的过程中还有幸参与了“省长出题目，专家做研究”的机会，所形成的成果要报《浙江环境容量支撑保障问题研究》（2008）、《抓好四个环节，构建六个平台，努力实现排污权交易机制的三大效应》（2009）得到浙江省原省长吕祖善的肯定性批示。另外，《关于加强我省领导干部自然资源资产离任审计制度建设的对策建议》得到原副省长孙景淼的肯定性批示（2017），研究成果得到国家审计署的采纳并出台相关文件。《杭州应尽快建立自然资源审计制度》得到原省委常委、杭州市委书记赵一德的肯定性批示（2017）。

第二，关于美丽水源保护。我的重点研究方向是以水资源为主的资源经济学和以水环境为主的环境经济学。早在 2002 年就承担了“浙江生态补偿机制研究”的省规划重点项目由于在水生态补偿、水权交易方面的成果，2005 年央视还请我作为科学顾问拍摄并播出了“饮水思源”（上下集）的专题片。我长期跟踪新安江和千岛湖水生态补偿机制的研究，实现了水生态补偿机制的研究从省内向省外的拓展。2008 年主持的杭州市重大项目“新安江流域环境共建共保共享机制研究”首次提出了生态补偿机制与环境损害赔偿机制的耦合思路并被新安江流域跨界生态补偿试点（第一期）所采纳。在主持国家社科重大项目的过程中，撰写了《关于建立和完善新安江流域跨界水环境补偿长效机制的对策建议》，关于“延长补偿时间，提高补偿标准，扩大补偿范围，确保出境水质”的建议得到杭州市原市长张鸿铭的肯定性批示（2014），被全国政协人口资源环境委员会采用，并促成了新安江跨界流域生态补偿机制试点（第二期）工程的实施。《完善新安江流域跨界生态补偿制度的对策建议》得到副省长彭佳学的肯定性批示（2018）并对完善新安江跨界流域生态补偿机制试点（第三期）发挥作用。在2018年社科学者走基层大调研中形成的《关于千岛湖配水工程后淳安县发展问题的若干建议》分别得到省委书记车俊、省长袁家军、省委常委杭州市委书记周江勇、副省长彭佳学、杭州市市长徐立毅的肯定性批示（2018）。这对于促进淳安县高水平保护和高质量发展起到积极的作用。另外，《妥善处理“五水共治”中的十大关系》得到浙江省委原书记夏宝龙的肯定性批示（2015）。《“五水共治”的浙江经验》得到原中共浙江省委常委、宣传部长葛慧君的肯定性批示（2016）。《以水价改革促进工业节水》得到浙江省原副省长熊建平的肯定性批示（2015）。

第三，关于美丽海洋保护。总体上看，陆地生态文明建设相对较好而海洋生态文明建设相对滞后。应用对策研究就要做到哪里最急需就往哪里冲。在主持国家社科基金重大项目研究的过程中撰写的《关于修复东海渔场，确保东海渔业资源可持续发展的建议》得到浙江省委书记车俊、浙江省副省长孙景淼的肯定性批示（2017），《关于修复东海渔场的对策建议》被全国哲学社会科学规划办公室《成果要报》采用（2018）。《坚持陆海统筹，系统治理浙江海域陆源污染》得到浙江省委书记车俊、浙江省副省长高兴夫的肯定性批示（2018）。作为十三届全国人大代表，我还把专业优势与代表优势结合起来，递交了《关于加强海洋环境保护的建议》。该建议得到生态环境部的充分肯定：“您提出的加强海洋环境保护的建议，很有针对性，对完善相关工作具有重要借鉴意义”（2018）。同时，为了引起社会的广泛关注，接受了多家中央媒体的采访，《中国海洋报》《中国青年报》等多家报刊做了专题报道。

在参与美丽浙江的应用对策研究的过程中，我深深体会到：第一，科学技术是生产力，社会科学也是生产力，有时社会科学成果可能发挥更具有全局性的作用；第二，社会科学的理论研究很重要，社会科学的应用研究也十分重要，有时应用研究更加能够显示其社会价值；第三，促进经济发展的研究成果十分重要，促进美丽浙江建设的研究成果也十分重要，当环境与发展的矛盾中环境成为矛盾的主要方面时恰恰需要强调生态文明创新成果及其应用。

25 年来，我所从事的资源与环境经济学从冷门到热门、从隐学到显学、从支流到主流。由于做好了准备，就可以乘势而上，抢抓机遇，有所贡献。美丽浙江研究是一项美丽的事业。我热爱这份事业！愿意为“诗画浙江”建设继续建言献策！

后　记

浙江省是习近平总书记“绿水青山就是金山银山”重要思想（以下简称“两山”重要思想）的发源地，也是自觉践行“两山”重要思想的先行区。在“两山”重要思想的指引下，浙江省最早出台省级层面的生态补偿机制，并将生态补偿机制从省内补偿走向省际补偿。

在我国尤其是浙江省生态补偿机制的建立和完善的过程中，我和我的团队始终进行前期基础研究、中期评估研究和后期总结研究工作。对千岛湖水生态补偿机制和新安江跨界生态补偿机制的研究情有独钟，跟踪研究历时近20年。20年来，我先后主持了国家社科基金一般项目“生态建设及环境保护的经济手段研究”（1999）（这是生态补偿机制的原理性研究）、浙江省社科规划重点项目“浙江生态保护补偿机制研究”（2002）、杭州市发展计划委员会重点项目“千岛湖引水工程生态补偿方案研究”（2003）、华东勘察设计研究院委托项目“浙北引水工程生态补偿机制研究”（2004）、浙江省水利厅重点委托项目“水源保护补偿与约束机制研究”（2006）、杭州市发展和改革委员会重大招标项目“新安江流域环境共保问题研究”（2008）、淳安县发改局委托项目“千岛湖引水工程生态补偿机制研究”（2012）、国家社科基金重大招标项目“健全水资源有偿使用和生态补偿制度及实现机制研究”（2014）（案例之一便是新安江流域跨界生态补偿机制研究）、浙江省社科基金重点项目“完善千岛湖水生态补偿机制研究”（2018）。在这些项目的研究中，我和我的团队成员均到千岛湖和新安江所在地进行实地调研，获取第一手资料，做出定量与定性分析相结合的研究报告。

在这些项目研究的过程中提炼出了一些创新性观点和结论：一是关于生态补偿机制的框架构建。按照“谁受益，谁补偿”的原则确定补偿主体，按照“谁保护，谁受益”的原则确定受偿主体，按照“实际补偿金额逼近理论补偿金额”的原则确定补偿数量等。二是关于生态补偿价格的测算创新。率先使用机会成本法及改进的机会成本法对生态补偿金额进行测算，提出了“全因素差异度”“保护差异度”“自然差异度”等概念及“保护差异度＝全因素差异度－自然差异度”的基本理论。三是关于生态补偿机制的制度耦合。基于制度的互补性关系，提出制度耦合的思路。生态保护补偿机制与环境损害赔偿机制具有互补性关系，因此可以组合使用。这在新安江跨界流域生态补偿机制设计中得到应用。

2018年，中共浙江省委倡导开展“大学习大调研大抓落实”活动。浙江省社科联号召广大社科学者“走基层”。我和我的团队成员主动响应号召，选择千岛湖及新安江作为调研对象，分别开展了“千岛湖功能变迁后淳安县高质量保护与发展对策研究”“完善千岛湖水生态补偿机制研究”“新安江流域跨界生态补偿机制研究”。三个报告始终围绕“绿色发展”和“生态补偿”这两个核心概念展开，正好与“两山”重要思想十分切合。于是，将三个报告进行整合形成一部专著，定名为《绿水青山的价值实现》。

在与本专著相关研究过程中，我与谢慧明教授合作的“关于千岛湖引水工程后淳安县发展问题的若干建议”得到浙江省委书记车俊、浙江省长袁家军、浙江省委常委杭州市委书记周江勇、浙江省副省长彭佳学、杭州市市长徐立毅的肯定性批示；我与谢慧明教授合作的“关于设立‘千岛湖特别生态功能区’的构想”得到浙江省委常委、杭州市委书记周江勇的肯定性批示；我与谢慧明教授合作的“完善新安江流域跨界生态补偿制度的对策建议”得到浙江省副省长彭佳学的肯定性批示。

本专著是集体合作的成果。每个课题由我和谢慧明教授拟定调研提纲和写作提纲，在组织实地调研的基础上进行分工写作，初稿形成后我对每一章稿子进行认真审读并提出详细的修改意见，修改完善后再召开课题组会议进行研讨，各章执笔者再次修改后由我和谢慧明教授终审定稿。各章执笔的分工如下：

第一篇　沈满洪、谢慧明负责

第一章　马　捷（浙江理工大学经济管理学院）、谢慧明（宁波大学商学院、东海研究院）

第二章　强朦朦（浙江大学经济学院）、沈满洪（宁波大学商学院、东海研究院）

第三章　李　一（浙江理工大学服装学院）

第四章　吴应龙（浙江理工大学经济管理学院）、谢慧明

第五章　沈满洪、余　璇（宁波大学商学院、东海研究院）

第二篇　沈满洪、谢慧明负责

第六章　程永毅（宁波大学商学院）

第七章　张婉清（浙江理工大学经济管理学院）、沈满洪

第八章　毛　狄（浙江大学经济学院）、张　宁（浙江理工大学经济管理学院）、谢慧明

第九章　于　冰（宁波大学商学院）

第十章　谢慧明

第三篇　沈满洪负责

第十一章　沈满洪

第十二章　沈满洪、谢慧明

第十三章　沈满洪、谢慧明

第十四章　沈满洪

第十五章　沈满洪

在课题调研过程中得到下列单位领导的大力支持：浙江省社会科学界联合会；杭州市委政研室、市决策咨询委员会、市发改委、市生态环境局、市统计局、市财政局、市林水局、市原水公司等；黄山市财政局（新安江流域生态建设保护局）、市生态环境局、市发改委、市经信局、市水利局、市统计局、市林业局、市农委等；淳安县委、淳安县人民政府、淳安县政协、县委宣传部、县社科联、县发改局、县生态环境局、县财政局、县水利局、县农办等。他们不仅组织了课题调研会、安排了实地调研、提供了所需资料，还对课题报告的修改提出了意见。在此对他们一并表示衷心感谢！

沈满洪

2019年1月